中國上古文獻學

羅獨修 著

蘭臺出版社

中國上古文獻學

目 錄

上篇

下篇

附錄

引用書目

上篇

一、孔子與六經

（一）中國文化之源頭

　　文化源頭影響一民族存亡發展至深且巨，動物行為學者有所謂銘印之說。中國一般學者以為中國文化之源頭在先秦諸子，先秦諸子以下文化即已停滯不前。實際上先秦諸子只是中國文化之第二印象，先秦諸子只是傳遞五帝三王之具體思想、行為模式。先秦文化初步集大成者為黃帝，後繼者為四帝三王。集五帝三王文化之大成者為孔子。孔子為春秋時代一代通人，好學不倦、通情達理兼具幽默感，能夠臨難不苟、臨危不懼。其臨危不懼根源於其自命為文化之傳承人，「天之未喪斯文也，匡人其如余何？」

（二）孔子承先啟後之文化地位

　　中國聖人道統是堯→舜→禹……→湯……→文→武…→周公→孔子……→☐

```
         ┌→曾參→曾申→吳起（兵家）
         ├→子思…→孟子（亞聖）
         ├→子夏→李克（重法派人物）→商鞅（重法）
         ├→顏回→莊子（道家之代表人物）
    孔子 ├→子貢（為商人及縱橫家之鼻祖）
         ┊→墨翟（墨家）→公孫龍、惠施（名家）
         ┊            →宋牼（小說家）
         ┊            →許行（農家）
         └→荀子→韓非（法家集大成者）
                └→李斯（法家理論之實行者兼秦帝國規模之策劃者）
```

（三）孔子收集文獻之法

訪其賢人：西方近世新興史學方法是口述歷史，此一方法中國行之至少有三、四千年之久。至少孔子收集文獻之法即是訪其賢人，以瞭解古之道術所在。「子入太廟，每事問。」至周室，問禮於老聃，且為老子助葬。郯子來朝，孔子向其請教少昊氏以鳥名官之理，事後非常感歎的說：「天子失官，守在四夷，猶信。」此言直至今日仍有最大之啟示作用。對周代禮制之追求是：「文武之道，未墜於地，在人，賢者識其大，不賢者識其小，夫子焉不學，而亦何常師之有？」

觀看古代志書典籍：禮記禮運云：「大道之行也，與三代之英，丘未之逮也，而有志焉。」禮運言及五帝三王治道轉移之大略。孔子至杞、宋欲瞭解夏殷之文化。「吾欲觀夏政，是故之杞，不足徵也，吾得夏時焉。」鄭玄注云：「今學者傳有夏小正。」「夏禮吾能言之，杞不足徵也，殷禮吾能言之，宋不足徵也，文獻不足故也，足，則吾能徵之矣。」修春秋，「故西觀周室，論史記舊聞，興於魯，而次春秋，上記隱下至哀之獲麟，約其辭文，去其繁重，以制義法。王道備，人事浹，七十子之徒，口授其傳指，為有所刺譏褒諱挹損之文獻，不可以書見也。」公羊疏引閔因敘曰：「至周室，觀百二十國寶書。」郭沫若以為寶書，實指青銅器上之銘文。

（四）孔子對古代文化之態度主張擇優而從

「顏淵問為邦。子曰：行夏之時，乘殷之輅，服周之冕，樂則舞韶，放鄭聲，遠佞人，鄭聲淫，佞人殆。」「子張問十世可知耶？子曰：殷因於夏禮，所損益可知也；周因於殷禮，所損益可知也；其或繼周者，雖百世可知也。」

（五）孔子對詩經之整理

《論語・子罕》：「子曰：吾自衛返魯，然後樂正，雅頌各得其所。」

對詩之總評是：「不學詩，無以言。」「…詩可以興，可以觀，可以群，可以怨，邇之事父，遠之事君，多識於鳥獸草木之名。…」孔子刪詩為無稽之談，《史記・孔子世家》：「古者詩三千餘篇，及孔子去其重，取可施於禮義，…三百五篇，孔子皆弦歌之，以求於韶武雅頌之音。」孔穎達以統計方法証明此說之不確：「案書傳所引之詩，見在者多，亡逸者少，則孔子所錄，不容十分去九，遷言未可信也。」

（六）孔子刪書

孔子刪書，斷自唐虞，可見其決斷去取之氣魄，申明文化階段性之演變過程，一般人已無由明其精義。

（七）孔子生活於音樂環境之中

禮配樂而行，「士無故不撤琴瑟」，樂與詩有密切關連，詩經許多篇章為樂歌。《論語》、《史記》多有孔子彈琴、唱歌之記錄。「子在齊聞韶，三月不知肉味。」論及樂理非常深刻：「子語魯太師曰：樂其可知也，始作，翕如也；從之，純如也，皦如也，繹如也；以成。」

（八）孔子與易經

司馬遷等以為孔子晚年喜易，作十翼，並言及孔子「讀易，韋編三絕。」歐陽修等以為易與孔子毫無關連，十翼非孔子自作。論語之「五十以學易可以無大過矣。」易為亦之訛字。

（九）古今人均以禮煩瑣可厭，何以孔子會為其迷惑至廢寢忘食之地步？

宰我以為自有生民以來未有盛於孔子者也，何以胡適卻以為孔子不過是喪葬業者？此中關鍵出在各人對禮之認知上。古今人喜以車譬況政

府，以車為喻法術是駕馭之法，是油門、剎車、離合器，非核心組件，而禮卻是車之引擎、大體架構。車之整個力量來自引擎。禮集天下之人才安置在適當位置，以尊制卑、以合制分、以貴制賤、以大制小，避免一切矛盾、磨擦，使力量充份發揮，成一如身心使臂、如臂使指之一體有效之政治機械。在設計上是君一臣百、君合臣分、君略臣詳、一官一職、分而能合。這種政治上之分工合作產生奇蹟式之功效，達到政治目的。禮就大處而言是安邦定國，就中處而言是宗廟會同，就小處言是相禮助葬。孔子干七十二君，無法得君行道，其見之行事者多為相禮助葬，引發胡適以為孔子不過如此之看法，是胡適只能見其小，未能見其大。禮為孔子或儒家之核心思想。流傳後世之三禮與儒家有最密切之關連。

（十）孔子著春秋

　　現今許多學者不信孔子著春秋。春秋末之左丘明、戰國初之孟子、莊子、西漢之司馬遷以為孔子著春秋。《左傳·成公十四年》：「君子曰：春秋之稱，微而顯，志而晦，婉而成章，盡而不汙，懲惡而勸善，非聖人孰能修之。」《公羊傳·莊公七年》：「雨星不及地尺而復。君子修之曰：星隕如雨。」《史記·十二諸侯年表序》：「故西觀周室，論史記舊聞，興於魯而次春秋。」地下發掘出之《春秋事語》有閔子辛之評論，學者以為閔子辛即閔子騫，是孔子弟子確以春秋為教材。春秋用字一筆不苟，表現在「隕石於宋五」「六鷁退飛過宋都」上。好惡與聖人同之左丘明其左傳可與論語互相發明之處極多，非僅止於春秋。如「不學詩，無以言。」在《論語》中只是理論，但在《左傳》中卻有大量實例。子產外交天才之表現，《論語》簡略（子曰：為命，裨諶草創之，世叔討論之，行人子羽修飾之，東里子產潤色之。）而《左傳》本末兼具，詳細得多。

二、司馬遷與古代學術

（一）試述司馬遷生平與史記之關係

一說司馬遷生於漢景帝中五年（145BC），一說生於漢武帝建元元年（140BC）。由其出生年月，可知史記所謂之「公孫季功、董生與夏無且游，具知其事，為余道之」、「馮唐子遂，字王孫，亦奇士與余善。」「余與他廣通，為言高祖功臣起時若此。」「至平原子與余善，是以得論之。」「吾視郭解貌不及中人，言語不足採者。」之余、吾，均非司馬遷，而為司馬談。（其詳可見顧頡剛之〈司馬談作史〉。）

十歲誦古文（左傳、國語、世本、古文尚書）。

二十歲周游天下，故其敍貨殖列傳，敍項羽本紀，對天下大勢，風土民情能瞭然於胸，指劃歷歷在目。

三十六歲奉旨西征巴蜀以南，略邛笮昆明。故其對以前陌生的西南夷，能做深入之描繪。司馬談留周南，不得參與封禪，發憤病卒，而司馬遷本人則「余從巡，祭天地諸神名山川，而封禪焉。入壽宮，侍祠神語，究觀方士祠官之意。」有感而作封禪書。自直道歸行，見蒙恬所築長城，「壍山堙谷，固輕百姓之力。」

三十七歲為太史公，得以盡觀史記石室金匱之書。

三十九歲至涿鹿、蕭關。

四十二歲參與改歷，行夏時而後有歷書、天官書之作。

四十七歲遭李陵之禍，感歎朝臣居官，禍福頃刻，在穰侯列傳中云：「穰侯者，昭王親舅也。秦所以東益地弱諸侯，嘗稱帝於天下，天下皆西嚮稽首者，穰侯之功也。及其貴極富溢，一夫開說，身折勢奪而以憂死，況於羈旅之臣乎！」本人曾身隋囹圄，描寫牢房入木三分（周勃云：「吾嘗統兵百萬，然安知獄吏之貴哉！」）提倡自用之道而寫貨殖列傳；困窘之境，聖人難免，對於不計生死為人排難解紛之游俠再三致意。司馬遷認為「最下腐刑極矣！」而願忍恥苟活，因其有

志未伸，所以史記再三敍說「處死者難」。對於願忍小恥以達成大目標者，像魏豹、彭越、季布、管仲、韓信等，均致以最大諒解。對於受辱而能復仇者，司馬遷往往致以最高敬意，「白公勝如不自立為君，其功謀亦不可勝道者哉！」「（伍子胥）非烈丈夫孰能至此哉！」

五十歲為中書令，為皇帝近臣，描寫宮庭，深刻入微。如寫漢武帝之專恣自為，不正衣冠，不見汲黯；景帝之目周亞夫曰：「此非少主臣也！」馮唐之當面搶白漢文帝：「主臣，陛下雖得李牧廉頗，弗能用也！」上怒，起入禁中。漢高祖召見趙地將領；漢高祖欲使太子將，往擊黥布，呂后涕泣勸，高祖曰：「吾惟豎子固不足遣，而公自行耳！」於是上自將兵而東。

五十三歲寫報任少卿書。

五十七歲史記絕筆。

（二）司馬遷如何收集史料

1、親見

親與封禪，因此而寫封禪書；余從負薪塞宣防，悲瓠子之詩而作河渠書；吾適大梁之墟；適魯，觀仲尼廟堂車服禮器；余登箕山，其上蓋有許由冢；吾嘗過薛，其俗閭里率多暴桀子弟，與鄒魯殊；吾適楚，觀春申君故城宮室，盛矣哉！吾適北邊，自直道歸，行觀蒙恬所為秦築長城亭障，塹山堙谷，通直道，固輕百姓力矣！余視其（韓信）母冢，良然；余睹李將軍，悛悛如鄙人，口不能道辭說；吾視郭解，狀貌不及中人，言語不足採者；留侯，貌如婦人好女。

2、親聞

現在流行口述歷史，唐德剛言古人早有行之者，如司馬遷之敍荊軻刺秦：「董生與夏無且游，具知其事，為余道之如是。」「吾聞之周生曰：舜目蓋重瞳子，又聞項羽亦重瞳子，羽豈其苗裔耶！」「吾聞之馮王孫曰：趙王遷，其母娼也。」「余與他廣通，為言高祖起時功臣若此。」等。

3、史記石室金匱之書

不只限於典籍，尚包含圖畫、地圖。「余以為其人（張良）計魁梧奇偉，至見其圖，狀如婦人好女。」「田橫之高節，賓客慕義，而從橫死，豈非至賢！余因而列焉。無不善畫者，莫能圖，何哉！」「籍長八尺餘，力能扛鼎，才氣過人。」「高祖為人，隆準而龍顏，美鬚髯。」「越王為人長頸鳥喙，可與共患難，不可與共安樂。」「平為人長，美色。」「晏子長不滿六尺。」「廣為人長，猿臂，其善射亦天性也。」「解為人短小精悍，不飲酒。」史記敘及督亢地圖、秦圖書、三王世家敘及「臣昧死奏輿地圖。」淮南衡山列傳：「王日夜與伍被左吳案輿地圖。」顧炎武云：「蓋自古兵書兵事地形之詳，未有過此者。太史公胸中固有一天下大勢，非後代書生所能幾也。」潘重規認為：「如果有現代印刷術的發明，我相信史公編史記，必然會成為一部圖文並茂的著作了。……史公雖然眼光看到這一點，自不能不受實際條件的限制。因此他只能將聞見所得的形象，用文字表達出來。……如果不受物質工具的限制，史記的戰爭形勢圖，河渠水利圖，物產貨運圖，天下郡國圖，外國交通圖等，必然會與史記本文，同樣的照耀在千百世下後人的心目中呵！」

（三）史記文章特色

1、善褒貶

「天子後聞之，以浚孔車長者也。」侯嬴諷刺信陵君：「知人不易，人亦不易知。」欒布：「欒布哭彭越，趣湯如歸者，彼誠知所處，不自重其死，雖往古烈士，何以加哉！」

2、描寫人物鮮活：

項羽之「喑噁叱咤，千人皆廢。」魏其武安之一得意一失意，灌夫之使酒罵座；馮唐之面折人主；周昌之愚忠等。

3、翦裁適當

敘及人類活動之全面，非帝王將相家譜。而用字精簡，非凡事皆錄，曹參簡，韓信詳；程不識簡，李廣詳。

4、綜覽天下學術聚於一編

5、註明出處

五帝本紀敘及其取捨標準，六國表指明其有不逮之處，匈奴列傳明言敘事多所顧忌，司馬遷在這個地方比之近代史家實有過之而無不及。

6、見解高超

無迂腐、迷信之弊病。

（四）司馬遷對古代學術之整理

1、傳經之功

張舜徽云：「史記一書包羅甚廣，而古代文獻悉賴保存而傳述之。夏、殷、周《本紀》成，而尚書在其中；春秋列國世家成，而左傳在其中；孔子世家、仲尼弟子列傳成，而論語在其中；禮書、樂書成，而七十子後學所記，亦已存其大要。群經惟不采易與詩者，以秦火之後，易以卜筮存，詩則諷諭不獨在竹帛故也。由今觀之，經傳多在史記中，謂其功在傳經，自無不可。」《史記》取材不止於經傳，如《殷本紀》之先公先王名諱，賴史記收集，始克流傳後世。

2、釋經之功

司馬遷之後整理古代學術章句訓詁為主要方法之一，此種治學方法，司馬遷已開其先河。張舜徽云：「況且司馬遷善以訓詁相通之字代替經文難懂之字，例如尚書堯典「欽若昊天」，史記五帝本紀便作「敬順昊天」；尚書「克明俊德」，史記作「能明馴德」；尚書「庶績咸熙」，史記作「眾功皆興」、尚書「載采采」，史記作「始事事」。此類甚多，…

抄類而比較之，其義自通。」

3、辨偽之功

司馬遷著史記之法之一是徵實，以實去偽。如：太史公曰：「學者皆稱周公伐紂，居洛邑，綜其實不然。」「人皆以斯極忠被五刑死，察其本，乃與俗議之異。」由史記引書即可判明晉後流傳之古文尚書為晉後人所偽為（張舜徽之說）。

4、補闕之功

人所熟悉之事，司馬遷不再複述。獨述眾人所缺者。如「太史公曰：世俗所稱師旅，皆道孫子十三篇、吳子兵法，世多有，故弗論，論其設施行事者。」「……至其書（《管子》、《晏子》），世多有之，是以不論，論其軼事。」

5、知人論事

《史記》精彩絕倫之處，在以最藝術之手法將枯燥之理論化為生動傳神之故事（傳記），達到引人入勝之目的；兵家整軍經武之妙由孫武、孫臏、吳起之行事表露無遺；商鞅之天生刻薄遺禍無窮見之於其生平；管、晏不止事功卓著，交友亦有獨到之處；由老子處事之神明莫測，可見其道術之高明深邃；由蘇秦、張儀、惠施、虞卿之料事揣情，具體說明縱橫之士權傾天下、轉移人主視聽之能耐。

6、整齊百家雜語

繁富萬端之理論、史事，經其分析綜合，立時變得眉目清晰。典章制度最見繁冗，而《史記·八書》就能將其主旨條分縷析呈現。《左傳》以年為本敘述春秋二百四十餘年二百餘國之史事，繽紛滿目到令人眼花撩亂，《史記》以十餘世家，一一敘明中原主要國家之興衰大略。因此，將繁富史事抄撮成紀事本末方便閱覽，真正創始者並非袁樞，而是司馬遷。司馬遷言及《史記》主旨之一是整齊百家雜語，司馬談〈論六家指要〉評論先秦學術大略及其利敝得失，簡捷扼要。《史記》在辨章學術、考竟源流上最見深刻。如言及莊子「散道德放論」、「申

子之學本於黃老而主刑名」、「韓子引繩墨切事情明是非…皆原於道德之意。」、「（孟子）受業子思之門人。」、「（慎到、田駢、接子、環淵）皆學黃老道德之術，因發明序其指意。」、「司馬法所從來尚矣，太公、孫吳、王子能紹而明之。」

三、劉向、劉歆、班固與漢書藝文志

（一）各家對先秦學術之綜述

　　最早之記載為《莊子·天下篇》，其後有《尸子》、《荀子·非十二子》、《呂氏春秋·不二》、《韓非子·顯學》、《淮南·要略》。《莊子·天下篇》論及儒墨、宋鈃、尹文、關尹、老聃、莊子、惠施等學說要旨及其淵源；《韓非子·顯學》以為戰國時代顯學為儒、墨，不但儒、墨之間真偽難辨，儒墨之內派別林立，更是是非難明；《淮南·要略》言及諸子各取古之道術之一部以救世；司馬談論及六家之利弊得失。這些僅涉及先秦道術之部份，特別是諸子，無由一睹先秦學術全貌。全面論及古之道術利弊得失、篇幅多寡及其淵源流變者為班固之漢書藝文志。漢書藝文志實為劉歆《七略》之節要。

（二）《漢書藝文志》之價值

　　金榜云：「不通漢書藝文志不可以讀天下書。藝文志者，學問之眉目，著述之門戶也。」張舜徽以為金榜言之太過。此論言及先秦於理可通，言及漢後則殊有不然。究其實際，西漢以後之學術實為先秦學術之闡發，本源不清，末流難明，即使論及漢後學術，未必全非。《漢書·藝文志》論及中國古代學術整個架構，將諸子百家安置在適當位置，闡明各家各派聚合那些思想因子以立說，指其利弊得失無不歷歷在目。劉歆整理古代學術之成就在人類學術史上實僅歐幾里德之幾何原本建構數學體系或門德雷夫之周期表建構化學體系可堪比擬。劉歆將古代學術理出頭緒，後之學者始能窺見中國先秦學術之堂奧。如無藝文志言明兵家有四派——技巧、形勢、陰陽、權謀，明言兵權謀家兼形勢、包陰陽、用技巧，我們根本無從瞭解《孫子》如何建構其兵學體系及其意旨所在。又如老子在道家之地位，亦賴《漢書藝文志》始克釐清。其他諸子各家各派可依例類推。《漢書藝文志》非僅敘及諸子百家，亦兼及民間雜藝、實學，如歷譜、醫學、卜筮、神仙、房中等。

（三）劉歆其人

劉向子，於六藝、傳記、諸子、詩賦、數術、方技，無所不究。秦時燔滅文章，漢興大收篇籍。漢成帝詔光祿大夫劉向校經籍諸子詩賦，步兵校尉任宏校兵書，太史令尹咸校數術，侍醫李柱國校方技。每一書已，向輒條其篇目，撮其指意，錄而奏之。向卒，哀帝復使向子侍中奉車都尉歆卒父業，歆於是總群書而奏其七略，故有輯略、六藝略、詩賦略、諸子略、兵書略、術數略、方技略。班固刪其要寫成《藝文志》。劉歆整理學術之功，章太炎以為足比孔子：「仲尼良史也，輔以邱明而次春秋，料比百家，若旋璣玉斗矣。談、遷嗣之，後有七略。孔子歿，名實足以抗者，漢之劉歆。」生當西漢末年，與王莽聯姻，王莽篡漢，劉歆成為政治犧牲品，葉德輝致以極深之感慨：「吾嘗言漢儒以後有功經傳者三人，一為劉歆，一為蔡邕，一為馮道。有劉歆之七略，班固乃得因之為漢書藝文志，於是經師不傳之本，可以睹其目而知其人，此功之至大者也。其次則蔡邕之刻石，俾士人得睹全經。馮道之刻板，俾諸經各有讀本，兩廡特豚之祀，與其為語錄空談之儒所竊據，何若進此三人之釁人心哉？雖然此三人者，一則臣事王莽，一則失身董卓，一則為五姓恩榮之長樂老，至今為人口實，不得稍為之寬假。是則出處之際，又不可不審已。」劉歆對文化之貢獻非僅止於《漢書・藝文志》，漢書之成劉歆亦是關鍵人物。葛洪《西京雜記》云：「家有劉子駿漢書百餘卷。歆欲撰漢書，編錄漢事，未得成而亡，故書無宗本，但雜錄而已。試以考班固所作，殆是全取劉書，其所不取者，二萬餘言而已。」

（四）漢書藝文志內容述略

《漢書・藝文志》承劉歆七略而來，刪其輯略，而為六略。輯略為諸書之總要。其他六略為六藝略（主要為儒家經典六經，易、書、詩、禮、樂、春秋）；諸子略（先秦諸子九流十家）；詩賦略（包含楚辭、漢賦、詩歌）；兵書略（孫子、吳子等兵家不在諸子之中，別列兵書略自成一門，兵家與雜家相出入）；數術略（包含天文、曆譜、五行、卜筮、

雜占、形法等，其中多有與兵陰陽出入部份）；方技略（包含房中、醫、藥、神仙等）。

　　對漢書藝文志之批評：近世學人對古人學術批評誅求深刻，意圖推翻整個學術系統，其最著者為胡適之「諸子不出王官」，胡適思想實襲自曹耀湘，致誤之由在對古書字句欠缺瞭解。近人諸多謬說，經不起地下出土之資料衝擊，幾近全盤崩解。劉歆、班固對古代學術敘述之準確已至令人震驚之地步。章太炎之說法即妥當的多。章太炎云：「九流皆出王官，及其發舒，王官所不能與，官人守要，而九流究其義，是以滋長。」

（五）漢書藝文志之影響

　　其後圖書分類依循漢書藝文志而略有變通。隋書經籍志將六類併省為四類——經、史、子、集，其後行之千年而不廢。繼起之名著有宋代晁公武之《郡齋讀書志》、元代馬端臨之《文獻通考・經籍考》、清代之《四庫全書總目提要》。

四、鄭玄遍注群經

（一）箋註、疏証在研讀古書上不可或缺

胡適以為文言文在二千年前兩漢之際就已死了。但現今多數學人仍能直接閱讀先秦文獻，主要仰仗箋註、疏証奏功所致。未有註解之墨子唐宋以後即成有字天書。近人胡適、顧頡剛看重古書之翻譯，以為是掃除閱讀障礙另一條通路。魏晉隋唐在傳遞佛經上走的就是翻譯路子，遺禍無窮。翻譯主要弊害有三：一是翻譯無法兼及義理、音節，而佛經原典兩者並重。鳩摩羅什以為天竺國重文制，文以合樂為佳，翻譯只能二者擇一，無法兼顧，意思至少少了一半。二是譯本流傳，原典散佚。三是翻譯是否有誤，無由得知。目前國際化運動欲與世界接軌，研讀英文與研究佛典出現同樣情形。中國人採取解決佛典的方式意圖解決英文問題，以致中國人始終無法直接閱讀英文原文。民國四十年左右吳稚暉主張用注疏方式解決學外語問題：「把譯外籍變成註外籍，便是用我們中國人特長的注疏方法。1 是存原文；2 是直譯當注；3 是譯釋當疏。模仿日本人的漢文和讀法，定起漢文西讀法來，幫輔著我們古人注疏的特長，有什麼信、達、雅不能解決呢？這便是移讀外籍之我見。」吳稚暉只是說說而已。我是確實在做此一工作，希望能打通中英文之關節。

（二）經注合刻本子之出現

古書箋註原來別本單行，經自經，傳自傳。南宋始見經註合刻本子。葉德輝《書林清話·宋刻經註分合之別》云：「北宋各經注疏皆單行。……經籍訪古志，……云六經疏義，自京監蜀本，皆省正文及注，又篇章散亂，覽者病焉。本司舊刊易、書、周禮，正經注疏萃見一書，便於披繹，它經獨缺。紹興辛亥仲冬，唐備員司庚遂取毛詩、禮記疏義如前三書編彙，精加讎正，用鋟諸木，庶廣前人所未備。乃若春秋一經，顧力未暇，姑以貽同志云，壬子秋八月，三山黃唐謹識，其刊刻年號，亦作紹興辛亥。」

（三）漢經師解經多有遺憾

　　鄭玄以前經師解經之最大缺點有二，一是繁瑣，一是迷信讖緯陰陽五行。《漢書·儒林傳》云：「一經說至百餘萬言，大師眾至千餘人，蓋利祿之路然也。」《漢書藝文志》云：「說五字之文，至於二三萬言，……此學者之大患也。」桓譚《新論》云：「秦近君能說堯典，篇目兩字之說，至十餘萬言；但說曰若稽古，三萬言。」大量迷信圖讖嚴重貶低今文經之學術地位。

　　鄭玄彌補漢人解經之遺憾：首先意圖以古文經別樹壘壁，以廣道術者為劉歆，劉歆提倡古文經運動隨著王莽政權崩潰而式微。繼劉歆而起者為鄭玄，合今古文為一爐，窮一生之力，躬耕自給，從事註經工作。鄭玄註經直指本題，力求簡捷，一掃過去繁瑣迷信之弊病。鄭玄所註之經主要為：周易注、易緯注、尚書注、尚書大傳注、考靈耀注、儀禮注、周官禮注、禮記注、發公羊墨守、釋穀梁廢疾、鍼左氏膏肓、孝經注、論語注、孟子注、駁許慎五經異義等，有人稱鄭玄為經神，鄭玄原本有意為左傳作註，後發現服虔已開始注左傳，多與己同，將自己所註左傳，悉付服虔，助其成書，是服注左傳，中多鄭玄之說。鄭注至今保留完整者為三禮、毛詩鄭箋四書。

（四）鄭玄註經之法

1、校勘

　　一般人僅知鄭玄註經之功，多不知鄭玄註經建立在校勘基礎之上。在鄭玄之前，劉向、劉歆已做了許多校勘工作，刪除重複，訂其謬誤。鄭玄校勘之法，雜採今、古之文。如以今文、古文合校儀禮，經文採用今文本，鄭玄即在注中註明「古文某作某」，採用古文本，即註明「今文某作某」，兩相比較讀者可明今古文究當以何者為是。校勘經文發生錯簡時，在注中加以說明，而不擅自更改，保留本來面貌。遇到經文誤字，在註中註明「某當為某，某之誤也。」

2、由音明義

文字記錄聲音，聲音本身往往包含字義。清代學者昌言：「音韻明則訓詁明，訓詁明則六經明。」首發其覆者實為鄭玄。戴震云：「鄭箋毛詩云古聲填、寘、塵同。及註他經，言古聲某某同，古讀某為某之類，不一而足。是古音之說，漢儒明知之，非後人創議也。」如《周禮·秋官》：「薙氏」鄭註云：「薙，讀如小兒剃頭之剃。」《禮記·少儀》：「車馬之美，匪匪翼翼。」鄭注云：「匪，讀如四牡騑騑之騑。」另外一類為依聲為訓，如《禮記·凌人》：「共夷槃冰。」鄭注云：「夷之訓尸也。」禮記曲禮下：「納女於天子曰備百姓。」鄭注云：「姓之言生也。」

3、補經義所未發

經原文有缺而未明者，引証以明之。如《禮記·檀弓》：「申生有罪，不聽伯氏之言也。」狐突所言何事，禮記缺載，鄭玄特引左傳以補足經義。

4、不主一家

清盧文弨云：「不通眾經，不能治一經。」鄭玄註經往往引甲以釋乙，觸類旁通，故能左右逢源。單主一家僅能推敲上下文義，聞見有限；單主今文，今文經如在解釋上無法說得通，即突圍無路，如春秋三傳各有所長，欲明其真義，三者實不可偏廢。如鄭玄注《周禮·冢宰》：「夕擊柝而比之。」云：「易曰：重門擊柝以待暴客。春秋傳曰：魯擊柝聞於邾。」

（五）鄭玄之貢獻

1、思想上之解放

今文經發展至兩漢，充滿繁瑣附會之語詞，陰陽五行圖讖之迷信。聖人義理墮入重重迷障之中。鄭玄為群經作註，不主一家，兼取今古文之長處，直指本題，使學有所歸。鄭註一出，各派均受致命之打擊。鄭之《易注》一行，施、孟、梁、京之說歸於沈寂；鄭之《書注》一行，歐陽、大小夏侯之說式微；鄭之《詩箋》一行，齊、魯、韓三家之詩同

歸毀滅。

2、鄭註保存大量文獻資料

其最著者如鄭玄見及古文尚書本來面貌，其注中所引古文尚書之片言隻語，為判明晉後留傳古文尚書真偽之確証。

3、鄭注保存大量訓詁資料

在文字解釋上，有許、鄭之說。鄭玄遍注群經，鄭注之中包含大量訓詁名物，與《爾雅》、《說文》可以等量齊觀。《爾雅》為漢初經生採取收集眾家傳注而成之字書。張揖博採漢儒箋註成《廣雅》。鄭玄遍注群經，集訓詁之大成。戴震以為「鄭康成之學，盡在《三禮注》，當與《春秋》三傳並重。」張舜徽因之以為兩漢訓詁之學，實以許、鄭為大宗。

五、由宋至民國之金石考據之學

（一）宋代金石學大盛之原因

宋代文風鼎盛，只是部份原因。拓墨之法流行，實為促成宋代金石學大盛之主因。青銅器或石刻體積龐大，移動、攜帶不易，無法廣泛流傳。自有拓墨技術，情況完全改觀。拓墨之法始於何時，有種種異說。程大昌《演繁錄》以為始於秦漢；方以智《通雅》以為：「後漢蔡邕傳，鴻都石經，觀視及摹寫者，車乘日千餘兩，即石刻傳拓之始。」隋書經籍志，著錄一字三字石經，謂相承傳拓之本猶在秘府；王國維〈說文所謂古文說〉謂：「拓墨之法，始於南北朝之拓石經，浸假而用以拓秦刻石。至拓彝器文字，趙宋以前，未之前聞。」羅振玉見及敦煌石室之唐太宗〈溫泉銘〉、歐陽珣〈化度塔銘〉、柳公權〈金剛經〉，以為拓墨之法，始於李唐。宋人大規模以此法拓彝器文字，金石之學蔚然成風，造成士大夫「家有其器，人識其文」之現象。墨拓之優點非僅在能迅速記錄文字，且兼及圖象，墨拓之成品黑白分明，且能將文字圖象浮凸特色如實保存，其效果往往在攝影之上。

（二）金石之史料價值

三代有重大戰功、約誓、賞賜，往往著之盤盂、勒之金石以志不忘。夏建立家天下之王朝，特鑄九鼎，以九鼎為國家權力之象徵。亡人之國重要措施之一是遷其重器。周人封建諸侯，頒賜銅器，讓封建之國得以鎮撫其社稷。直至漢代仍以古彝器之出土為國之祥瑞。青銅或刻石為當時所造、所立，其中包含大量未經後人刪改之史料。宋代劉敞以為青銅器之重大作用是：「禮家明其制度，小學正其文字，譜牒次其世諡。」龔定庵以為：「其古文可以補許慎書之闕，其韻可以補頌之際，其事可以補春秋之際，其禮可以補逸禮，其官位氏族可以補世本之際，其言可以補七十子大義之際。」

（三）由宋至民國金石考據之學

　　西漢張敞能讀古文字，判明美陽銅鼎之性質。許慎以青銅器銘文與前代古文對勘，發現兩者極其類似。顏之推據長安出土之鐵稱權，訂正秦始皇本紀「丞相隗林」當為隗狀之誤。宋代拜墨拓之賜，可以大收金石拓本，編印金石專書。圖文兼具者有呂大臨之《考古圖》；僅錄文字者有王俅之《嘯堂集古錄》、薛尚功之《歷代鐘鼎彝器款識法帖》、王厚之之《鐘鼎款識》等。以金石大規模從事考釋成績最為卓著者有北宋歐陽修、南宋趙明誠。歐陽修親修《新唐書》、《五代史記》，深知金石之學與歷史之密切關係，以刻石資料抨擊宋子京《新唐書》列傳諸多不妥之處，如以碑文証明「將軍三箭定天山，壯士長歌入漢關。」為後人附會。並以韓愈〈唐田弘正家廟碑〉校知《韓愈集》中此碑文之諸多錯誤，「乃知文字之傳，轉而失其真者，多矣。」

　　趙明誠《金石錄》敘及由出土之觚、爵，知「一觚三爵」為真。並說明石刻材料在証史之主要作用：「詩書以後，君臣行事之迹，悉載於史。……若夫歲月、地理、官爵、世次，以金石考之，其牴牾十常三四。蓋史牒出於後人之手，不能無失，而刻辭當時所立，可信不疑。」洪邁見及大量殷周列國之青銅器銘文，因而知悉中國遠在三代即已「書同文」。王國維在〈宋代之金石學〉中盛讚宋人最擅場者為定古禮器之名，或以禮器上自載其名而審定，如鐘、鼎、鬲、甗、敦、壺、尊、盉、盤、匜等；或以大小之差而審定，如卣、罍、爵、觚、斝等。元明之世，金石之學趨於沈寂。清代好古，金石學再次興盛。清代治金石學最有成就之學者有程瑤田、吳大澂、羅振玉等人。程瑤田著《考工記創物小記》，以出土實物與文獻資料對勘，考証出戈、戟形制之別及磬、劍等細部名稱。吳大澂著《度量衡實驗考》以古尺等實物探究古代度量衡之實際，發現新莽時代中國已設計出游表尺。「唐開元錢制作最精，輪廓完好者平列十枚適合開元尺一尺。」王國維繼續從事古代度量衡研究，發現古尺變長與稅制有密切關連。吳大澂由青銅器銘文考証出古書之不弔當為不淑，寧王當為文王。青銅銘文散處各地，不便研究。羅振玉將一生收

集之青銅拓片編為《三代吉金文存》，內含四千五百多通銘文及器形，為金文第一次集大成。羅振玉由恒農磚文發現漢代陵墓亦是役使罪犯為之，與暴秦無殊。由畫象石知蹶張、長袖善舞、捕兔之畢、書寫之觚之真實形象，由漢之齒輪範知當時工藝確可製各種精巧機械，由陽陵虎符知秦人或戰國時代之虎符發兵之制。金石之學現今仍不斷發展，特別是有新材料出現之際，如民國五十四年山西侯馬出土大量盟書，証明春秋時代確實盟會頻繁；鄒衡在二里頭文化遺址發現成套酒器中有封口盉，以為封口盉即是《禮記・明堂位》之雞夷，由此証明二里頭文化可能為夏文化。殳為何物，二千年來無人可以指實，隋侯墓出土帶殳字之青銅武器，今人始知殳之形制。鄂君啟節知戰國之世符節通關之制。中共政權合全國學界之力成《殷周金文集成》此為金文資料第二次之大集結。

六、閻若璩之辨偽

（一）閻若璩考據治學之法

代表清代之學問為考據學。清代考據學冠冕之作即閻若璩之《尚書古文疏証》。《四庫提要》云：「考據之學，莫之或先。」《尚書古文疏証》非僅止於尚書真偽之考証，閻氏一生學力，在本書中具體呈現，此書透露出最切實豐富之考據方法，足供後人參考取法。閻若璩治學考據之法，戴君仁歸納為：「求証客觀、觀察超俗、証據科學、測情之研究、探討本源五點，推為實証之考據。」我個人以為閻若璩之主要治學考據之法為：

1、以虛証實，以實証虛

《尚書古文疏証・第一百二十言與石華峙論東漢時今文與逸篇或分或合》云：「又按石紫嵐嘗謂予，子於考証之學洵可謂工矣，其指要亦可得而聞乎？余曰：不越乎以虛証實，以實証虛而已。」

2、善用輔助學科

特別是天文、地理。閻氏善算，許多歷史癥結，閻氏以天文（時間）定疑。如孔子適周有四種不同之說法：魯昭公七年、昭公二十年、定公九年、昭公二十四年。閻氏以「《曾子問》孔子曰：昔者吾從老聃助葬於巷黨，及堩，日有食之。惟昭公二十四年夏乙未朔日有食之，見春秋，此孔子從老聃問禮時也。」由左傳載夏日食之禮，胤征篇作季秋，以証胤征為偽作。經由推算「太康失國母已一百一十四歲，母已不存，五人御母以從乃妄語。」閻若璩地理知識豐富，能以地理証史。如以偽古文註引及金城地名，推知偽古文註絕非漢武帝時之孔安國所註。並深切瞭解古地名如無山川為依據，古地名無從指實。近人考証夏、商地望，不知此理，以致謬誤百出，至死不知其致誤之由（如張光直）。

3、實地考察

實地考察為今人治史方法之一。閻若璩考據法之一亦是實地考察。

《閻若璩年譜·三十八歲》:「又絳在太平縣之南絳州,土人至今呼為南晉城,遺址宛然。余嘗往觀,方誤從前說盡誤。」親至平陽縣,始悟通鑑引智伯所謂「汾水可灌安邑,絳水可灌平陽」之為妙解。

4、全面瞭解

現今學者(如陳垣、陳寅恪)大唱全面占有史料。此種治學方法,閻若璩早已見之行事。閻氏治學方法之一即是「一物不知,以為深恥。」

5、重視地下材料

顧頡剛討論上古史,始終無法知悉材料之真象,李宗侗以為唯一解決方法是「挖墳」。其後臨沂銀雀山、長沙馬王堆墓葬中出土大量史料,確有助於古書、古史之定疑補闕。三百年前閻若璩已慮及此:「又余嘗語石紫嵐,昔人稱有五恨者,有三恨者。余生平獨有二恨耳。紫嵐曰何與?余曰:皇覽冢墓記漢明帝諸儒論五經誤失,符節令宋元上言秦昭王、呂不韋好書,皆以書葬。王至尊,不韋久貴。……臣願發昭襄王、不韋冢,視未燒詩書。余謂此舉當時未行,故秦漢後不獲見孔子六經文,此余之恨者一也。」

6、主張實物與文獻對証

閻若璩云:「傅山先生長於金石遺文之學。每與余語,窮日繼夜,不少衰止。歎謂此種學正經史之譌而補其闕,厥功甚大畢竟始自何代何人?」閻氏舉出七証。三百年後始有王國維之二重証據法。

7、與當代學者切磋

閻氏考証古文尚書,享譽於時,學者樂與交往。與閻氏切磋學問之學者有徐乾學、萬斯同、馬驌、胡渭、傅青主、石紫嵐、毛西河、李塨、姚際恆等,皆一時之選。

(二)閻若璩如何証明古文尚書為偽作

古文尚書文從字順,宋吳棫、朱熹疑其非真,明代梅鷟一一疏其所出,証明其剽竊。至清代閻若璩《尚書古文疏証》舉出 128 條証據,始完全証實古文尚書為偽作。其主要內容為:甲、以篇數、篇名証明古文

尚書為偽作：1、兩漢書載古文篇數與今異；3、鄭康成注古文篇名與今異。乙、以東漢以前學者引述之真古文與晉後流傳之古文尚書比勘，証明晚出古文之偽：5、古文武成見劉歆三統曆，今異；6、古文伊訓見三統曆及鄭注者，今遺；7、晚出泰誓獨遺墨子所引三語為破綻；8、左傳載夏日食之禮今誤作季秋；9、左傳德乃降今誤入大禹謨；10、孝乎惟孝今誤點斷；24、史記多古文，今異；25、說文皆古文，今異；52、管子引泰誓武臣辭為武王自語。丙、妄說錯解以明古文尚書之偽：56、鬱陶為喜今誤為憂；63、泰誓族誅誤本荀子；75、旅獒馬鄭讀獒為豪，今仍本字。丁、剽竊部份：31、人心惟危出自荀子所引道經；64、胤征玉石俱焚出魏晉間；76、論語譬喻之辭今悉改為正言。戊、証明孔傳絕非漢武帝時之孔安國所作：87、漢金城郡乃昭帝置，安國傳突有；19、安國註論語與今異。己、引述前人疑及古文尚書之論點，為己說張目：115、馬驌言及古文之可疑；114、朱子猶為調停之說。

七、朱右曾、陳壽祺之輯佚

（一）輯佚法在研究文獻、歷史之重要性

輯佚（或勾稽）為治史、整理文獻之首要工作。任一歷史事件、書籍起始為一整個過程、整本，與時推移之結果，情況可以嚴重至「留落人間者，泰山一毫毛。」欲明其真象，只有全面輯佚，始有可能部份或大部份（此須機緣）恢復舊觀。輯佚法往往能產生奇蹟式之功效。其功效分析而言，主要有三：（一）別闢蹊徑：劉鶚之《鐵雲藏龜》、羅振玉之《殷虛書契前編》開啟了甲骨學時代；《考古圖》、《集古錄》、《金石錄》為金石學打下穩固基礎；汪國垣之《唐人傳奇》使我們可以輕易窺見傳奇之大概輪廓；格林兄弟收集之《格林童話》創造了童話世界。中國民間故事精彩之處實遠邁格林童話，只是缺乏有力之整理者，以致形成中國文化在這一方面之缺陷。（二）能使已散、已佚之古書、古代史實，死而復生，亡而復存：王國維以史記為主要依據，勾稽出司馬遷一生行誼，所成之《太史公行年考》，內容豐贍，對《漢書·司馬遷傳》有極大補闕之功，許多材料出自司馬遷之夫子自道。趙翼勾稽大量史實說明元人入侵之際，金之猛安謀克最後之慘局。勞格、羅振玉從文獻、石刻中勾稽出大量唐之折衝府名，使我們能對唐之折衝府有更具體之瞭解。最見精彩者為邵晉涵所輯之《舊五代史》，使人間失傳之《舊五代史》亡而復存。邵晉涵就永樂大典甄錄排纂，檢其篇第，已得十之八九。又考宋人書之徵引薛居正舊史部份，每條採錄，加以核對，依原本卷數，加上案語考証，使《舊五代史》大體恢復舊觀。上古史方面部份恢復舊觀者有陳壽祺之《尚書大傳輯校》、朱右曾之《汲冢紀年存真》。（三）能考証出古書之真偽：驗証古文尚書為偽之主要方法之一是輯佚，所輯之真古文尚書雖僅吉光片羽，但今傳本與之全異，今傳本古文尚書自然為偽。惠棟之《古文尚書考》找出偽古文尚書每一句話之出處，使其偽造剽竊之跡無所遁形。王國維稱：「如捉賊逮到真贓實據。」王國維以同樣方法考証出今本竹書紀年為後人所偽為。

（二）輯佚之淵源

王應麟最早以此種方法治學，王氏輯有《三家詩考》、《周易鄭氏注》。此種治學方法至清大盛，亦最有成績。單從永樂大典輯出之久佚古籍即已達三百七十五種，其最著者有《舊五代史》、《東觀漢記》、《續資治通鑑長編》、《建炎以來繫年要錄》等。

（三）陳壽祺之《尚書大傳》

《尚書大傳》舊題伏生撰，實出其弟子歐陽生、張生記述其師伏生對尚書、古史之解說。有些地方為尚書全篇之註，如〈洪範五行傳〉；有些為逸書，伏生所傳二十八篇尚書均為完篇，伏生記憶不全之零章斷句偶然附記於大傳之中，如〈九共〉、〈帝告〉、〈歸禾〉等，可補尚書之缺；有些地方為古史概括性之敘述，為尚書大傳中最見精彩之部份，如：「文王一年質虞芮；二年伐于；三年伐密須；四年伐犬夷；紂乃囚之，四友獻寶，乃得免於虎口；出而伐耆。」周公攝政，「一年救亂；二年克殷；三年踐奄；四年建侯衛；五年營成周；六年制禮作樂；七年致政成王。」有些為尚書以外之材料，如武王克殷後之「無變舊新，惟仁是親」之善後處置；如古代之「興滅國，繼絕世」之措施及諸侯之貢士之制等，令後人對三代之良法美意有更深入之瞭解。惠棟以為「漢經師說當與經並行。」《尚書大傳》出自傳經者對經書之解釋，其重要性實在一般經師說之上。《尚書大傳》宋後散佚，清代不少學者意圖彌補此一缺憾，其中以陳壽祺所輯最見完善。陳壽祺由史書（史記集解、隋書等）、地理書（水經注）、子書（如齊民要術、白虎通等）、文集（如文選注等）、筆記（如困學記聞、癸辛雜議等）、大部叢書（如太平御覽）一條一條勾稽，匯編成《尚書大傳輯校三卷》。

（四）朱右曾與竹書紀年

西晉出土之竹書紀年宋後失傳，明代出現之竹書紀年為後人偽為，清人稱之為今本竹書紀年。不少學者從事古本竹書紀年之輯佚工作，其中貢獻最大者為朱右曾，而非梁啟超等人所認為之王國維。王國維之《古

本竹書紀年輯校》只不過是對朱右曾之《汲冢紀年存真》稍加校刊而已，所下功夫根本不能與朱右曾同日而語。以竹書紀年填補春秋戰國之交年代間隙，並訂正舊說種種錯誤成就最大之學者亦非錢穆，而是朱右曾。朱右曾對古本、今本紀年之批評一針見血：「（今本）真贋錯雜，不有別白，安知真古文之可信與今本之非是哉？最其大凡，今本之可疑者十有二，真古文之可信者十有六。請揚榷言之。」其中最精彩之議論：如「史記正義引紀年云：自盤庚徙殷，至紂之滅，二百七十三年，更不徙都。今本則云武乙三年，自殷遷于河北；十五年自河北遷于沬。不知盤庚之徙，已居河北，又杜撰遷沬之文，可疑四也。」「惠王六年徙都大梁，故十八年桂陵之戰，田忌欲走大梁，十二也；惠王後元十一年，楚敗我襄陵，故惠王告孟子曰：南辱於楚。如史記則惠王初無南辱之事，十三也；……燕子之之亂，在齊宣王七年，足証史記及荀子以伐燕為閔王及通鑑增年之謬，十五也；」除此之外，朱氏尚著《逸周書集訓校釋》說明逸周書之可信，由〈世俘〉篇敘及周武王大規模殺殉非親見不能記述。殷虛發掘証明當時確有大規模殺殉之風，〈世俘〉之記錄，如實再現，証明朱右曾對古史判斷之精確。朱右曾《汲冢紀年存真》編纂之法：將宋代以前見及真古文紀年學者之引述、評論或概括性論述竹書紀年之資料依時間順序排比而下，時間不明而無由考証者列為附錄，詳述資料出處，資料源出三處、五處，不避繁瑣，一一指明；各家說法有異，則間加考証決其去取；並引相關資料對紀年原文偶加解釋。

八、顧炎武、阮元、王引之之音韻訓詁

（一）顧炎武之治學方法與音韻學上之成就

顧炎武之治學方法：1、重實地考察：如論及長城，就其親見齊長城、北邊長城為依據，再論其效用。實際考察各地館驛，凡唐所建，規模宏偉，凡宋所置，均極狹窄，以此說明兩國立國態勢之不同。潘耒云：「先生足迹遍天下，所至交其賢豪長者，考其山川風俗，疾苦利病，如指諸掌。」2、善用歸納法：顧氏研究學問，經由大量歸納，以得出可靠結論。如《詩本音》中，在服字下舉出十七條本証十五條旁証，《唐韻正》在服字下共舉出一百六十二條証據，証明服字本音逼。古人已死三千年，古人如何發音講話，今人應是一無所知。古人已死，但古人之歌謠──詩經、楚辭等，並未與之俱亡，其中實蘊含古人發音、講話之眾多秘密。宋人讀詩經，遇到該押韻而未押韻之處，一般解釋是古人用韻廣。陳第以為是發生音轉、音變之結果，用今讀不押韻，恢復古讀，則該押韻之處即押韻。顧炎武大量歸納詩經及其它韻書之韻腳，發現、歸納出十部古韻，指出許多字之古讀，如迎古讀為昂、後為戶、構為故、冶為墅、下為戶、行為航、儀為俄等，恢復古讀，詩經全篇押韻，並無所謂古人用韻廣之情形。其後錢大昕大量歸納聲母，得出古無輕唇音之結論。

（二）阮元之經籍纂詁

漢經師去古未遠，所言最為可信，對瞭解古書字義具無與倫比之重要性。但漢經師說散見各書注解或某些專書之中，零碎散漫，多所參考耗時費力，幾乎為一不可能之事。戴震有意將古注匯為一編，但只是臆想。此一臆想至阮元成為事實。阮元一生之得天獨厚，百年難得一見。阮元少年得志，終生顯達，並享高壽，加之以學有根柢。學者得其一已是不易，阮元卻諸美皆備，其學大有所成，實非偶然。劉壽曾云：「學術之興也，有倡導之者，必有左右贊之者，乃能師師相傳，賡續於無窮，

而不為異說所奪。文達早膺通顯，年又老壽，為魁碩所歸仰，其學蓋衣被天下矣。」阮元一生除自著各書之外，尚編過三部大書，一是《十三經注疏》，一是《皇清經解》，一即《經籍纂詁》。張舜徽云：「阮元督學浙江時，組織人力，分工輯錄，依照《佩文韻府》的辦法，按平上去入四聲，分為一百零六部，以一韻為一卷，編成《經籍纂詁》一百零六卷。取材廣泛，唐以前的舊注傳訓，差不多網羅殆盡，給學者檢查古義以很大的方便。當日修輯此書，雖由臧庸、臧和貴、洪頤煊、洪震煊、陳鱣、周中孚等三十餘人分工撮抄而成，但全書編纂義例，卻是由阮元擬定的。」梁啟超以為《經籍纂詁》各字解釋匯集自1、古經古子本文之訓詁，如：「仁者，人也，義者，宜也。」2、各經注，包括十三經注疏及清儒所集古佚注。3、漢、魏以前子書及古史注，如《國語》韋昭注，《戰國策》、《呂氏春秋》、《淮南子》高誘注等。4、古史集部注，如《史記》三家注、《文選》李善注等。5、小學古集，如《爾雅》、《廣雅》等。在瞭解古書字句上，此書之效用實在《說文解字》之上。

（三）王引之之《經義述聞》、《經傳釋詞》

　　古書字義有遠在漢經師說之外者，亦有漢經師說誤釋者。彌補此一缺陷貢獻最大者為王引之。實字解釋專書有《經義述聞》，虛字解釋專書有《經傳釋詞》。王引之治學之主要方法：1、究本溯源：大量收集古字典、古箋注作立論之依據。2、參伍比較：歸納所有（大部份）相同、類似例証，孤証不為証據，一定參伍比較，明其得失，不為漢經師說或古人說所囿，其精確度如解數學聯立方程式一樣，「揆之本文而協，驗之他卷而通，雖舊說所無，可以心知其意者也。」古書注解王引之歸納出許多通則，如：經文假借、語詞誤解以實義、經義不同不可強為之說、經傳平列二字上下同義、經文數句平列上下不當歧異、經文上下兩義不可合解、衍文、形譌、上下相因而誤、上文因下文而省、增字解經、名字解詁等。其最精到者如：1、經文假借：「經典古字，聲近而通，則有不限於無字之假借者，往往本字現存，而古本則不用本字，而用同聲之借字。學者改本字讀之則怡然理順，依借字解之，則以文害辭。」2、

語詞誤解以實義:「經典之文,字各有義,而字之為語詞者,則無義之可言,但以足句耳。語詞而以實義解之,則扞格難通。」3、增字解經:「經典之文自有本訓。得其本訓,則文義適相符合,不煩言而已解。失其本訓,而強為之說,則阢隉不安,乃於文句之間,增字以足之,多方遷就而後得申其說,此強經以就我,而究非經之本義也。」4、形近而譌:「經典之字,往往形近而譌。仍之則義不可通,改之則怡然理順。」5、名字解詁:「白虎通聞名即知其字,問字即知其名。蓋名之與字義相比附。故叔重說文屢引古人名字。發明古訓,莫著於此,觸類而引申之,學者之事也。」經由王氏治學之法,漢經師說之錯誤可以訂正,未有之解釋可得其正解。在清儒努力之下,古書之解釋亦得以恢復其本來面貌。阮元序《經義述聞》云:「凡古儒所誤解者,無不旁徵曲諭,而得其本義之所在。使古聖賢見之,必解頤曰:吾言固如是,數千年誤解之,今得明矣。」

九、羅振玉對甲骨學的貢獻

（一）莫衷一是之評論分類概述

在甲骨學的研究上，羅振玉是最具爭議性的人物。譽之者稱其為寰球學界之偉人，貶之者斥其為欺世豫賈之徒。有時羅之成就被完全虛無化，有時被淡化，有時同一人對羅之甲骨學成就有完全兩極化之批評。對羅振玉在甲骨學成就上之評價歸納起來，約有以下六種：

1、甲骨文之研究與羅氏完全無涉

這種評論以通史教科書最為明顯。一般通史作者以殷商為中國信史之開端，而殷商之所以被視為信史，因史記《殷本紀》之世系可與地下出土之甲骨文互相印證。但談及以甲骨文證實殷商之世系，只提王國維之《殷卜辭中所見先公先王考》，而不及羅振玉之《殷商貞卜文字考》。如繆鳳林即曰：「甲骨文記載殷王名，與史記殷本紀皆同，由此可證明古史之多為實錄。」其注云：「說詳王國維《殷卜辭中所見先公先王考》及《續考》。」[1]錢穆云：「最要者，史記所載，乃為最近新發見之殷墟甲骨文字所證實。首為此項工作者，為王國維之《殷卜辭中所見先公先王考》及《續考》。」[2]

部份上古史方面之著作論及甲骨文及殷商史，仍可對羅氏略而不述。如孫淼在《夏商史稿‧第六章第四節 1‧先商世系與契至湯八遷》即云：

> （由契至湯）這個世系是否可靠，一直受到人們的懷疑。自從甲骨文出土以后，王國維著〈殷卜辭中所見先公先王考〉及〈殷卜辭所見先公先王續考〉二文，根據甲骨文的記載，對《殷本紀》所記商的全部世系進行考證。考證結果，除少數人名外，多數先公先王之名都見于

---

[1]　見繆鳳林：《中國通史要略》（臺灣商務印書館印行，民國 84 年 11 月，重排一版第二次印刷），頁 40 及 53 之註 20。

[2]　錢穆：《國史大綱》（臺灣商務印書館印行，民國 72 年 11 月。修訂 10 版），頁 17。

甲骨文,從而證明了《殷本紀》的記載還是比較可靠的。[3]

徐中舒在《甲骨學商史論叢初集・序》云:

> 余生既逢甲骨之發露,故師友間治此學者尤眾。而陳義豐長,用志專
> 篤,翕然為世所崇信者,則不得不推三人焉,曰:海寧王靜安先生,
> 南陽董彥堂先生,望都胡厚宣先生。

杜正勝云:

> 近代甲骨卜辭流傳到士大夫手中後,學者也用來論證古代史籍。開風
> 氣之先,成就可能也是最大的,當推王國維先生的「二重證據法」。
> 他以卜辭祭祀商人先公先王的次序,證明史記殷本紀的商王世系大抵
> 無誤。[4]

2、羅非王比

在早期甲骨文之研究上,羅、王有密不可分之關係。羅、王兩人同
證殷王世系,同考殷虛文字,共同論及殷虛小屯做為殷都之時間。在考
釋甲骨文方面,羅之代表作為《殷商貞卜文字考》、《殷虛書契考釋》二
書,王之代表作品為〈殷卜辭中所見先公先王考〉、〈續考〉、〈殷周制度
論〉、〈古史新證〉四篇文章。但許多學者或則過度推崇〈殷卜辭中所見
先公先王考〉,或則看重〈殷周制度論〉,或則認為羅氏研究方法落伍陳
舊,或則大力推崇王氏之〈古史新證〉對二重證據法有開創之功,或則
以為羅氏只有收藏拓印之力而無考釋之能,或則以為王氏對羅氏之著作
能拾遺匡誤,因此而認為羅氏在甲骨學之成就上遠不如王氏。

過度推崇王氏之〈殷卜辭中所見先公先王考〉者,可以郭沫若為代
表。郭沫若云:

> 王氏於卜辭研究實當首屈一指,孫羅均非其比也。其所為〈殷卜辭中
> 所見先公先王考〉及〈續考〉乃自有卜辭研究以來之最大貢獻,其中
> 雖有少許當更正之處,然其大體固皎然無羔也。……又其遺書全集中

---

[3]　孫淼:《夏商史稿》(北京:文物出版社出版,1987 年 12 月第 1 版),頁 271。

[4]　杜正勝編:《中國上古史論文選集・導論》(臺北:華世出版社出版。民國 60 年
　　 11 月),頁 19。

> 所收之觀堂別集及殷禮徵文、古本竹書紀年輯校等,均為研究卜辭者
> 所必讀之書。[5]

　　過度看重〈殷周制度論〉者,可以金靜庵為代表。金靜庵云:「其
書(〈殷周制度論〉),雖寥寥二十葉,實為研究古史之重要文字,是則
王氏實為治斯學者極有成就之大師,又非羅氏所能及。」[6]認為羅氏研
究方法落伍陳舊者,可以顧頡剛為代表。顧頡剛云:

> 一般人因他(王國維)和羅氏契合,合稱為羅王,以為他們的學問是
> 一致的,實亦不然。羅氏不過機會好,他碰見許多古物,肯去搜集編
> 錄而已,他在學問上心得並不多,他的方法至多是清代經師的方
> 法。……[7]

　　大力推崇王氏之〈古史新證〉對二重證據法有開創之功者,可以徐
中舒、孫淼為代表。徐中舒云:「我國古史於此遂得地下材料為兩重之
證明。此惟於先生著作中始得見之。」[8]孫淼云:「王國維這種治學方法,
陳寅恪相當推崇,他認為這『足以轉一時之風氣而示來者以軌則。』這
個評價並不為過,王國維確有開創之功。」[9]認為羅氏只有收藏拓印之
力而無考釋之能者,可以傅斯年為代表,傅斯年云:

> 此書(指殷虛書契考釋)題羅振玉撰,實王氏之作,羅以五百元酬之。
> 王更作一序,稱之上天,實自負也。羅氏老賊於南北史兩唐書甚習,
> 故考訂碑志每有見地,若夫古文字學固懵然無知。王氏卒後,古器大
> 出,羅竟擱筆。其偶輯矢令尊,不逮初學。於是形態畢露,亦可笑也。
> [10]

　　認為王氏對羅氏之著作能拾遺補闕者,可以吳其昌為代表,吳其昌

5　　郭沫若:《卜辭通纂・述例》(臺灣:大通書局出版,民國 65 年 5 月),頁 38。
6　　金靜庵:《中國史學史・附錄二》(國史研究室印行,民國 62 年 10 月),頁 281。
7　　顧頡剛:〈悼王靜安先生〉,《王觀堂先生全集》,第 16 冊(臺北:文華出版社,民
　　國 57 年 3 月,第 1 版),頁 7132。
8　　徐中舒:〈王靜安先生傳〉,《王觀堂先生全集》,第 16 冊,頁 7047。
9　　孫淼,前引書,頁 702。
10　傅斯年:〈殷曆譜・序〉,《殷曆譜》(臺北:中央研究院歷史語言研究所發行,民
　　國 81 年 9 月,影印 2 版)。

云：「至於龜契文字，則先生之於羅氏，能補其未盡，而匡其已誤。海內惟稱羅王為大師，先生殆又可謂青出於藍者。此則盡人所共知，又不煩多言而始明也。」[11]

3、甲骨四堂

唐蘭云：「卜辭研究，自雪堂導夫先路，觀堂繼以考史，彥堂區其時代，鼎堂發其辭例，固已極一時之盛。」[12]此一論斷儘管有語病，但因頗為面面俱到，故廣為學界所認同，董作賓即認為是「切實持平之論」。[13]

4、羅王之學

在早期研究上（前二十年），羅王並稱，而有所謂「羅王之學」。陳夢家即云：「從一九一一到一九二六年，即科學的發掘以前，甲骨學的主要研究者是羅振玉、王國維以及稱為『羅、王之學』的羅、王門生。」[14]

5、羅氏一人之力

董作賓在《甲骨學六十年》中認為甲骨學之得以建立實出羅氏一人之力，在〈羅雪堂傳略〉稱羅氏為甲骨學之開山祖師。[15]唐蘭、邵子風持同樣之看法，只是用字遣詞略有不同而已，唐蘭云：「他（羅振玉）的一生著述和蒐集材料的盡力，在學術史上佔有重要的地位，甲骨學可以說他是手創的。」[16]邵子風的講法是：

> 泊自龜甲獸骨，出土於安陽，孫氏研討獨勤，蓽路藍縷之功，誠不可

---

[11] 吳其昌：〈王觀堂先生行述〉，《王觀堂先生全集》，第 16 冊，頁 7276。

[12] 見董作賓《甲骨學六十年・題解和概說》所引。吳浩坤、潘悠之《中國甲骨學史》云此語出自唐蘭之《天壤閣甲骨文存・自序》。

[13] 董作賓：《甲骨學六十年》，《董作賓全集乙編》，第 5 冊（臺北：藝文印書館印行，民國 66 年 11 月），頁 8。

[14] 陳夢家：《卜辭綜述》（臺灣大通書局翻印），頁 50。

[15] 見董作賓：《甲骨學六十年》，頁 47；及董作賓〈羅雪堂先生傳略〉，《羅雪堂先生全集初編》，第 20 冊（臺北：文華出版公司，民國 57 年 12 月），頁 5。

[16] 唐蘭：《古文字學導論・自序》（臺北：學海出版社・民國 75 年 8 月），頁 11。

沒。然未有創通條件，考論文字典制，若是書（指殷虛書契考釋）之
深湛宏博者。自是以後，殷虛遺文，遂漸為世所識，著作亦日就宏富，
古文字學，乃承清代餘波，而湧為洪濤，詎非羅氏此書所誘致而然也。
[17]

沈子培則認為羅振玉不但使殷虛文字絕學創通，而且其成就之大可
在全球學界偉人中高踞一席。[18]

6、同一人因時間不同而對羅氏有正反兩極之批評

郭沫若在民國十九年對羅氏在甲骨學之評價是「搜集、保存、傳播
之功，羅氏當居第一；而考釋之功也深賴羅氏」。[19]但到了民國三十五年
郭沫若對羅氏之評價則截然相反：「王對於羅似乎始終是感恩懷德的，
他為了要報答他，竟不惜把自己的精心研究都奉獻給羅，而使羅坐享盛
名。例如《殷虛書契考釋》，實際上是王的著作，而署的卻是羅振玉的
名字，……單只這一事，也足證羅的卑劣無恥。……」[20]

梁啟超在民國九年盛讚羅振玉為治此學最精深者、為此學之發明考
定者。[21]但在〈王靜安先生墓前悼辭〉中則隱約其辭的暗示羅氏攘奪王
氏著作。[22]

---

[17] 邵子風：《甲骨書錄題解・卷二・通考・殷虛書契》（臺北：華世出版社，民國 64
年 12 月），頁 120。

[18] 羅維祖：《羅振玉年譜・宣統二年》云：「又以（〈殷商貞卜文字考〉）等三種質沈
子培，時沈官皖藩，答書曰：『……而殷篆一編，絕學創通，遂令吾國小學家言，
忽騰異彩。公自今在環球學界偉人中高踞一席矣，可賀可賀。……』」（臺北：行
素堂發行，民國 75 年 11 月），頁 44。

[19] 郭沫若：《中國古代社會研究》，《郭沫若全集・歷史編・第一卷》（北京：人民出
版社發行，1982 年 9 月，第 1 版），頁 193。

[20] 見張舜徽〈王國維與羅振玉在學術研究上的關係〉一文所引郭氏在《歷史人物・
魯迅與王國維》中之一段話，《訒庵學術講論集》（湖南：岳麓書社出版，1992
年 5 月，第 1 版），頁 397。

[21] 梁啟超：《中國歷史研究法》（臺北：中華書局印行，民國 61 年 11 月），頁 60；
又《清代學術概論》（臺灣：商務印書館印行・民國 74 年 2 月・臺 2 版），頁 96。

[22] 梁啟超：〈王靜安先生墓前悼辭〉，《王觀堂先生全集》，第 16 冊，頁 7123。

（二）致誤之由

其所以會出現六種截然不同的看法，其原因歸納起來，約有四端：

1、人云亦云

一般通史作者或通論性的歷史作者對甲骨文之研究缺乏通盤性之瞭解，加上民國十六年以後，學界對羅振玉之誣蔑日甚一日，以致外行人無法瞭解事實的真相。如錢穆先生即不重視甲骨文。

2、誤認羅氏欺世盜名

從羅振玉刊布、流傳甲骨文之日起，各種對羅振玉誣蔑之流言即不逕而走。章太炎即認為羅氏偽造甲骨文以欺世。[23] 及至甲骨文輝煌殿堂建立之後，與甲骨文沾親帶故之學人忽然暴增，承先啟後之關鍵性著作《殷商貞卜文字考》、《殷虛書契考釋》又因門戶之見、感情因素被王門弟子儲皖峰、吳其昌、何士驥等認為係王氏操刀、羅氏掛名。但此種說法全係無稽之談。陳夢家以羅氏手稿、[24]張舜徽以羅王往來書札[25]等確鑿證據澈底廓清王氏代作之謬說。洪國樑即評斷：「主王著（指《殷虛書契考釋》）說者，多不能就證據立說，難以取信。」[26]

3、政治影響學術

對羅氏甲骨學成就全盤否定之批評，時間大體在抗日戰爭爆發之後。羅氏支持偽滿，且曾任偽滿監察院長。而在後方備嘗艱辛之學者對羅氏當然無法諒解。民國三十四年傅斯年在《殷曆譜·序》上對羅氏之諷罵，郭沫若在民國三十五年《歷史人物·王國維與魯迅》中對羅氏之誣蔑，完全是情緒化之發洩。

此時又有另一層之方便，即羅氏已經辭世，死無對證，下筆之際當然可以毫無顧忌，洪國梁即認為羅氏尚在之時，儲皖峰、梁啟超、周士

23　呂思勉：《先秦史》（臺灣開明書店印行，民國 66 年 6 月，臺 6 版），頁 114。

24　陳夢家，前引書，頁 58。

25　張舜徽，前引書，頁 399。

26　洪國樑：〈殷虛書契考釋作者辨證〉，《毛子水先生九五壽慶論文集》（臺北：幼獅文化事業公司，民國 74 年 4 月），頁 413。

儒等對王氏撰《殷虛書契考釋》則隱約其辭，羅氏歿後，吳其昌等則暢言無忌。[27]傅、郭、吳等的批評實是政治影響學術的具體實例。張舜徽即云：

> 人們所以討厭羅振玉，由於他一生懷念亡清舊主，積極謀復帝制，後來竟跑到偽滿洲國任要職，不為國人見諒，認為他卑鄙無恥。於是因人廢言，不承認他在學術上的卓越成就了。其實王國維和羅振玉，在政治思想上是一致的。[28]

4、捧王抑羅

即使羅著《殷虛書契考釋》已成定論，一般論及羅、王對甲骨學之貢獻 時，對於王氏還是辭多溢美，對於羅氏則極盡貶抑之能事。張舜徽即云：「就王、羅兩人而論，如果把王國維捧得太高，附加一些本無其事的溢美之辭，把羅振玉壓得過低，按上許多妄加臆斷的輕蔑之語，死者有知，他們雙方都不會接受的。」「近人談到他們兩人時，將王國維捧到九天之上，將羅振玉壓入九地之下，有愛憎之私，無是非之公。」[29]

捧王抑羅約可分為二類：

一類是諛墓之辭：

民國十六年王國維投水自盡。自盡原因，王門弟子認為出於羅振玉之逼迫，故對羅氏不免怨恨，對王氏則極其同情，在為王國維所出之紀念專號、哀輓錄等敘述王國維行誼、著述之際，對於王氏成就極力頌揚，對於羅氏成就隱約其辭的予以貶抑。梁啟超之墓前悼詞、陳寅恪之挽詞序、吳其昌之〈王觀堂先生學術〉、耘僧之〈王靜安先生整理國學之成績述要〉等均可歸入諛墓之辭，諛墓之辭是當不得真的。

一類是對著作價值判斷有失精確：對於著作價值判斷有失精確方面約可分為四個方面：

---

[27]　洪國梁，前引文，頁 399-400。

[28]　張舜徽，前引文，頁 400。

[29]　張舜徽，前引文，頁 396。

（1）羅主王副誤為王主羅副

在早期甲骨文之研究上，大經大法（如世系、文字等）實由羅氏確立，王氏之作為不過是拾遺補闕。羅、王二人在這方面之看法一致。故羅氏對王氏之批評是「厥後忠愨繼之，為殷先公先王考，能補予所不及，於是斯學乃日昌明矣」。[30]而王國維寫給羅振玉之小札亦云：「今日草殷禮小記，得五則：共五、六頁，皆祭禮事，補公考釋所未備者。」[31]

然而同樣的話到了吳其昌手中，可以有全然相反的解釋：「至於龜契文字，則先生之於羅氏，能補其未盡，而匡其已誤。海內惟稱羅王為大師，先生殆又可謂青出於藍者。此則盡人所共知，又不煩多言而始明也。」[32]吳氏此種論斷真令人有不知從何說起之感。更荒謬的是王國維為《殷虛書契考釋》所作的序，對羅振玉推崇備至，但耘僧、傅斯年一口咬定是王國維之「夫子自道」。[33]

（2）二重證據法非今日始得行之

王國維在《古史新證》一文中說：

> 我輩生於今日，幸於紙上材料外，更得地下之新材料。由此種新材料，我輩得據以補正紙上之材料，亦得證明古書之某部份全為實錄，即百家不馴之言亦不無表示一面之事實。此二重證據法，惟在今日始得行之。[34]

民國初年以來學者大多信以為真，將王氏視之為學術定理之發明

---

[30] 羅振玉：《集蓼編》，《羅雪堂先生全集》，續編第 2 冊（臺北：文華出版公司印行，民國 58 年 7 月），頁 758。

[31] 王國維：《王國維全集・書信》（臺北：華世出版社印行，民國 73 年 2 月），頁 6。

[32] 吳其昌，前引文，頁 7276。

[33] 耘僧在〈王靜安先生整理國學之成績述要〉云：「其序（指《殷虛書契考釋》），云：『觀其學足以指實，誠足以洞微。發軔南閣之書，假途蒼姬之器，會合偏旁之文，剖析孳乳之學，參伍以窮其變，比校以養其凡。悟一形繁簡之殊，起兩字並書之例。上池既飲，遂洞垣之方；商龜攸陳，斯舉隅而三反。顏黃門所謂隱括有條例，剖析窮根源者，斯書之謂矣。』此言雖為羅氏而發，實不啻自道其考釋龜甲文字之功也。」《王觀堂先生全集》，第 16 冊，頁 7286。及傅斯年，前引文。

[34] 王國維：〈古史新證〉，《王觀堂先生全集》，第 6 冊（臺北：文華出版社印行，民國 57 年 3 月），頁 2078。

人。奉之為泰山北斗,只差未頂禮膜拜、馨香祝禱。陳寅恪大贊此種方
法「足以轉移一時風氣而示來者以軌則」。[35]徐中舒曰:「更由甲骨斷片
中發現上甲以下六代之世系,與史記紀表不殊,我國古史於此遂得地下
材料為兩重之證明,此惟於先生著作中始得見之。」[36]杜正勝曰:「開風
氣之先,成就可能也是最大的,當推王國維先生的『二重證據法』。」[37]

　　事實真相則是此種二重證據法實乃治史之常識,有長遠之歷史淵
源。如:杜預以當時新出土之《竹書紀年》驗證左氏可信:「《竹書紀年》
諸所記多與左傳符同,異於公羊、穀梁,知此二書近世穿鑿,非春秋本
意,審矣。」[38]喜談怪異之郭璞引《竹書紀年》以註《山海經》,證明百
家不雅馴之書,亦有歷史事實為其素地。司馬彪以《竹書紀年》為依據
條譙周《古史考》百二十二事為不當。[39]宋代之金石家即以實際之古器
物審定古禮器之名[40]並以金石遺文訂正正史之誤而補其闕,劉敞即以「先
秦彝鼎數十,銘識奇奧,皆案而讀之,因以考知三代制度」。[41]趙明誠《金
石錄‧序》云:

　　　　蓋竊嘗以謂詩書以後,君臣行事之跡,悉載於史。雖是非褒貶見之於
　　　　秉筆者私意,或失其實。然至其善惡大節,有不可而誣。而又傳之既

35　陳寅恪:〈王靜安先生遺書序〉,《陳寅恪先生論文集》(臺北:九思出版社印行,
　　民國 66 年 6 月),頁 1435-1436。
36　徐中舒,前引文,頁 7047。
37　杜正勝。前引文,頁 19。
38　杜預:〈春秋經傳集解‧後序〉,《左氏會箋》(臺北:天工書局印行,民國 82 年 5
　　月),頁 2029。
39　房玄齡等撰:《晉書‧卷八十二‧司馬彪》(臺北:鼎文書局印行(點校本),民國
　　76 年 4 月,第 2 版),頁 2142。
40　王國維:〈宋代之金石學〉云:「至形制之學,實為宋人所擅長。凡傳世古禮器之
　　名,皆宋人之所定也。曰鐘、曰鼎、曰鬲、曰甗、曰敦、曰簋、曰壺、曰尊、曰
　　盉、曰盉、曰盤、曰匜,皆古器自載其名,而宋人因以名之者也。曰卣、曰罍、
　　曰爵、曰觚、曰觶、曰角、曰斝,於古器詞中均無明文,宋人但以大小之差定之。
　　然在今日。仍無以易其說。」《王觀堂先生全集冊五‧靜安文集續編》(臺北:文
　　華出版社印行,民國 50 年 3 月)。
41　脫脫:《宋史‧卷三百一十九‧劉敞》(臺北:鼎文書局印行(點校本),民國 69
　　年元月),頁 10386。

久，理當依據，若夫歲月、地理、官爵、世次，以金石刻考之，其抵牾者，十常三、四。蓋史牒出於後人之手，不能無失；而刻辭當時所立，可信不疑。則又考其異同，參以他書，為金石錄三十卷。

閻若璩且有專文論及此種治學方法：「（傅山）歎謂此種學正經史之誤而補其闕，其功甚大，畢竟始自何代何人？」閻若璩共舉出七例。[42]顧炎武、錢大昕亦據碑以訂史。[43]羅振玉認為王氏治學最近清人程易疇、吳愙齋。[44]程、吳之治學方法亦是以實物驗證紙上之遺文。[45]

同一年，王國維在〈最近二三十年中中國新發現之學問〉一文中則有與〈古史新證〉完全相反的說法：

> 古來新學問起，大都由於新發現。有孔子壁中書出，而後有漢以來古文家之學；有趙宋古器出，而後有宋以來古器物古文字之學。惟晉時汲冢竹簡出土後，即繼以永嘉之亂，故其結果不甚著，然同時杜元凱注左傳，稍後郭璞注山海經，已用其說。而紀年所記禹益伊尹事，至今成為歷史上之問題，然中國紙上之學問，賴於地下之學問者，固不自今日始矣。[46]

但直至今日，仍有人將王視之為二重證據之發明人，如孫淼即認為「這個評價（指陳寅恪稱王氏二重證據法足以轉一時風氣而示來者以軌則）並不為過，王國維確有開創之功」。以甲骨文考史、證史，羅振玉之《殷商貞卜文字考》實早於王氏之《殷卜辭中所見先公先王考》六年。

42　張穆：《清閻潛邱先生若璩年譜・康熙二年癸卯二十八歲》（臺灣商務印書館印行，民國 67 年 6 月，初版），頁 60。

43　顧炎武：《日知錄・卷三十一・泰山立石》（臺北：明倫出版社，民國 60 年 10 月），頁 903；錢大昕：《十駕齊養新錄卷六・特勤當從石刻》（臺灣商務印書館印行，民國 67 年 5 月），頁 145。

44　羅振玉：《觀堂集林・序》。

45　程瑤田：〈考工記創物小記〉，《皇清經解・三禮類彙編》，卷 536-539（臺北：藝文印書館印行）。吳大徵：〈權衡度量實驗考〉，《羅雪堂先生全集》，第四編（臺北：大通書局印行，民團 61 年 12 月）。

46　王國維：〈最近二三十年中中國新發現之學問〉，《王觀堂先生全集》，第 5 冊，頁 1915-1916。

（3）〈先公先王考〉名過其實

十有八、九之學者（如錢穆、繆鳳林、郭沫若等）均認為王國維之《殷卜辭中所見先公先王考》證實了《史記·殷本紀》之世系大體無誤，因此中國信史可由殷商算起。如研究卜辭有成之郭沫若即曰：

> 卜辭的研究要感謝王國維，是他首先由卜辭中把殷代的先公先王剔發了出來，使《史記·殷本紀》和《帝王世紀》等書所傳的殷代王統得到了物證，並且改正了他們的訛傳。[47]

郭氏此段敘述幾乎完全與事實不符，首先由卜辭中剔發出殷之先公先王者是羅振玉，羅振玉在《殷商貞卜文字考》（宣統二年）考釋出殷商帝王之名之數目高達十七，成湯之前之先公之名有二——主壬、主癸。至《殷虛書契考釋》（民國四年）一書發布時，羅氏所找到殷商帝王之名已達二十二，成湯之前之先世至少五人。王國維之〈殷卜辭中所見先公先王考〉及〈續考〉僅只找到俊、相土、季、王亥、王恆、上甲，均為成湯之先世。其中俊與相土至今未成定論。而王國維自言：「卜辭之季即冥，羅參事說。」[48]王氏真正考定之殷商先公先王不過王亥、王恆、上甲三人而已。

對於王國維在王亥事蹟之考證上，不少人對之已至一句一歎之地步。吳其昌即曰：「先師王先生原考中關於王亥一節，已臻盡善盡美。」[49]董作賓曰：「能夠把王亥二字看作一個人名，把孫詒讓認為『立』字的，斷定是『王』字，這已是不容易了。王氏更把殷本紀訛為『振』的，考定就是王亥，尤其令人驚奇。」[50]羅振玉在《殷商貞卜文字考》中即已將祖亥看作一個人名，王國維云：「甲寅歲莫，上虞羅叔言參事撰殷虛書契考釋，始於卜辭中發現王亥之名。」[51]至於史記之振即王亥，從《漢

---

[47]　郭沫若：《十批判書·古代研究的自我批判》（北京：人民出版社出版，1982 年 9 月，第 1 版），頁 6。

[48]　王國維：《觀堂集林卷九·殷卜辭中所見先公先王考》，頁 410。

[49]　吳其昌：《卜辭所見殷先公先王三續考），《古史辨》，第 7 冊，下篇，頁 345。

[50]　董作賓：《甲骨學六十年》，頁 51。

[51]　王國維：《觀堂集林卷九·殷卜辭中所見先公先王考》，頁 409。

書‧古今人表〉、司馬貞《史記索引》、梁玉繩《人表考》、馬驌《繹史》、徐文靖《竹書紀年統箋》、雷學淇《竹書紀年義證》、朱右曾《汲冢紀年存真》等書均已一再敘及，實不庸王氏再次申說。王國維自言：「天問之辭千古不能通其說者，而今由卜辭通之。此治史學與文學者所當同聲稱快者也。」[52]實際上王國維確實證明了〈天問〉：「該秉季德」以下十二韻係敘說殷之先王王亥等三人二世之史實。但〈天問〉「該秉季德」之該即王亥，王氏卻非最早之發明者。清代徐文靖在《竹書紀年統箋》、劉夢鵬在《屈子章句》即已指出天問之該，即殷侯子亥，即山海經之王亥，即史記之振。[53]

（4）〈殷周制度論〉敘述多誤

殷南、樊柄清等認為〈殷周制度論〉為王氏最偉大的成績、近世經史二學第一篇大文字。[54]此文實是王氏借古諷今之政治宣傳品，經不起事實之驗證。胡厚宣以卜辭為主要材料，寫了〈殷代封建制度考〉、〈殷代婚姻家族宗法生育制度考〉二文，對王氏〈殷周制度論〉之論點，做全面、細緻之分析，王氏之結論幾乎已是一無是處。[55]胡厚宣在〈殷代婚姻家族宗法生育制度考〉之結論云：「其〈殷周制度論〉前在學術界所公認以為不刊之論者也，然由今日觀之，已十九皆當更正。」陳夢家分析王氏所謂之「殷制」八項內容，其中三項是推測之辭，另五項亦多與事實相反。[56]

---

[52] 王國維：《觀堂集林卷九‧殷卜辭中所見先公先王考》，頁422。

[53] 徐文靖：《竹書紀年統箋卷四‧帝泄十六年》箋注云：「冥子垓，師古曰該。據竹書，垓即亥也，〈天問〉『該秉季德』，又作該，是亥讀為垓也，垓子微滅有易，所以報父之仇也。」張崇琛〈天問中所見之殷先祖事跡〉敘及劉夢鵬之《屈子章句》亦指出：「該即人名，即《史記‧殷本紀》之振，世本之核，《漢書古今人表》之垓。」《殷都學刊》，1994年第2期，頁7。

[54] 殷南：〈我所知道的王靜安先生〉，頁7166；徐中舒〈王靜安先生傳〉云：「成殷周制度論，義據精深，方法縝密，極考證家之能事。樊氏謂其書雖寥寥二十葉，實近世經史二學第一篇大文字也。」《王觀堂先生全集》，第16冊，頁7048。

[55] 胡厚宣：〈殷代封建制度考〉、〈殷代婚姻家族宗法生育制度考〉。二文俱收在《甲骨學商史論叢初集》（臺灣：大通書局影印，民國61年10月）中。

[56] 陳夢家：《卜辭綜述‧十九章第一節殷周制度論的批判》（臺灣：大通書局影印）。

（三）、羅振玉對甲骨學的真正貢獻

董作賓云：「羅氏在中國學術界貢獻之大，早有公論。他刊布流傳的古籍有二百五十餘種，九百餘卷。他自己的著作有一百餘種，二百數十卷，這在近世是沒有第二個人的。」[57]張舜徽總結羅氏對學術有六大貢獻：1・殷虛甲骨文字的整理；2・金石刻辭的整理；3・古器物學的研究；4・熹平石涇殘字和漢晉木簡的整理；5・敦煌石室佚書和高昌文物的整理；6・內閣大庫檔案的保存和整理。[58]任何人能得其一即足以名家。對羅氏抨擊最力之傅斯年亦稱「近人治石刻以證史者，羅振玉為最精」。[59]但羅振玉對其所有成就獨鍾情於甲骨文。羅氏自言：「予生平著書百餘種，共二百數十卷，要以此書（指《殷虛書契考釋》）最有裨於考古。」[60]

羅氏對於甲骨學之主要貢獻，大略可以分為二類，一類是後來者無法企及或難以企及之貢獻；一類是奠基工作。

後來者無法企及或難以企及之成就主要有四：

1.甲骨文之搜集、傳播、拓印

收集到甲骨之後即予傳播、拓印，由外觀上看，其事甚易；但在實行上，則戛戛其難。如最先搜集到甲骨文之王懿榮，即命估人「秘其事」；[61]即使在各類甲骨書籍廣為流傳之後，新獲甲骨之機構往往還是採「秘不發喪」的方式處理甲骨資料，胡厚宣對此即有嚴厲之批評。[62]羅氏之作法恰與此等行徑相反。羅氏在劉鶚家一見甲骨，詫為異寶，立刻選紙

---

57 董作賓：《甲骨學六十年》，頁 47。

58 見張舜徽：〈考古學者羅振玉對整理文化遺產的貢獻〉，《訒庵學術講論集》（湖南：岳麓書社出版，1992 年 5 月，第 1 版）。

59 傅斯年：〈與嚴耕望書〉，《傅斯年選集》，第 8 冊（臺北：文星書店，民國 56 年 1 月），頁 1415。

60 羅振玉：《集蓼編》，頁 758。

61 見王國維：〈最近二三十年中中國新發現之學問〉，頁 1917。

62 胡厚宣：《甲骨學商史論叢三編・序》。

慫恿劉氏拓墨印行，並為製序。[63]是第一本著錄甲骨之書《鐵雲藏龜》，羅氏亦與有力焉。羅氏認識到骨甲古脆，出土之日往往即毀滅之期，故亟亟於搜求流傳。綜計陸續出土甲骨總數約十五萬片，羅氏個人在早期所得即在三萬片以上。羅氏先後印有《殷虛書契前編》、《後編》、《殷虛書契精華》、《鐵雲藏龜之餘》、《殷虛書契續編》等書。王國維稱：「夫先生之於書契文字。其蒐集流通之功，蓋不在考釋下。」[64]陳競明云：「計他所錄諸書：前後編選材之富，續編收集之博，菁華影印之精，都是殷契著錄中的精審之作。羅氏在此已不朽了。」[65]

2.考定小屯為殷虛

羅振玉在《殷商貞卜文字考》中說：「並詢知發現之地，乃在安陽縣五里之小屯，而非湯陰。」陳夢家云：「一九○八年，羅振玉最先探悉了埋藏在估人心中十年之久的甲骨出土地，對於此事，他一再提及。」[66]羅氏一再提及此事，無怪其然，這確是羅振玉在甲骨學上無法企及的一項成就。確定了殷虛所在地，有助於瞭解甲骨文為商王室占卜之記錄。

3.《史記・殷本紀》帝王之名之審核、訂正

清末今文經運動風靡一世，古史系統遭到嚴重破壞，極端懷疑，康有為即認為「夏殷之事，茫昧無稽」。[67]首發其端使殷本紀得到地下實物證明者，即為羅振玉之《殷商貞卜文字考》。羅氏之前，孫詒讓已寫《契文舉例》，對於祖乙、祖辛、祖丁等雖與商王名號相同，但孫詒讓之看法是：「殷人尚質，尊卑不嫌同稱，諸侯及臣民亦得以甲乙為號，故金文中亦恆見，不定繫商先王。要此等稱號，必在周公謚法之前，劉定為殷人，說自可憑。」[68]過門不入，陳夢家為之嘆息：「因為他（孫詒讓）

---

[63]　羅振玉：《殷商貞卜文字考・記》，頁 325。

[64]　王國維：《殷虛書契考釋・後序》。

[65]　陳競明：〈三十五年來的甲骨學〉，《考古社刊》，第 3 期（民國 24 年 12 月）。

[66]　陳夢家：《卜辭綜述》，頁 20。

[67]　康有為：《孔子改制考・卷一》（北京：中華書局，1958 年 9 月。第 1 版；1988 年 3 月，北京第 2 次印刷）。

[68]　孫詒讓：《契文舉例・釋鬼神第四》（山東：齊魯書社發行，1993 年 12 月，第 1

不認得王字，故不知卜辭為殷代王室的卜辭，因此在上卷二一至二二列了祖乙、祖丁、祖辛、祖甲、祖庚、大甲、大丁、大戊、羌甲、南庚的名號，以為不一定是殷本紀中的祖乙、祖辛、祖丁，而可以是殷代諸侯臣民的名號，如此功虧一簣，令人嘆息。」[69]孫詒讓之失之交臂，事情並非偶然。地下出土之史料與紙上遺文對證，而又能將問題講定、講死極難。宋代金石收藏家發現銅器銘文中有祖丁即以為是帝祖丁；見癸字，即以為是主癸；見乙字即以為是帝乙，妄加比附，已為學界笑談。[70]故無十分之見，學者自不敢輕下斷語。羅振玉詢知甲骨出土之地為小屯，即《史記·項羽本紀》之「洹水南，殷虛上」。對於卜辭為殷朝王室之遺物，刻辭之祖乙、祖丁、祖辛為殷帝王名謚乃能豁然而解。由商湯至帝乙，三十個帝王名謚，羅氏在《殷商貞卜文字考》中找到十七個，商湯之前十四世祖先之名謚找到二個——主壬、主癸。在《殷虛書契考釋》一書中，羅氏在卜辭中找到殷商帝王名謚二十二個，商湯之前之祖先名謚找到五個——即報丁、報乙、報丙、主壬、主癸，若將王國維所謂之「季即冥，羅參事說」，算進去，則為六個。並且訂正史記天乙之當為大乙，大丁之為文丁或文武丁、庚丁之當為康丁，其中間或有一、二違失（如誤以羌甲為陽甲），然大體無誤。羅氏從卜辭中找到殷商帝王名謚之眾，實為前無古人，後無來者。唐蘭所謂「雪堂導夫先路，觀堂繼以考史」之語實有語病，首先以卜辭考證史記殷商帝王名謚者，實為羅振玉。故王國維云：「其考定小屯之為殷虛及審釋殷帝王名號，皆由羅氏發之。」[71]相形之下，王國維所能審釋出者不過上甲、王亥、王恆三人而已，實在少得可憐。但一般歷史學者還是認為以甲骨文記載殷商帝王之名與《史記·殷本紀》大體相同之證實者為王國維！

次印刷），頁 27。

69　陳夢家：《卜辭綜述·第二章第一節甲骨文字的初期審釋》，頁 56。

70　詳情可見趙明誠《金石錄卷十一·祖丁彝銘》；洪邁《容齋三筆·再書博古圖》；陳振孫《直齋書錄解題卷八·金石錄三十卷》。

71　王國維：〈最近二三十年中中國新發現之學問〉，頁 1918。

4.文字考釋

《鐵雲藏龜》問世時，劉鶚所能認出之甲骨文字不過二、三十字，其中多數為干支。次年孫詒讓作《契文舉例》，提出許多極具啟發性之問題，如疑及卜辭人名不定即為殷商帝王，刻辭卜問者為史官，許多關鍵字真偽雜揉，通篇在解釋上在似通非通之間。此書在孫氏生前並未印行，影響甚微。此時，整個甲骨文字之研究漫無頭緒，誠如羅氏所謂：「譬如觀海，茫無津涯。」[72]羅振玉在民國四年發表《殷虛書契考釋》考證出四八五字，占當時所收錄甲骨文字約三分之一。在當時是空前之成就。董作賓云：「有此基礎，殷虛卜辭，才漸漸可以通讀。」[73]王國維云：「審釋文字，自以羅氏為第一。」[74]又云：

> 余為商遺先生書殷虛書契考釋竟，作而歎曰：此三百年來小學一結束也。……竊歎先生此書，銓釋文字，恆得於意言之表，而根據脈絡一一可尋。其擇思也至審，而收效也至宏，蓋於此事自有神詣。至於分別部目，創立義例，使後之治古文者，於此得其指歸，而治說文之學者亦不能不探源於此，竊謂我朝三百年之小學，開之者顧先生，而成之者先生也。[75]

在考釋文字之多寡上，羅振玉亦是出類拔萃，來者難追。有此基礎，甲骨文之研究乃能逐漸做邃密之研究。王國維稱「後有作者，視此知津」。[76]後羅氏於民國十六年出增訂本，考釋之字增至五七○字，幾占目前所能釋出之字的二分之一。[77]在文字學上，羅振玉於許慎說文系統之外，另闢蹊徑，其成就之大，已足揖讓進退於段、王之間，已足引起國學大師章太炎之嫉視與不安。[78]

---

[72]　羅振玉：《殷虛書契考釋·序》。

[73]　董作賓：《甲骨學六十年》，頁 49。

[74]　王國維：《最近二三十年中中國新發現之學問）, 頁 1918。

[75]　王國維：《殷虛書契考釋·後序》。

[76]　王國維：《殷虛書契考釋·序》。

[77]　李孝定《甲骨文字集釋》所收可識之字為一三七七。

[78]　章太炎：《國故論衡·理惑篇》·《章氏叢書》（臺北：世界書局印行，民國 71 年 4 月），頁 445。

羅振玉為甲骨學所作之奠基工作，概略而言，約有以下五端：

1.傳授

早期甲骨文之研究號稱羅王之學，除羅、王外，其主要研究卓然有成者，多為羅、王二氏之弟子。王氏弟子著名者有吳其昌、徐中舒等人；羅氏弟子或曾向羅氏問學請益者有容庚、唐蘭、商承祚等。另外王國維之成就得力於羅氏者甚多，張舜徽即就兩人在學術研究的關係，認為「王國維如果沒有羅振玉的賞拔、啟導和資助，不可能在學術上取得輝煌成就」。[79]

2.卜法之研究

除王懿榮、劉鶚外，羅振玉是最早接觸到甲骨實物的學者。甲骨文為商人用以貞卜之實物，羅氏首先以占卜實物與紙上有關占卜法之記錄相比勘，較其異同，補其不足，其中或則有誤（如羅氏認為獸骨用及脛骨，龜甲棄其背甲等），或則言之未盡（如未能就其卜兆定其吉凶等）。錯誤或言之未盡者則有賴於來者做深一層之研究。

3.禮制

羅振玉對殷商禮制共分六端（授時、建國、祭名、祀禮、牢鬯、官制）予以探討。以今日眼光來看，不夠邃密，但羅氏已提出許多啟發性之問題，如曆法之既有一月又有正月、各種祭法之名稱、五方之觀念、商周二代禮制之因革等。

4.斷代

甲骨文之斷代為甲骨學之重要問題之一，首先在斷代上做出重大成績者亦為羅振玉。甲骨出土之後，劉鶚、孫詒讓定為殷人刀筆，時間上過於廣泛。羅振玉首先證明卜辭的時間在殷商晚期（武乙至帝乙），符合部份事實，而非全部，沒有包括武乙以上三世，以及帝乙之下一世，在羅氏打下的基礎上，王國維、董作賓等做了相當修正，更符合實情。但羅振玉在《殷虛書契考釋》內文中則敘及卜辭中有武丁之卜辭，與其

---

[79]   張舜徽：〈王國維與羅振玉在學術研究上的關係〉，頁388。

所敘殷人建都小屯之時間矛盾，但更合乎事實。董作賓之《甲骨斷代研究例》十項斷代標準之一是稱謂。羅振玉在寫《殷虛書契考釋》之際已慮及稱謂可作斷代之依據。羅云：

> 而帝王之名稱大甲、小甲、大乙、小乙、大丁、中丁者殆後來加之以示別。蓋有商一代帝王就史記所載三十人中以甲名者六，以乙名者五，以丁名者六，以庚名者四，以辛名者四，以壬名者二，惟丙與戊、己名者僅一帝耳，使不加字，後來史家記事無以別為何代何帝矣。然在嗣位之君，則承父者，遞稱其所本為父某，承兄者遞稱其所先者為兄某，則當時已自暸然。故疑上所列曰父某、兄某者，即前篇所載諸帝矣。（對此段文字，羅氏另有夾註予以說明，現錄之於下）後編上有曰父甲一牡，父庚一牡，父辛一牡。三人在一段中，初疑一人何得承三父……考史記殷本紀，陽甲卒，弟盤庚立，盤庚卒，弟小辛立，小辛卒，弟小乙立，小乙卒，子武丁立。知此父甲父庚父辛者，即陽甲、盤庚、小辛，皆武丁諸父，故均稱父，似此不但與予說不相戾，且為確證矣。[80]

可惜未見推廣。

5.殷虛器物之研究

對於瞭解商代歷史、社會之實況，其器物之重要性有時不在文字之下。首先注意及殷虛器物者，亦為羅振玉。羅云：

> 光緒戊申，予既訪知貞卜文字出土之地為洹濱之小屯，是語實得之山左估人范某，後復咨以彝器法物有同出於是者乎？云，無之。予疑其言非實也。嗣讀宋人《博古圖》於古器下每有注「出河亶甲城者」。河亶甲城，其地蓋即今之小屯。知囊疑為不虛。蓋宋以來，殷虛出土古器已夥；今不應無之，特未寓目耳。宣統庚戌，乃遣人詣洹曲購之，往反者數四。初得古獸骨骼齒角至蠡甲數十；而卒得犀象雕器、石磬、觡族等物。雕器至精雅，與彝器雕文同。顧彼出模法，而此出手工。又得古珥戈之殘者，精巧無與倫比。而飾以寶石，亦手工所成。念吾

80　羅振玉：《殷虛書契考釋（增訂本）》，頁 10-11。

人生於今日，得觀三千年前良工手跡，洵為人間之奇遇，宇內無二之重寶。[81]

（四）結論

在甲骨學的研究上，沈子培稱羅振玉使絕學創通，「在寰球學界偉人中高踞一席」，並非過譽。羅振玉在發現殷虛、審釋文字、帝王名諡方面，其成就之大幾乎是發現特洛伊之施里曼與解讀埃及文之商坡量二人加起來之總和。稱甲骨學之得以建立主要出自羅氏一人之力，亦是實情。其後甲骨學在羅氏打下之基礎上日漸發皇，此學稱之為羅、王之學，或成就最大者為甲骨四堂等亦都還不算離譜。至於論及以甲骨文印證《史記·殷本記》為信史，只提王國維而不及羅振玉，則實為史學界最不可思議而又荒謬之事。張舜徽即云：

> 近來偶爾翻閱到今人所寫關於介紹甲骨文研究情況一書。在談到初期階段的研究學者時，涉及了羅振玉和王國維的關係，卻只引郭沫若《歷史人物》中那段話便完了。把郭沫若的話看成天經地義式的結論，將羅氏在整理、研究甲骨文字方面的貢獻，全部抹煞，一筆勾銷，真是咄咄怪事。這種不符事實的無稽之談，流行甚廣，影響很壞，有必要澄清一下，以免誣衊前人，貽誤後學。[82]

81　羅振玉：《殷虛古器物圖錄·序》，《羅雪堂先生全集》，續編第 6 冊（臺北：文華出版社印行·民國 58 年 7 月）。

82　張舜徽：〈王國維與羅振玉在學術研究上的關係〉，頁 400。

十、羅振玉對簡牘學之貢獻試探

提要

對於早期簡牘研究，一如對甲骨文之研究一樣，一般學者不能免俗的捧王抑羅，有時是故意忽略羅氏成就，有時是張冠李戴，有時所論不夠周全。若能究悉原委，即知上述各種看法不無商榷餘地。總括羅氏在早期簡牘之研究上至少在七方面大有所成：一、簡牘材料之初步分類：簡牘材料之初步分類，羅、王二氏分人分類研究，出自羅氏裁斷。此種分類對未來簡牘學之分類研究極具參考價值。二、簡牘材料之取得、刊印、流傳：此事之重要性實不在考釋之下，尤其羅氏在印刷上之務求精善，不但傳為美談，而且提高學者對此一學術範疇研究之興趣。三、羅氏利用簡牘材料在小學上之發明，如蒼頡、急就篇殘簡之發現考釋，以簡牘實物之觚說明觚之形制，以簡牘上之文字說明書體之沿革。四、在術數方技方面，找到九九術，並知其得名緣由；找到兵陰陽家之力牧殘簡、陰陽宜忌殘簡、相馬經殘簡、醫方殘簡等。五、在屯戍叢殘上亦有補王氏不足之處。六、在古書佚籍之搜尋方面，發現不算豐碩，但已啟其端。七、曆譜之考釋，本人不通曆法，於羅氏在此一方面之成就實不能贊一辭。在整個簡牘研究上，羅、王二氏為此學術範疇之開創者、奠基者；在考釋簡牘之篇幅上羅不及王，但學術成果不能完全以篇幅多寡定優劣；早期簡牘研究之能取得重大學術成果，實與羅、王二氏各就性之所近進行研究有重大關係。

（一）概論

簡牘資料為當時第一手史料，歷史許多難解之謎，往往須仰仗其為鎖鑰，始克解決。如西晉出土之《竹書紀年》，不但對於戰國紀年有定疑補闕之功，而且有大造於甲骨文之研究。清末民初，甲骨文大量出土，有關殷商史事，《史記·殷本記》與《竹書紀年》相異者，驗之卜辭，大多《竹書》是而《史記》非，《竹書紀年》之價值因之再次彰顯。簡

牘資料攸關歷史研究有如此之重要性。清末斯坦因在西域考古,收集漢代簡牘上千,其後沙畹間加考釋,羅振玉去函法國沙畹,要求寫影此批去國神物,一年後,沙畹將其手校本寄予羅振玉。羅振玉與王國維共同考釋此批簡牘(尚包括紙絹),成《流沙墜簡》一書。魯迅盛讚民初只有此書當得起研究國學之稱。此書雖由羅振玉、王國維共同執筆,但學者或將羅振玉學術成果悉歸諸王氏;[1]或論及此書,只提王國維而不及羅振玉;[2]或以篇幅多寡論羅、王二氏對簡牘之貢獻,並以為羅氏僅注意書籍之搜尋,而忽視簡牘屯戍資料之重要性。[3]如能究悉事情原委,

---

1　如勞榦在討論蒼頡篇與急就章之際,曾云:「王國維謂秦漢間字書有二系,一以七字為句,一以四字為句。以七字為句者,凡將,急就是也:以四字為句者,蒼頡、訓纂是也。」見勞榦,《居延漢簡考証‧庚書牘文字‧蒼頡篇》,《勞榦學術論文集》,(台北,藝文印書館,民國 65 年 10 月初版),頁 437。勞榦先生上一段話明明白白是約括羅振玉《流沙墜簡‧小學術數方技書考釋》有關蒼頡篇考釋之文字,但卻稱「王國維謂」。羅振玉在《流沙墜簡‧簡牘遺文》中考釋出精絕國致問之物之琅玕為青珠,玫瑰為火齊珠。但勞榦先生在考釋琅玕、玫瑰之際,大段引述羅氏之說,文凡五行,但卻硬將作者姓名張冠李戴為王國雖(維)。見勞榦先生,《漢晉西陲木簡新考》,(台北,中央研究院歷史語言研究所,民國 72 年 12 月出版),頁 28。

2　魯迅云:「中國有一部《流沙墜簡》,印了將有十年了。要談國學,那才可以算一種研究國學的書。開首有一篇長序,是王國維先生做的,要談國學,他才可以算一個研究國學的人物。」轉引自劉烜,《王國維評傳》,(南昌,百花洲文藝,1996 年 12 月 1 版),第 11 章〈國學研究的歷史性貢獻〉,頁 275。

3　馬先醒師云:「該書(《流沙墜簡》)初版,共線裝兩冊。其一,全載漢簡圖版照相。其二則為其釋文與考証。書前,有羅振玉、王國維序文各一篇;書後,有王國維氏跋文。扉頁雖額之曰上虞羅氏宸翰樓印,實則為羅、王二氏合作考釋之書。而其重點,又在王氏所著部分。其『小學術數方技書考釋』及『簡牘遺文考釋』出自羅氏之手,前者未編號,後者未分類,合共二十九頁。出自王氏之手的『屯戍叢殘考釋』,則獨占五十七頁,分為簿書、烽隧‧戍卒、廩給、器物、雜事六項。而於每小類若干簡釋文之後加以考証,語多精審。」見馬先醒師,〈歐州學人與漢晉簡牘〉,《簡牘學報》第 7 期,(台北,簡牘學會,民國 69 年),頁 29。馬師又云:「(觀堂)同時並論及古文物中有古書問題:『此書(考釋《流沙墜簡》)關係漢代史事極大,並現存之漢碑數十通亦不足以比之。東人不知,乃惜其中少古書,豈知紀史籍所不紀之事,更比古書為可貴乎!』何止東人不知!高明如羅振玉者竟亦不知。否則,考釋〔流沙墜簡〕時,怎會自任〔古書〕部份,而委〔史

即知這些看法不無商榷之處。總括羅氏在初期之簡牘考釋上之成就主要有七：一、簡牘之初步分類；二、簡牘資料之取得、流傳、刊印；三、利用簡牘材料在小學上之發明；四、術數方技上之創獲；五、羅振玉在屯戍叢殘上補王氏之未逮；六、古書佚籍之搜尋；七、曆譜之考釋。除最後一項，分別述之於下。

（二）簡牘之初步分類

出土簡牘大多係斷簡殘篇，不將其初步歸類至一定範疇，研究者對之只有望洋興歎，全無措手之地。沙畹考釋分類「未按文書內容，而按出土地分類。」[4]此種分類太過粗疏。羅振玉憑其豐富學養，將此一雜亂無章之材料，理出初步頭緒。羅振玉致王國維信云：

> 昨雨雪不得出，至悶。古簡牘粗閱一過，擬分為三大類：一小學、方技、術數書，二西域屯戍叢殘，三簡牘遺文，而總名之曰《流沙墜簡》。弟擬編第一、三兩種，其第二種最繁頤，非先生任之不可。[5]

因此《流沙墜簡》之初步分類，出自羅氏裁斷。王氏再就屯戍叢殘內容將其分為六目：1簿書、2烽隧、3戍役、4廩給、5器物、6雜事。由此可知羅氏亦知第二部份繁頤，其以此部份委之王國維，主因實就兩人性之所近。羅氏治學原本即從小學下手，旁及農事等雜學，故其自行承攬小學方技術數等方面之研究。[6]王國維之治學恰好與羅氏相反，自

籍不紀〕部份與觀堂！」見馬先醒師，〈王國維之自謙與自信〉，《天才王國維與其他》，（台北，蘭臺出版社，民國90年5月），頁20-21。

4　鄭有國云：「（沙畹）未按文書內容，而按出土地分類（分三篇）。第一篇均出土于敦煌北之古長城廢墟中，共計文書720件，文書斷代為公元前98年到公元153年。此外唐代紙的文書11張。第二篇出土於樓蘭、尼雅等地，多為魏晉物，共234件文書。第三篇出土于古和闐北方。」見鄭有國，《中國簡牘學綜論》，（上海，華東師範大學，1989年7月1刷），第六章第五節〈沙畹與流沙墜簡〉，頁107。

5　長春市政協文史和學習委員會編，《羅振玉王國維往來書信》，（北京，東方出版社，2000年7月1版），二十五〈羅振玉致王國維〉，頁9。

6　羅振玉云：「往試畢（時年十七），行道至白下省視先府君。因流連書肆，見粵刻皇清經解，無力購買，鐙下為先府君言之。先府君乃以三十千萬購以見賜。予自入邑庠為弟子員，自慚經書尚未畢，乃以家事暇補習，至是得此書，如獲異寶。

幼不喜《十三經注疏》,而嗜史書。[7]羅氏因之將與歷史有最深淵源之屯戍叢殘,委之王氏。此書之成,簡牘各方面照顧周全,可見羅、王二氏之分工研究,並無不當。羅氏對簡牘之分類,不但有助於《流沙墜簡》之整理,對於未來簡牘之分類研究,有極大參考之價值。[8]

(三)簡牘資料之取得、刊印、流傳

　　羅振玉學問大有所成得力於材料網羅之富。其憑一人之力截留內閣大庫檔 、收集甲骨數達三萬,已成近代學人之傳奇。其搜集材料之用心用力,不避艱難,不辭舉債 (如購下九千麻袋之內閣大庫檔),固迥非當時人所及,即使今日亦罕見堪與比擬者。羅氏自云其不計艱難搜尋材料之情形是:

> 光宣之間,中州古誌出邱壟間者多魏齊物,予有所聞知,必百計求精拓。及辛亥去國,亦必展轉託知好購求,或郵筒往返,經歲乃僅得之。而未嘗以難得隳吾志。[9]

聞先輩言,讀書當一字不遺,乃以一歲之力,讀之三匝。率日盡三冊,雖觀象授時,疇人傳諸書,讀之不能解,亦強讀之。予今日得稍知讀書門徑,蓋植基於是時也。」見羅振玉,《集蓼編》,《羅雲堂先生全集續編》冊二,(台北,文華出版公司,民國 58 年 7 月 1 版),頁 900。皇清經解以小學訓詁為主,旁及曆算等雜學。而羅氏由三十歲至四十四歲,盡力於農業研究,故其於農學亦深造有得。其承攬小學方技術數實以性之所近為最主要原因。

7　王國維自言:「家有書五六篋,除《十三經注疏》為兒時所不喜外,其餘晚自塾歸,每泛覽焉。十六歲見友人讀《漢書》而悅之,乃以幼時所儲蓄之歲朝錢萬,購前四史於杭州,是為生平讀書之始。」見王國維,〈靜庵文集續編自序〉,《靜庵文集續編》收錄於《王國維遺書》冊三,(上海,上海古籍出版社,1996 年 8 月 2 刷),頁 607。

8　如勞榦之于《居延簡》之分類,即參考羅、王二氏之分類而來。勞榦先生云:「本篇的釋文是比照簡牘的種類來分類的。計分為文書、簿冊、信札、經籍、雜類五類。在五類中再分出若干小類。這個分類是變通羅振玉和王國維所設計的流沙墜簡分類而成。……」見勞榦先生,〈居延漢簡考釋序目〉,《勞榦學術論文集》,頁249。

9　羅振玉·〈六朝墓誌精華序〉,《羅振玉校刊群書敘錄》(卷上),(揚州,江蘇廣陵古籍刻印社。1998 年元月 1 刷),頁 171。

其搜尋範圍之廣，幾無地理之隔，東至日本，西至泰西之英、俄、法等國。簡牘遺文失而復得亦與羅氏搜尋材料之不憚艱辛有關。簡牘雖為中國舊物，但已為斯坦因攜至英倫，羅氏對此「惻焉疚懷」。其補祖之道是設法得其影本。羅氏不避繁瑣與語文之隔閡，與伯希和、沙畹交遊通問。羅振玉云：

> 又聞有沙畹博士者，尤精博，熟讀太史公書，嘗遊我國，遍屨史遷所遊名山大川，著述至富。心儀雖有年，末由接其謦欬也。及宣統紀元，邂逅伯希和君於京師，始得宛轉通問於博士。博士以所著河朔訪古圖誌見贈，啟函讀之，雖未見顏色，已於書中歷歷見遊蹤矣。由是郵使往來，寒暑無間，三年以來，遂成夙好。[10]

因有此層因緣，故羅氏得悉沙畹方為考釋，致書沙畹「求為寫影」，沙畹將其手校之本寄至日本供羅氏參閱。[11]羅振玉三子羅福萇將沙畹法文考釋譯成中文供羅、王二氏參考。中國學人得與外國學人幾乎同步研究此一材料。沙畹考釋因不明史事，其所考證多有不妥，[12]羅王因之將簡牘材料重行分類考釋。羅氏得到新史料幾乎是立刻著手考釋，逐行將其影印以饗國人。其效率之高幾乎是刻不容緩，並無近代學人把持材料之惡習。國人知有簡牘，得見簡牘，實由羅氏之力。馬先醒師即云：「而其將去國遺物，加以翻印，廣其流布，以供國人採擇運用，影響尤大。」[13]

羅氏影印此批簡牘材料，一仍舊慣，務求其真。羅氏影印史料之精善，在清末民初已傳為美談。吳慶坻云：

> 叔蘊於每書後皆有考訂，精確無倫。士鑑購得之。茲列其目如左……右十八種，用玻璃紙版上等宣紙精印，大小悉照原卷尺寸，與原跡絲

---

[10] 羅振玉，〈漢兩京石刻圖象考序〉，《貞松老人外集卷一》，收錄於《羅雪堂先生全集續編》冊四，頁1667。

[11] 羅振玉，〈羅振玉序〉，《流沙墜簡》，（北京，中華書局，1993年9月1版），頁1。

[12] 見馬先醒師，〈歐洲學人與漢晉簡牘〉，《簡牘學報》第7期，頁28。

[13] 見馬先醒師，〈歐洲學人與漢晉簡牘〉，《簡牘學報》第7期，頁29。

毫不爽，誠奇觀也。[14]

王漢章在《刊印總述》一文云：

> 上虞羅氏之墨緣堂、貽安堂等，用影印古人書畫碑帖，盛行一時，斯
> 為中國石印之最上乘。上虞羅叔言對於敦煌石室、流沙墜簡、屯戍遺
> 文、殷虛書契種種珍貴史料，咸用影印方法，勒為成書，此又三十年
> 來出版界刊印之一大異彩。至於羅氏影印各書，每種只印百部，不再
> 複版，一經售罄，價逾古書，此亦出版界一段佳話也。[15]

羅振玉言及《流沙墜簡》之印刷情況是：

> 《流沙墜簡》樣本已來，奉覽。竟與法人原書無二（幾過之）。陽曆
> 本月底可成十紙。此上禮堂先生。[16]

目前所見之《羅雪堂先生全集續篇》之《流沙墜簡》為三十二本，
縮印過甚，圖版粗劣至不堪入目之地步。而中華書局本為十六開本，圖
版之清晰，已足令觀者賞心悅目。但此已是將八開本縮印為十六開本之
結果。原本之精善，於此亦可追惟一、二。

（四）利用簡牘材料在小學上之發明

羅氏利用簡牘材料在小學上之發明。主要有三：

1.從斷簡殘篇中找到「蒼頡」、「急就」部份文字：急就原文具在，
由漢至清流傳未嘗斷絕，殘斷之簡牘與之對勘，即可一目暸然，此事尚
非大難。但「蒼頡」篇原文久佚，留傳後世者僅七句而已。羅氏由此七
句及文獻資料敘及蒼頡、急就之情狀，知字書系統有二，一以七字為句，
如凡將急就（究其實際，急就雖以七字一句為主，但其中尚有變例），
一以四字為主，如蒼頡、訓纂，由殘斷簡牘四字為句，有韻可尋，一簡

---

[14]　吳慶坻。《蕉廊脞錄》，（北京，中華書局，1990 年 3 月 1 版），卷五〈187 敦煌石
　　　窟影照本〉，頁 140-141。

[15]　轉引自莫榮宗，〈羅雪堂先生校刊群書總目〉，《羅雪堂先生全集三編》冊二十。（台
　　　北，文華出版社，民國 59 年 4 月 1 版），頁 8463-8464。

[16]　長春市政協文史和學習委員會編，《羅振玉王國維往來書信》三十七，〈羅振玉致
　　　王國維〉，頁 17。

五句二十字，合三簡得十五句，六十字，正為一觚，一觚正得一章，與班史合，由此推斷《流沙墜簡》二十字之簡為倉頡篇之文字。羅氏在《流沙墜簡》中共找到《倉頡篇》文字四十。[17]林巽培因之盛讚羅振玉：

> 羅振玉的確是一個淵博的學者，從一些斷殘文獻理出一個頭緒，把〈蒼頡篇〉的面貌首次提出一個較明朗的面貌。[18]

但其對王國維之評論就略顯過譽：

> 其同時的另一位出色學者王國維，他在研究〔史籀篇〕之時，亦同時把〔蒼頡篇〕的淵源體例搞得更明白，他更敏銳地憑敦煌 T540 背的「蒼頡作」三字習書，而指出即〔蒼頡篇〕首句。[19]

我所謂過譽是《蒼頡篇》之首句為「蒼頡作」，清代學者孫星衍已然發現。孫星衍云：

> 倉頡始作，其例與急就同名之。倉頡亦如急就以首句題篇，凡將飛龍等皆是。[20]

2・判明觚之形制：觚之形製自古即莫衷一是。孔子即有「觚不觚，觚哉！觚哉！」之歎。應劭云觚有八稜，顏師古云觚或六稜。羅振玉驗之簡牘實物、漢畫象石、班固兩都賦之「上觚稜而棲金爵」，不但知悉觚之本來形制，顏師古、應劭之說皆與實物有異，而徐鍇之說法當得其實，並進一步知方、觚、簡之分別。觚實由方分之為二，合之復為一方，並以為「不由目驗，千年之疑，末由取決。」[21]

3・由簡牘文字研析書體沿革：傳統以為章草始於章帝，但羅振玉發現簡牘以章草書寫者，上有建武三十一年、永平十一年年號，知章草出現時間遠在其前。而楷書始見神爵四年簡，至永和之年則楷七而隸

---

[17]　羅振玉，〈小學術數方技書考釋〉，《流沙墜簡》，頁 77-78。

[18]　林巽培，〈漢簡蒼頡篇導論〉，《簡牘學報》第 14 期，（台北，簡牘學會，民國 81 年 3 月），頁 96。

[19]　同上注。

[20]　孫星衍，《倉頡篇・序》卷上（岱南閣叢書本），收錄於《百部叢書集成》36 冊中，（台北，新文豐出版社，民國 75 年元月影印），頁 136。

[21]　羅振玉，〈小學術數方技書考釋〉，《流沙墜簡》，頁 80-81。

三，魏景元四年簡全為楷書。由此判斷「昔人疑鍾太傅諸帖傳撫失真，或贗作者，以此卷証之，確知其不然也。」[22]傳統上以為秦始皇統一文字，罷其與秦不合者，廢篆用隸。自是之後，隸書風行海內。雖然考古發掘早就証明在秦統一之前隸書已廣泛流行。但秦統一文字（隸書）之後，是否篆書即銷聲匿跡？羅振玉在簡牘中發現衣字及衣之偏旁作篆體，因此知文字逐步演進，直至漢代，隸法尚未完全周備。[23]

（五）術數方技上之創獲

羅振玉在簡牘中發現九九術，與《孫子算經》對勘，知其同以「起九九而訖一一」，其亦由此得名。漢簡云「二二而四」猶存古人稱謂，至宋代則改而為如，並認為《孫子算經》之「二二如四」「殆為唐以後刊本所追改」。《孫子算經》「或以為孫武所著，四庫全書提要以書中有雒陽及佛經語，定為非出於孫武。然文義古質，決非出漢後人之手也。」[24]是羅振玉仍疑《孫子算經》或出於孫武。其後在張家山與兵陰陽之蓋廬同時出土之書籍即包含有《算術書》，[25]証明數學與兵學關係之密切，亦說明羅氏觀點確有前瞻性。

羅振玉考證簡牘中之力墨即是文獻資料之力牧。其後《馬王堆老子乙本卷前古佚書》之〈十大經〉亦有力墨與黃帝之應對，羅氏考證應是確切無疑。力牧在《漢書・藝文志》中跨越兵陰陽家與道家兩個範疇。

羅振玉以此書發現於塞上，因此將其歸入兵家，則考釋恐有不確。有關力墨之簡雖寥寥二十字，但其言及「官毋門」，其內容以屬於道家之可能性為高。

羅振玉以吉宜忌五簡，說明「陰陽宜忌之說漢時已大盛。」[26]相馬經簡殘斷至幾已無從整理之地步，而文獻論及相馬法、經，亦僅餘二、

22　羅振玉，〈簡牘遺文考釋〉，《流沙墜簡》，頁 240-241。

23　羅振玉，〈簡牘遺文考釋〉，《流沙墜簡》，頁 216。

24　羅振玉，〈小學術數方技書考釋〉，《流沙墜簡》，頁 92-93。

25　張家山漢墓整理小組，〈張家山漢簡概述〉，《文物》1985 年第一期，頁 12-14。

26　羅振玉，〈小學術數方技書考釋〉，《流沙墜簡》，頁 94。

三千字。但羅氏居然能以殘釋殘，將此幾無從下手分類之殘簡，歸入正確範疇，進而瞭解其性質意義，由此亦可窺見羅氏治學範圍之廣博。羅氏此處考釋之得以窺破天機，得力於羅氏早年於農學深造有得有所關連。[27]故相馬經（法）雖僅寥寥數語羅氏亦能考知其來由。

醫方諸簡之分辨較之前述各簡相形之下就容易得多，由其所述藥名、疾病狀況等可以知悉其與醫療有關。

（六）羅振玉在屯戍叢殘上補王氏之未逮

羅振玉將《流沙墜簡》之考釋分為三部份，其中份量最多之《屯戍叢殘》委託王氏負責。但有關屯戍叢殘之簡牘亦非全與羅氏無關。羅、王之研究基礎實肇始於對沙畹之考釋之不盡滿意。王國維〈屯戍叢殘考釋〉多有引述沙畹之說之處，如玉門關之方位，古樓蘭之位置等。沙畹原書為法文，羅、王二氏均不通法文，但羅、王二氏一得沙畹考釋稿本即能對沙畹說法定疑補闕，對整個簡牘重行整理，實得力於羅氏第三子羅福萇之翻譯。[28]故最早有功於簡牘研究之中國學者，羅、王二氏之外，羅福萇亦應記上一筆。羅振玉補王氏考釋之未逮共有三事：

1、周生之考釋：羅氏由敦煌文書屢見周生萌、周生並，與文獻對

27　羅振玉云：「予少時不自知其謭劣，抱用世之志。繼思若世不我用，宜立業以資事，畜念農為邦本，古人不仕則農。於是有學稼之志，現服習齊民要術、農政全書、授時通考等書。又讀歐人農學譯本，謂新法購歐美書移譯，以資考究。……先後垂十年，譯農書百餘種，始知其精奧處，我古籍固以先言之。且歐美人多肉食乳食，習慣不同。惟日本與我相類，其可補我不足者，惟選種、除蟲及以顯微鏡驗病菌，不過數事而已。」見羅振玉，《集蓼編》，《羅雪堂先生全集續編》冊二，頁710-711。究其實，羅氏潛心從農時間為1896-1909年，實際超過十年。此處附帶講一句題外話，羅氏1909赴日考察農學，立即發現日人所長首在選種、除蟲及以顯微鏡驗病菌。羅氏洞察力確實驚人，這三點確實是日人治農有成之特殊長處。台灣農業深受日人影響，此地茶葉、稻米品質凌駕大陸之上，即得益於日人選種上之成果。

28　羅繼祖云：「祖父著《流沙墜簡》時，法人沙畹和伯希和的原著都是用法文寫的，正好由三叔（羅福萇）通譯。」見羅繼祖，〈涉世瑣紀〉，《海角濡樽集》，（吉林，長春市政協文史辦公室，1995年），頁171。

勘，知周生為複姓，而敦煌屢見周生之事蹟，知其為敦煌著姓。[29]

　　2、精絕國貢品之解釋：王國維以《漢書・西域傳》、《水經・河水篇》所記道理數証明斯坦因所謂尼雅廢墟為精絕國無疑。羅振玉並進一步考証精絕國八簡中琅玕、玫瑰為何物。[30]

　　3、怠字之釋：羅振玉以為木簡之怠，沙畹誤釋，特別提示王國維，以供其採擇。羅振玉云：

> 木簡多怠，沙氏釋為覓，弟釋為負，苦無所証。頃讀《隸辨》卷四青衣尉趙貞麟羊竇道碑，有「騎馬儋怠」之語，知「怠」果是負字也。……奉書以備採擇。《隸辨》附呈，祈檢入。[31]

（七）古書佚籍之搜尋

王國維於 1914 年 7 月 17 日致繆荃孫信，云：

> 歲首與蘊公同考釋《流沙墜簡》，並自行寫定，殆盡三四月之力為之。此事關係漢代史事極大，並現存之漢碑數十通亦不足以比之。東人不知，乃惜其中少古書，豈知紀史籍所不紀之事，更比古書為可貴乎？[32]

　　馬先醒師亦以為羅氏亦不知屯戍叢殘簡牘之重要性。[33]馬師說法實有商榷餘地。羅振玉固有與東人同樣觀點，以找古佚書（其實羅氏所重者還有文字，此為其研究古代史料念茲在茲著眼點之一。）為主要目的。[34]但羅振玉將屯戍史料劃歸王氏整理，自己負責佚籍小學方面之整理，

---

[29]　羅振玉，〈簡牘遺文考釋〉，《流沙墜簡》，頁 219-220。

[30]　羅振玉，〈簡牘遺文考釋〉，《流沙墜簡》，頁 224-225。

[31]　長春市政協文史和學習委員會編，《羅振玉王國維往來書信》二十五，〈羅振玉致王國維〉，頁 9。

[32]　《王國維全集・書信》，（台北，華世出版社，1985 年 2 月 1 版），〈致繆荃孫〉，頁 40。

[33]　同注 3。

[34]　羅振玉云：「往聞伯希和君言斯坦因博士所得古簡中有字書、曆書、占書、醫方，意其中或尚多古佚書，乃今詳檢諸簡，則僅得蒼頡、急就、力牧、曆譜、算術陰陽書、占書、相馬經、獸醫方諸書而已。」見羅振玉〈小學術數方技書考釋〉，《流

各就兩人性之所近，亦當為主要原因。羅氏確是遍翻簡牘收尋古書佚籍，片言隻字亦不放過。其結果羅振玉找到《蒼頡篇》、《急就篇》、《力牧》、《孫子算經》、《史記滑稽列傳》、《相馬法（經）》等殘簡，成果雖有，不算太豐碩，但已為其後簡牘研究在這一方面啟其端緒。其後每有新簡牘出土，此為研究主要方向之一，其中長沙馬王堆、臨沂銀雀山所發現眾多佚籍，轟動世界。

（八）結論

在早期簡牘研究上，羅、王二氏均有特殊貢獻成就。但即使在此一範疇一般學者在論列羅、王二氏之成就，仍一如甲骨學一般，捧王抑羅。魯迅等論及簡牘研究可以對羅振玉姓名略而不述；勞榦等將羅氏考釋成果張冠李戴為王氏所就；馬先醒師以考釋篇幅之多寡以定羅、王二氏成就之優劣。即使馬師之講法看似公平客觀，但其中仍有待商之處，因在簡牘研究上，資料之取得、翻譯、刊布、流傳之重要性實不在考釋之下，這些則多出羅氏一人之力。

總結羅振玉對簡牘學之主要貢獻為：對簡牘材料初步分類並刊布流傳；以簡牘材料對漢代字書各種爭議提出其見解，對章草出現時間、隸書之流傳驗之簡牘材料，証明傳統通行之許多說法有待商榷；在術數方技上知九九數得名緣由及《孫子算經》文辭古奧源出於古；羅氏找到相馬經（法）之斷簡殘篇，說明相馬經為當時專門實用之學，這一方面之重大發現得力於羅氏為學範圍之廣博以及對農學研究之專精；羅氏與屯戍叢殘之研究亦非完全絕緣，有數處地方補王氏考釋之未逮；在古書佚書之搜尋上，羅氏不放過片語隻字，雖然收獲不算豐碩。此實受限於此一時期簡牘資料為數太少。

在整個簡牘研究上，羅、王為此範疇之開創者、奠基者，為後來研究者提供最多足資參考之處。在考釋簡牘篇幅上，羅不及王。但學術成果實不能完全以篇幅多寡定其優劣。羅氏考釋《蒼頡篇》。《相馬經

沙墜簡》，頁75。

（法）》，可謂精悍絕倫。《流沙墜簡》之取得重大學術成果。實與羅、王二氏各就性之所近進行研究有重大關係，此亦可見羅氏分人分類研究之合宜。本人於曆法一無所悉，故於羅氏在這方面之成就不能贊一辭。天才早逝之羅福萇亦是最早接觸到簡牘材料學者之一，沙畹（與伯希和）考釋原為法文，賴羅福萇翻譯，羅、王二氏始克在沙畹所打下之基礎，做更深一層之研究。故在中國簡牘研究上，羅福萇亦應記上一筆。

十一、王國維與二重証據法

（一）王國維自言二重論証法今日始得為之

王國維於《古史新証》中自言：「我輩生於今日，幸於紙上材料之外更得地下之新材料，我輩固得據以補正紙上之材料，亦得証明古書之某部份全為實錄，即百家不雅馴之言，亦不無表現一面之事實，此二重論証法在今日始得為之。」

（二）陳寅恪論述王國維治學之法

陳寅恪云：「一曰取地下之實物與紙上之遺文互相釋証：凡屬於考古學及上古史之作，如〈殷卜辭中所見先王先公考〉、〈鬼方昆夷玁狁考〉等是也；一曰取異族之故書與吾國之舊籍，互相釋証：凡屬於遼金元史事及邊疆地理之作，如〈萌古考〉及〈元朝秘史之主因亦兒堅考〉等是也；三曰取外來之觀念與固有之材料，互相參証：凡屬於文藝批評及小說戲曲之作，如〈紅樓夢評論〉及〈宋元戲曲考〉等是也。開學術風氣且示後人以治學之軌徑。」果然王氏之後此風大熾，二重論証法之作品如雨後春筍般湧現。

（三）二重論証法非始於今日，非始於王國維

二重論証法最早可追溯至西漢成帝以中秘府尚書核對張霸所著百兩篇，証明張霸所上之百兩篇為偽作。西晉出土竹書紀年，杜預以此書與三傳核對，發現汲冢竹書紀年多與左氏符同，異於公羊、穀梁，首次証明左傳可信，並指出梁惠王後元改年之十六年，被司馬遷誤以為梁襄王在位年代。司馬彪以竹書紀年為依據條譙周古史考百二十二事為不當。司馬彪之書今已不傳。五代後周之范質撰《五代通錄》六十五卷，曾大量採用碑碣文字以著史。參與《新唐書》〈宰相世系表〉修撰之呂夏卿更集「天下碑刻」，編為《唐文傳信》，以為編修之助，所以定名為《唐文傳信》之原因，是呂夏卿認為其所抄錄，要比傳抄轉錄之正史，

更為正確。王呂之書今已不傳。但宋代金石學大盛，此類著作傳之後世最有名者為歐陽修之《集古錄》、趙明誠之《金石錄》。與歐陽修同時之劉敞言及先秦古器對古代典章制度及歷史之效用是：「禮家明其制度，小學正其文字，譜牒次其世諡。」歐陽修、宋祁同修《新唐書》，歐陽修在《集古錄》中屢次抨擊宋祁《新唐書》列傳未能據碑正史、補史、刪史，如在〈張九齡碑〉云：「傳云，壽六十八，而碑云：六十三。……所傳或有同異，而至其年壽官爵，其子孫宜不謬，當以碑為是也。」論及〈唐李聽碑〉云：「惟其自安州刺史遷神武將軍，史不宜略，而不書者，蓋闕也。」後之讀者因之疑及歐陽修、宋祁未能據碑刻材料著《新唐書》。趙翼敍及新唐書取材多種，未特別標出碑誌，僅於歐、宋二人好用韓、柳文處，提及《新唐書》收入韓愈的〈平淮西碑〉、柳宗元的〈趙宏智墓誌〉，餘不贊一辭。宋祁撰《新唐書》列傳是否如歐陽修及一般人（如楊家駱等）所認為不知採用碑刻資料？岑仲勉以為「抑新傳於舊史料外，採自文集、碑誌、佚史政書者，復自不少。」「王鳴盛《十七史商榷》嘗考舊書各傳無字而新書有者，不下百十餘人，或且搜自石刻，小道可觀，其斯之謂歟！」趙明誠以為碑誌可施於官爵、歲月、地理、世次的考証，因此四方面：「以金石刻考之，其牴牾者十常三四。蓋史牒出於後人之手，不能無失，而刻辭當時所立，可信不疑。」對於書、文妄加改易，歐陽修証之以碑，所論極其深刻，如〈唐田弘正家廟碑〉云：「右田弘正家廟碑，昌黎先生撰，余家所藏書萬卷，惟昌黎先生集是余為進士時所有，最為舊物。自天聖以來，古學漸盛，學者多讀韓文，而患集本訛乖，惟余家本，屢經校正，時人共傳以為善本。及後集錄古文，得韓文之刻石者，如羅池神黃陵廟碑之類，以校集本，乖謬猶多。若田弘正碑，則又甚焉。蓋由諸本不同，往往妄加改易。以碑校集印本，與刻石多同，當以為正。乃知文字之傳，久而轉失其真者，多矣。則校讎之際，決於取捨，不可不慎也。」王國維盛讚宋代金石學之進步，青銅器物之辨識，得力於宋人之親自觀察禮器題銘，以定其名稱。清代程瑤田以出土古器解說文獻上之記載。羅振玉序《度量衡實驗考》云：「按傳世古器物以考訂前籍，此業實至中承而中興，所造乃愈精也。

推而衍之，是在後之學者，寓內方聞，顧有攬是編者，倘亦有意于斯乎？」

（四）王國維治學之法

1、強調二重論証法

以為有新材料始有新學問。王國維在〈最近二三十年中國新發現之學問〉云：「古來新學問之起，大都由於新發現，有孔子壁中書出，而後有漢以來古文家之學；有趙宋古器出，而後有宋以來古器物古文字之學；惟晉時汲冢竹簡出土後，即繼以永嘉之亂，故其結果不甚著，然同時杜元凱注左傳，稍後郭璞注山海經，已用其說。而紀年所記禹益伊尹事，至今成為歷史上之問題，然則中國紙上之學問，賴於地上之學問者，固不至今日始矣。自漢以來中國學問上之最大發現有三：一為孔子壁中書；二為汲冢書；三則今之殷虛甲骨文字、敦煌塞上及西域各處之漢晉木簡、敦煌千佛洞之六朝及唐人寫本書卷、內閣大庫之元明以來書籍檔策，此四者之一，已足當汲冢孔壁所出，而各地零星發現之金石書籍，於學術有大關係者，尚不與焉。故今日之時代可謂之發現時代，自來未有能比者也。」

2、闕疑：

王國維云：「余案闕疑之說，出於孔子，蓋為一切學問言。」

3、經常變換題目，避免迷途難返

王氏治學階段清楚。二十至三十歲專研哲學、文學；三十至四十歲考証甲骨、金文、簡牘、敦煌材料；四十歲以後研治西北史地。王國維以為寫不通時，暫時擱筆，轉換其他項目研究，避免鑽入牛角尖，過一段時日或可貫通。

4、從做中學

王德毅先生云：「然其一生在學術上的成就，實與主編定期刊物和圖書金石拓片的編目整理二事息息相關。編教育雜誌、國學叢刊、學術叢編，凡二十年。」

5、專就一門做窄而深的研究

羅振玉稱其為學最近程瑤田、吳大澂。宋代以來學者普遍研究器物，未有專就一器做精深之研究。羅氏勸王國維注意及此，專就某一門類做精深之研究。王氏此中名著有《簡牘檢署考》、《胡服考》、《歷代古尺考》、《釋幣》等。

6、善找題目

古人稱此為讀書得間。沈曾植戲謂王國維：「君為學，善自命題，何不試擬諸題，以為我輩遣日之資乎？」

（五）王國維學術上的成就及其評價

王國維在學術各個方面變乎都是前驅人物，且均大有所成。後人觀看觀堂學術，有如觀海，無不瞠目結舌。在引進西洋思想上，王國維時間之早亦遠在近代學人之上，王國維為介紹康德哲學、叔本華悲劇之第一人。在文學方面，王國維不僅評論詩詞，入木三分：「然滄浪所謂興趣，阮亭所謂神韻，猶不過道其面目，不若鄙人拈出境界二字，為探其本也。」著有《宋元戲曲史》，為近世研究戲曲之第一人。現代學問中有所謂紅學，首先肯定紅樓夢價值，認為紅樓夢為中國最偉大悲劇者即為王國維，王氏著有〈紅樓夢評論〉。王國維且能創作，自言其詞是：「及讀君自所為詞，則誠往復幽咽，動搖人心，快而沈，直而能曲，不屑屑於言詞之末，而名句間出，殆往往度越前人。至其言近而指遠，意決而辭婉，自永叔以後，殆未有工如君者也。君始為詞時，亦不自意其到此，而卒至此者，天也，非人之所能為也。若夫觀物之微，託興之深，則又君詩詞之特色，求之古代作者，罕有倫比。嗚呼，不勝古人，不足以與古人並，君其知之矣。世有疑余言者乎？則何不取古人之詞，與君詞比類而觀之也。」張舜徽言及王國為學態度是謙虛的，但居浩然觀其自讚，以為只有釋迦牟尼之「上天下地，唯吾獨尊。」差堪比擬。哀悼清之滅亡，有頤和園詞，感慨之深，直追圓圓曲。在甲骨文方面，王國維為甲骨四堂之一，名著有〈殷卜辭中所見先公先王考〉、〈續考〉、〈殷周制度論〉，考釋甲骨文字雖不多，但均為甲骨文之關鍵字，如「𤰓匕囟」、「大」

等。在簡牘研究上，王國考釋漢代屯戍資料，大有所獲。在西北史地方面，王國維著有〈主因亦而堅考〉、〈耶律文正公年譜〉、〈長春真人西遊記〉等。在金石方面，王氏著有《宋代金文著錄表》、《國朝金文著錄表》。在竹書紀年方面，王氏著有《古本竹書紀年輯校》、《今本竹書紀年疏証》，以古本竹書紀年為依據，考証甲骨卜辭始於盤庚遷殷，迄於帝乙，更不徙都。在小學方面，王國維之最大創獲為發現雙聲，王氏於〈爾雅草木虫魚鳥獸釋例序〉云：「近儒皆言古韻明而後訓詁明，然古人轉注假借多取雙聲。段、王諸儒自定古韻部目，然其言訓詁也，亦往往舍其所謂叠韻而用雙聲。其以叠韻說訓詁者，往往扞格不得通。然則與其謂古韻明而後訓詁明，毋寧謂古雙聲明而後訓詁明歟！」張舜徽評之曰：「王氏學識弘博，長於古文証古史。雖不專精音韻訓詁之學，而此論極其通達，示學者以守約之道矣。高郵王氏說字，悉依雙聲以明訓詁，觀其所著諸書可知也。」王氏治學規模既廣且深，學者對其批評往往過譽，驗之事實多有值得商榷之處。如：錢穆等以為以卜辭証明史記殷本紀為實錄者為王國維；梁啟超以為考釋甲骨文為王氏一人之絕學；勞榦、魯迅將流沙墜簡考釋之功悉歸王氏一人；董作賓對王氏考釋「王亥」一句一嘆；梁啟超以為治竹書最精者為王氏；杜正勝等將王氏視之為二重論証法之發明人；沈曾植亦誤以為王國維為治簡牘制度之第一人。

十二、劉師培與左傳

（一）治學經歷

劉師培生命短暫，僅活了三十六歲，現身於思想文化之時間，不過十六、七年，但其影響至深且巨。劉氏生於揚州學派經學世家，曾祖劉文淇與劉寶楠、焦循等論學之際，對舊注十三經不滿，約定每人各治一經，劉文淇注左傳。劉文淇及其後代子孫，三代努力之結果，僅注疏了半部左傳。劉文淇注疏左傳之法：「先取賈、服、鄭三君之注，疏通証明。凡杜所排擊者，糾正之；所剿襲者，表明之；共沿用國語韋注者，亦一一疏記；他如五經異義所載左氏說，皆本左氏先師；其所引左傳，亦是古文家說；漢書所載劉子駿說，實左氏一家之學；又如經疏史注及御覽等書所引左傳注不載姓名而與杜注異者，亦是賈、服舊說。凡若此者，皆稱舊注，而加以疏証。其顧、惠補注，及洪稚存、焦理堂、沈小宛等人專輯左氏之書，以及錢、戴、段、王諸通人說有可采，咸與登列。末始下以已意，定其從違。上稽先秦諸子，下考唐以前史事，旁及雜家筆記文集，皆取為佐証。期於實事求是，俾左氏大義，炳然著明。草創四十年，長編已具，然後依次排比，成書八十卷。」劉氏《春秋左傳舊注疏証》之長處：「1、收集了豐富的材料，幾乎可以說是集左傳服、賈之大成。2、劉氏注例說：『釋春秋必以禮明之。』這實在是一個很大的特點。因此，對於典章制度、服飾器物、姓氏地理、古曆天算、日食晦朔、鳥獸虫魚，皆細加訓詁。論材料沒有比此書更豐富，論訓詁，也沒有比此書更詳盡。」[1]劉師培在其父劉曾貴督導之下研讀四書五經、左傳。八歲能解《周易》變卦法；十九歲中舉；二十歲會試失敗。拳亂後清庭行新政，劉師培中進士、點翰林之夢破碎，憤而走向革命。二十三歲成讀左札記；二十四歲至日本入同盟會，撰〈普告漢人〉，捍衛同盟

---

[1]　不著撰人，〈整理後記〉,《春秋左氏傳舊注疏証》,（台南，平平出版社，民國63年9月），頁3、4、8。

會「驅逐韃虜，恢復中華」之綱領。二十五歲投靠端方；三十二歲參加籌安會，撰〈君政復古論〉。三十四歲入北大講學，講《中國中古文學史》。三十六歲死亡。

（二）劉師培在學術上之建樹

劉師培著述範圍廣泛。在經學上，証明古文經可信，如云及左傳在劉歆之前就已廣為流傳，荀子、韓非子、呂氏春秋、淮南子多所徵引，可証劉歆偽撰左傳，決非事實。在〈漢代古文學辨誣〉中列舉大量証據証明〈周官〉不可能出自劉歆偽造。並進一步說明今古文壁壘亦非判然分明，今文經師往往亦治古文經，引古文經義理以解今文經。在史學上，劉師培首先撰著創新體例之《中國歷史教科書》。在思想方法上，劉師培主張諸子出於史官，孔子學術兼及九家，大而能博。對整個中國思想之演進有扼要中肯之評述。在語言文字上，主張就字音推究字義，提出「字義起源於字音說」。對轉注之解釋最能得其實：「蓋上古之時，一義僅有一字，一物僅有一名。後因方言不同，乃各本方言造字。故義同而形不同者，音必相近，在古代亦只為一字。」在文學史上，劉氏著《中國中古文學史講義》。在校勘古書上，劉之著作更是洋洋大觀，凡校群書二十四種。在西洋學術方面介紹盧梭之民約思想，共產主義思想，無政府主義思想。

（三）在研究方法上

1、是承襲清代考據學之窮本溯源法：縱貫式的探究歷史真象，如《讀左札記》、《周秦諸子述左傳考》、《左氏行於西漢考》，証明遠在劉歆之前，學者已大量援引左傳，故左傳決非出自劉歆偽撰。2、是橫通式的看待問題：盧文弨以為不通眾經，不能治一經。劉師培撰《群經大義相通論》，其細目為公羊孟子相通考、公羊齊詩相通考、毛詩荀子相通考、左傳荀子相通考、穀梁荀子相通考、公羊荀子相通考、周官左氏相通考、周易周禮相通考。其序云：「凡數經之屬魯學者，其師說必同。凡數經之同屬齊學者，其大義亦必同。故西漢經師，多數經並治。誠以

非通群經，即不能通一經也。蓋齊學詳於典章，而魯學詳於故訓，故齊學多屬今文，而魯學多屬於古文。……庶齊學魯學之異同，辨析昭然，亦未始非治經之一助也。」3、劉師培主張治學當採用新的研究方法：對於西方地質學、社會學、考古學種種方法，積極吸收，洋為中用。《周末學術史序》以西方學科分類法，將周末學術分為十六類，如：心理學史、倫理學史、社會學史、宗教學史、計學史、兵學史、工藝學史等，分別探討。採用西方學史架構，分析中國古代史，在〈中國古用石器考〉一文中，引經據典說明，古代生產工具由石器演進至銅器，再進步到用鐵器。4、以金石証史：劉氏在〈論考古學莫備於金石〉云：「及乾嘉之間，考訂之學益精。由是治金石者或考六籍之異文，或窮六書之假借，……錢竹汀、王蘭泉之流，兼以碑証史，事旁及曆術地輿官制。…張䜣若之流兼考書之變遷。」劉師培以漢碑所引經文，以考漢代今古文家法。

（四）劉師培對清末民初學人之影響

劉師培之著作極具啟發性。劉師培之《清儒得失論》，直接影響到梁啟超之成名作《清代學術概論》。王國維之《殷周制度論》，論者多以為係王氏經史上一大發明。王氏之主要觀點實襲自劉師培。劉師培在《典禮為一切政治學術之總稱考》云：「世之考古代政教者，若能以禮為綱，分類曲別，以考古代政學所從出，則成周之法治又何難按籍而稽哉？」斷定西周社會特點是禮制，對真正瞭解古代社會有重要啟示意義。錢穆先生成名作《劉向歆父子年譜》，摧破康有為劉歆偽造古文經之說，有人謂《劉向歆父子年譜》出，而偽經說息，故為一大快事。但首先摧破《新學偽經考》、《孔子改制考》之壘壁者，實為劉師培。在撰述通史教本上，劉師培亦是先驅人物。劉師培對中國語言文字之貢獻，錢玄同所述極為扼要：「其關于應用者，劉君以為宜減省漢字字劃；宜添造新字；宜改易不適用之舊訓；宜提倡白話文；宜改用拼音字；宜統一國語。凡此數端，甚為切要，近二十年來均次第著手進行。劉君於三十年前已能見到，可謂先知先覺矣。」其他如共產思想、無政府主義、民約思想、民族思想，劉師培亦為先驅人物。

十三、胡適與中國古代哲學史

（一）生平為人

　　從小穎悟，母親刻意栽培。一生喜好熱鬧，文學革命一起，立刻束裝就道，至北大進行如火如荼之文學革命。因〈文學改良芻議〉一文暴得大名，「生平不願封萬戶侯，但願一識韓荊州」之故事在胡適身上再現，「我的朋友胡適之」不逕而走。家中賀客盈門，對其後期為學實有重大防礙。胡適雅善演講，有轉移聽眾視聽之能耐。其文章如盧梭一樣有炙人之熱情。自言「旁人皆以為我下筆千言，其實我寫文章是很慢很慢的。」「不寫一篇不用力氣的文章。」為人慷慨豪俠，確有長者風範。陳寅恪寫論韓愈，借古諷今影射白話文之得以傳揚，得力於其「獎掖後進，造成徒眾，期望學說之流傳。」一生喜辦刊物，與刊物結不解之緣。

（二）治學方法

　　1、懷疑的態度：胡適言及赫胥黎「教人記得一句，拿証據來。」「赫胥黎不相信一切沒有充份証據的事物。」「疑古的態度，簡要言之，就是寧可疑而錯，不可信而錯十個字。」2、大胆假設，小心求証：他那個終身提倡所謂「治學方法，原是在哥大讀書時翻閱百科全書偶然發現的。一讀之下，至為心折，再讀則豁然而悟，以致融會貫通而終身誦之。」[1] 3、方法的自覺：方法的批評。自己批評自己，自己檢討自己，自己發現自己的錯誤。4、重視材料：同樣的方法，用在不同的村料上，成績也就有絕大的不同。顧、閻材料全是文字的，伽利略一班人的材料全是實物的。顧、閻的成就不過是兩大套經解、續經解，西方建立起生、光、化、電之實用科學，中西文明的優劣就在這一百年判定。5、實証主義的方法：一個學說有無價值，看它在實行時能否對生活產生好的結

---

[1]　見唐德剛，〈照遠不照近的一代文宗〉，《胡適雜憶》，（台北，傳記文學雜誌社，民國 76 年 8 月），頁 65。

果。「事實是檢驗真理惟一的標準。」6、校刊法：胡適寫《紅樓夢考証》云：「我覺得我們做紅樓夢的考証，只能在著者和本子上著手。……處處尊重証據，讓証據做嚮導，引我們到相當的結論上去。」7、以箭垛式現象解釋某些歷史事件。8、貫通法：「貫通法是把每一部書的內容要旨融會貫串，尋出一個脈絡條理，演成一家有頭緒有條理的學說」

（三）成就

　　民國初年許多改革，幾乎無一不與胡適有關。如：疑古風氣、標點符號、白話文運動、漢字拉丁化、五四運動、打倒孔家店、先秦諸子研究、紅學之形成、佛教思想之研究、民主政治之推行、西方健全之個人主義、人權問題、婦女解放等。胡適置身其中，每一部份都有舉足輕重之影響力。其成就與上古文獻有重大關係者為疑古風氣之提倡及中國古代哲學上之諸多看法。胡適著《中國古代哲學史》，以西方學者著書架構，重新編排中國先秦諸子各家各派學說，令人耳目一新。蔡元培以為其特長為：証明的方法、扼要的手段（截斷眾流，從老子、孔子講起）、平等的眼光、系統的研究。《中國古代哲學史》是以其博士論文《先秦名學史》為藍本，所以「能在一年的時期中，成了這一編《中國古代哲學史大綱》。」蔡元培稱其「可算心靈手敏了。」

　　胡適在中國古代哲學史中最大創見是發現名學為各家各派通有，為中國古代哲學的一個重要問題，以為名起自孔子之正名，各家各派深受影響，因之荀子有正名論、法家有循名責實、墨子有名學。胡適以為簡直可以說孔子的正名主義，實是中國名學的始祖。因此本書有關名學部份最見精彩，引起梁啟超之擊節讚賞。此書與紅樓夢考証奠定胡適之學術地位。但對此書嚴加批評者亦不乏其人。章太炎稱此書不少地方涉及剿竊，章氏稱：「胡氏偶有被人剿竊，如魯失寶玉大弓，吾則如昆山之圃，並不懼人拾去數塊。」胡適有關莊子之進化思想、先秦之名學實襲自章太炎。陳寅恪〈馮友蘭中國哲學史上冊審查報告〉中大肆抨擊胡適《中國古代哲學史》之根本錯誤：

　　　今日之談中國古代哲學者，大抵即談其今日自身之哲學者也。所著之

中國哲學史者，即其今日自身之哲學史者也。其言論愈有條理系統，則去古人之學說愈遠。此弊至今日之談墨學者而極矣。無依據，亦可隨其一時偶然興會，而為之轉移，幾若善搏者能呼盧成盧，喝雉成雉之比。

胡適此書實為民國以來將先秦諸子思想整理至條理分明之第一部著作，即或其中有值得商榷之處，仍不能掩其特殊開創之功。

十四、康有為古文經系統假說之崩解

（一）康有為之為人行事

小時即立志做聖人，開口閉口輒曰：「聖人聖人」，鄉里戲稱其為聖人為。日常家居極不穩定，時而大哭，時而狂笑，唐德剛以為此為發瘋之前奏。其學行多有跡近瘋狂之處。二十一歲遇朝庭編修，為其講述政風、朝庭掌故。遊香港，見英人治港，深受啟示，注意西書及世界史地遊記之書。康有為本人富想像，善推理，自闢境界，冶中西之學、佛典，推衍成政治理論。1890 年至 1893 年，在廣州講學，著書立說。內容講述學術源流、政治沿革得失，取西方各國為比例推斷，闡明救國之方，分析入微，聽者懂踴，言及國勢阢隉，民生憔悴，外侮之嚴重，聽者動容。（其詳可見蕭一山《清代通史》）梁啟超一見康有為，即受當頭棒喝，俯首甘為弟子。康有為性格迂執不通，太具成見，自言吾學問三十歲已成，此後不用求進步，亦不須求進步。康梁在政治上之大事是變法，根本要點在廢八股，興學制，以為此即足以強國。現在一般人仍存此種誤解。戊戌變法實際上只是紙上作業，康之變法理論依據為《新學偽經考》、《孔子改制考》、《大同書》。翁同龢以其《新學偽經考》為說經一野狐禪，見其《孔子改制改》即以康居心叵測。變法運動吸引大批人如痴如狂，實因康善為舖張文字，其文「辭繁而不雜，氣足神旺，讀之使人感動奮發。」（呂思勉之講法）變法受到守舊派反撲，不及百日即澈底失敗。嚴復以為康有為燥進，其結果是賣君賣弟。康流亡日本，與孫中山抗爭，組保皇黨。民國成立後，參與張勳復辟，不及五日即告失敗，悒鬱而終。錢穆先生以為康雖在政治上失敗，但在學術上仍居主流地位。康有為對疑古派之顧頡剛有至深且巨之影響。

（二）治學方法

1、剽竊：康有為之《新學偽經考》主要理論襲自蜀人廖平。康氏一生避談廖平，廖平致書康有為云：「又吾兩人交涉之事，天下所共聞

知，……然足下深自避諱，使人有郭象之謗。……天下之為是說，惟我二人，聲氣相求，不宜隔絕，以招讒間。……」2、附會：康有為之新學偽經考、孔子改制考之寫法，先具成見，然後勾稽諸書材料以遷就此一成見，以六經為我注腳。3、以偏蓋全：托古之說在班固、劉安只論及古書部份，康氏擴及全面。4、強辭奪理，曲解証據：凡足以動搖其基礎之証據，出現於《史記》者，以為出自劉歆之篡亂；出現於漢書者，以為漢書作者根本即劉歆；地下鐘鼎足為古文經張目者，康有為一口咬定係劉歆埋藏以欺世。凡足以証明偽經之証據康氏皆稱之為「鐵案如山，可不動搖。」梁啟超亦不以其師說法為真。5、資料豐富，繽紛滿目：看完全書已是不易，尋機抵隙自是更難。

（三）學說內容

所謂新學，即新莽之學，即歆所力爭博士者，如《周禮》、《左傳》等，所謂古文經，全出劉歆所偽撰。王莽必欲偽撰諸經，目的在於依據經義做為篡漢之理論基礎。康有為發現國語有二，一為四十五篇本，一為二十一篇本，而《左傳》為三十卷。以《左傳》、二十一篇《國語》比較，發現兩書此詳則彼略，此略則彼詳，故左傳實係劉歆割裂五十四卷本之《國語》而成，殘剩者即為現在流行之二十一卷本之國語。《孔子改制考》以為堯舜為孔子所依托，經典中堯、舜之盛德大業，皆孔子理想建構而成。不僅孔子托古，先秦諸子無一不托古以立說，如老子之托黃帝，墨子之托大禹，許行之托神農。《大同書》以公羊「三世」、《禮記·禮運》之「大同、小康」比附歐美新興之民治、共產思想，作為其變法之理想。現代人讀康有為之《大同書》，直覺反應是瘋子之夢囈。但當時梁啟超卻讀之心醉，真不可思議。

（四）康有為學說之破產

首先當面起而駁之者為朱一新，以為其對史記材料隨意去取，絕不客觀。劉師培著〈周秦諸子述左考〉──徵引《韓非子》、《荀子》、《呂氏春秋》立論涉及《左傳》之處，指實司馬遷〈十二諸侯年表〉「趙孝

成王時其相虞卿上採春秋，下觀近勢，亦著八篇，為虞氏春秋；呂不韋者秦莊襄王相，亦上觀尚古，刪捨春秋，集六國時事，以為八覽六論十二紀，為《呂氏春秋》；及如孟子、荀卿、公孫固、韓非之徒，各往往捃摭春秋之文以著書，不可勝記。」之說法。劉劉培著〈左傳行於西漢考〉引述高祖、叔孫通、文帝、張敞、張吉、杜鄴等立說均引述《左傳》，証明《左傳》在戰國、西漢之世即廣泛流傳。高本漢著《左傳真偽考》，以文法分析《左傳》、《國語》、魯語之異同，以為《左傳》文法與魯語不同，和《國語》接近，但不相同，從文法上可判斷左傳為真，並非從國語分出。馮沅君之〈論左傳與國語之異點〉、孫次舟之〈左傳國語非一書考〉，均以為《左傳》記事與《國語》多異，由此可知《左傳》決非割裂《國語》而成，全面抨擊康有為《新學偽經考》者為錢穆先生之《劉向歆父子年譜》，全書按年月排比而下，從時間這一絕對因素，衡量劉歆遍偽全經之不可信。其主要論點之一是指實《左傳》在西漢廣為士人所徵引此一部份多有承襲劉師培之處；一是以大量証據証明王莽改制篡位之理論多出今文而非古文。全書指出康說有二十八處不可通。其犖犖大者如：「向未死前，歆已遍偽諸經，向何弗知，不可通一也。」「向未死二年，歆領校五經未數月，即能遍偽群經，不可通二也。」「且歆遍偽群經將一手偽之乎？將借群手偽之乎？一手偽之，古者竹簡繁重，殺青非易，不能不假手於人也。群手為之，何忠於偽者之多，絕不一洩其詐耶？不可通四也。」「歆之爭立古文諸經，王莽退職，絕無篡漢之象，謂歆偽諸經，將以助莽篡乎？不可通十一也。」「謂歆偽經媚莽，特指周官為說，然周官後出，方爭立諸經時，周官不與，不可通十二也。」「夫媚莽以助篡者，符命為首，符命源自災異，善言災異者，皆今文師也。……不可通十五也。」並以為實事皆列，虛說自消。果然，那一年各大學古文經課程全部自動停開。學者以為《劉向歆父子年譜》出，而劉歆偽造古文經說息。

十五、顧頡剛古史系統之崩解

（一）治學經歷

十三歲前讀傳統經書，喜讀新民叢報。十四歲起閱讀先秦諸子。十六歲以後接觸《尚書古文疏証》、《古今偽書考》。二十一歲入北大預科，聽章太炎講學，知今古文之分歧，嗜觀京戲。二十三歲看《新學偽經考》、《孔子改制考》，對「上古事茫昧無稽」留下深刻印象。二十五歲聽胡適講中國古代哲學，讀〈諸子不出王官論〉。二十六歲參加新潮社。二十七歲開始收集歌謠。二十八歲大學畢業，留校任助教，標點《古今偽書考》。二十九歲任職北大圖書館，計劃編「辨偽叢刊」，並收集紅樓夢資料。三十一歲發表〈與錢玄同先生論古史書〉，提出「層累造成中國古史觀」，古史辨運動正式開始。三十四歲出版《古史辨》第一冊，任廈門大學史學研究教授。四十三歲古史辨第五冊出版。四十四歲成立禹貢學會。六十二歲標點《資治通鑑》，六十三歲至六十六歲點校《史記》。六十九歲編定《史林雜識》。七十九歲主持標點二十四史工作完成。八十八歲腦溢血病逝北京。

（二）主要成就

1、對古史系統提出質疑。出版、整理《辨偽叢刊》。主要提出「古史層累造成說」，以為「民族一元、地域一統、古史人化、黃金古代」均是戰國諸子、儒家偽造的結果。2、歷史地理之研究：與譚其驤、張維華、章巽研究中國沿革地理，出版禹貢雜誌。3、幫助胡適、俞平伯收集紅樓夢之資料。4、標點二十四史、資治通鑑，方便後學。

（三）治學方法

1、札記為做學問之入手工夫：講《尚書》時對學生說：「研究學問，札記的工夫絕不可少。」顧本人有「讀書筆記十卷」。2、歷史的方法：來自杜威的祖孫法。3、懷疑的方法：顧之懷疑方法、思想有兩個來源，

一是清代今文經疑古之風，一是西洋疑古之風。清末今文經之廖平疑及「黃金三代」，以為上古舜之生活幾同野人，如何在六經中一變而為黃金古代。故「三代文教之盛，實由孔子推托之故。」西方達爾文《物種原始》推翻舊約創世紀，達爾文之好友赫胥黎「不信任一切沒有充份証據的東西。」西洋疑古思想傳至東洋，日本學者白鳥庫吉作「堯舜禹抹殺論」，黎東方先生疑及顧之思想襲自白鳥庫吉。4、辯証法：徐文珊言：「這種雞蛋裏找骨頭的方法是我得自顧師的最得力的教育，一生享用不盡。」5、類推法：馮友蘭云：「顧頡剛告訴他，在北大當學生的時候喜歡看戲，看得多了，他發現一個規律，某一齣戲，愈是晚出，他演出的故事就愈是詳細，枝節愈多，內容愈豐富。故事就好像滾雪球一樣，越滾越大。由此他想到，古史也有這種情況。……古史可能也有寫歷史的人偽造的部份，經過寫歷史人的手，就有加油添醋的地方，經過的手愈多，添油加醋的地方就愈多。這是他古史辨的基本思想，這個思想是他看戲中得來的。」6、截斷眾流：梁園東扼要敘述顧之研究方法：「拿五車古書，裏面有四車半是假的、偽的，順手一推四車半推到檯下；只把半車古書堆到檯子上。」顧以為東周以前的歷史沒有一個字可信，古史一刀刪去十分之九。7、親自考察：抗戰爆發，顧頡剛流寓西北、西南，以所見所聞，參閱文獻，有相當收獲。如考釋拋綵球、吹牛、拍馬等，均得自親自考察。8、從做中學：顧頡剛喜辨刊物，以為刊物為最有效培育人才方法，曾言：「一個大學畢業生，如果四、五年中不做學問的工作，他的一生就不能再做這工作了。」9、從實物著手：在北京管理圖書館之際，亂翻資料之中，最得到益處的是羅、王的著述。顧頡剛說：「我的眼界從此又得一廣，更明白自己知識的淺陋。我知道要建設真實的古史，只有從實物上著手的一條路是大路，我的現在的研究僅僅在破壞偽古史的系統上面致力罷了。……」

（四）對顧頡剛治學方法之批評

　　正面肯定者胡適以為其成就超過崔述、姚際恆；傅斯年以為其成就如同牛頓之在力學，達爾文之在生物學。反面批評者童書業以為「對於

古史，何曾摸到一點邊。」一般人批評顧頡剛只有破壞，沒有建設。梁園東批評顧頡剛只是研究古書，不是研究古史。張蔭麟的批評最中肯，名聲驟起。張蔭麟在〈評近人對於中國古史的討論〉一文抨擊顧的方法根本謬誤：「吾觀顧氏之論証法幾盡用默証，而十九皆違反其適用之限度。……詩經有若干禹，但堯舜不曾一見。尚書有若干禹但堯舜也不曾一見，故堯舜禹的傳說，禹先起，堯舜後起，是無疑義的。這種論斷完全違反默証適用的限度。試問詩書是否當時歷史觀念之總記錄，是否當時記載唐虞事蹟之有系統的歷史？又試問其中有無涉及堯舜事蹟之需要？此稍有常識之人不難決也。嗚呼，假使不幸而唐以前之載籍蕩然無存，吾儕依顧氏之方法，從唐詩三百首、大唐創業起居注、唐文彙選等書中推求唐以前之史實，則文景光武之事蹟其非後人層累造成者幾希矣！」

顧氏整個古史系統有如〈拿破崙無其人考〉一般荒謬，顧氏沒有身敗名裂實為一異數。顧頡剛對自己的批評：「其時年少氣盛，工為詆訶，古今人俱無所避，迄今每一展視，恆不覺汗之沾衣也。」

十六、顧棟高表解春秋

（一）製表之作用

　　有時千言萬語無法說清之事，一張表往往能將事實條分縷析、秩序井然呈現出來。胡適〈治學方法與材料〉即具體以一張表說明中西文明優劣之分野；門德雷夫周期表將原子秩序排列到綱舉目張；林奈以種屬科目建構生物譜系。歷史最見紛亂部份為世系、職官等，這些地方非表無法化繁為簡、釐清事件內容。春秋二百四十年史實，事涉一百餘國；事件成千累萬；人物成百上千；公室、世家此消彼長，瞬息興亡；各國典章制度同中有異、異中有同；諸侯間爭戰、盟會、篡弒頻繁；外則戎狄交侵，中國不絕如線。左傳敘事固是千古卓絕，但事繁則亂，左氏亦莫可奈何。此一遺憾，至顧棟高《春秋大事表》出而大體彌補。錢穆先生云：「瞿師講左傳，對書中每一人物家屬長幼，及母妻戚族，隨口指名，如數家珍。同學皆驚訝。後余讀書多，及顧棟高春秋大事表，因知往日瞿師言，乃由此書來。」

（二）顧棟高春秋大事表內容簡介

　　顧棟高以五十張表、一張圖將紊如亂絲之春秋歷史整理至一目瞭然。其釐清編年史實真象之效果，遠在袁樞之《通鑑紀事本末》之上。春秋時代兼併之劇烈遠在戰國時代之上，戰事頻繁，各國疆界變動無常，顧氏以〈春秋列國疆域表〉明其始封、後續發展、最後歸屬，使當時地理形勢得以大明，顧棟高云：「凡晉楚諸大國，先區明其本境，以漸及其拓地之疆域，終春秋之世，而小國亦還其始封，某云後入某國為某邑。庶前後之疆索瞭如而廢興之故，亦從可概睹矣。」由疆域表可看出周初封宋于商邱平坦之地之深意，使其不能據險為患。〈列國爵姓及其存滅表〉〈列國都邑表〉說明周之封建變為郡縣之大勢趨向。官制為瞭解史實之鎖鑰，左傳敘史以人以事為主，不及典章制度，欲一探春秋職官之職掌，任何人都感到漫無頭緒，顧棟高所列之〈列國官制表〉詳

列周室與諸侯官制之異同，由人行事而職官之職掌因以大明。〈姓氏表〉、〈卿大夫世系表〉可明宗族興亡之大略。由〈刑賞表〉可明春秋之法律狀況。顧棟高云：「余觀春秋二百四十年知天子之所以失其柄而旁落於諸侯，諸侯所以失其柄而僭竊于大夫陪臣者，皆由刑賞之失政。」〈魯政下逮表〉指明三桓專政之緣由。〈晉中軍表〉可看出晉之國政權力更迭之大概。〈楚令尹表〉說明「楚以蠻夷立國，而自春秋迄戰國四五百年，其勢常強於諸侯，卒無上陵下替之漸者，其得立國之制最善乎？」〈齊楚爭盟表〉、〈晉楚爭盟表〉可明春秋盟會政治之大略。〈吳楚交兵表〉詳列吳楚長期爭戰，明其勝敗關鍵實在捨舟登陸，「巫臣之教吳，其患在數十年之後，非止一時之疲於奔命而已。」並說明州來為吳楚必爭之原因。〈四裔表〉析述戎狄蠻夷之種類及其興衰始終，如論及「狄合諸部為一，力大勢盛，故能以兵威伐邢入衛，滅溫伐周，又能仗義執言救齊伐衛，以齊晉之強，莫之能抗。」其後「自相攜貳，……勢分力弱，……」始一一為晉齊所滅。

天南地北兩個不同文明之優劣得失，及其形成原因，頗令人有一部十七史從何說起之迷惘，但胡適〈治學方法與材料〉中僅靠一張表，將中西文明三百年優劣分野及主要原因形容得淋漓盡緻：

	中國	歐洲
1606	陳第《古音考》。	
1608		荷蘭人發明望遠鏡。
1609		葛利略的望遠鏡。 解白勒發表他的火星研究，宣布行星運行的兩條定律。
1610	黃宗羲生。	
1613	顧炎武生。	
1614		奈皮爾的對數表。
1619	王夫之生。	解白勒的行星第三定律。

1618~21		解白勒的《哥白尼天文學要指》。
1622	毛奇齡生。	
1625	費密生。	
1626		培根死。
1628	用西法修新曆。	哈維的《血液運行論》。
1630		葛利略的《天文談話》解白勒死。
1633		葛利略因天文學受異端審判。
1635	顏元生。	
1636	閻若璩生。	
1637	宋應星的天工開物。	笛卡兒的方法論,發明解析幾何。
1638		葛利略的《科學的兩新支》。
1640	徐霞客死。	
1642		葛利略死,牛頓生。
1644		葛利略的弟子佗里傑利用水銀試驗大氣壓力,發明氣壓計的原理。
1655	閻若璩開始作《尚書古文疏証》,積三十餘年始成書。	
1657	顧炎武注《韻補》。	
1660		英國皇家學會成立。化學家波耳發表他的氣體新試驗。
1661		波耳的《懷疑的化學師》。
1664	廢八股。	
1665		牛頓發明微分學。

1666	顧炎武的《韻補》成。	牛頓發明白光的成分。
1667	顧炎武的《音學五書》成。	
1669	復八股。	
1670	顧炎武初刻《日知錄》八卷。	
1675		李文厚用顯微鏡發現微生物。
1676	顧炎武《日知錄》自序。	
1680	顧炎武《音學五書》後序。	
1687		牛頓的傑作《自然哲學原理》。

我們看了這一段比較年表，便可知道中國近世學術和西洋近世學術的劃分都在這幾十年中定局了。

82　上古史文獻學

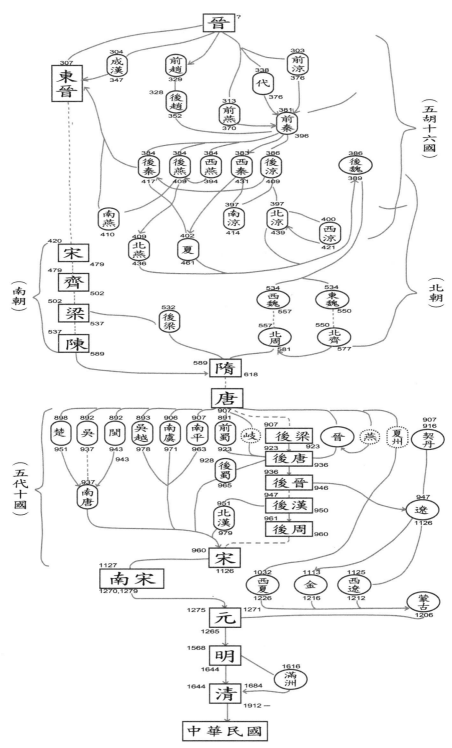

〈歷代分合傳授圖〉及〈歷史年代總表〉均取自萬國鼎編《中國歷史紀年表》，
（台北，學海出版社，民國六十三年二月初版），頁五至七之間，未列頁碼。

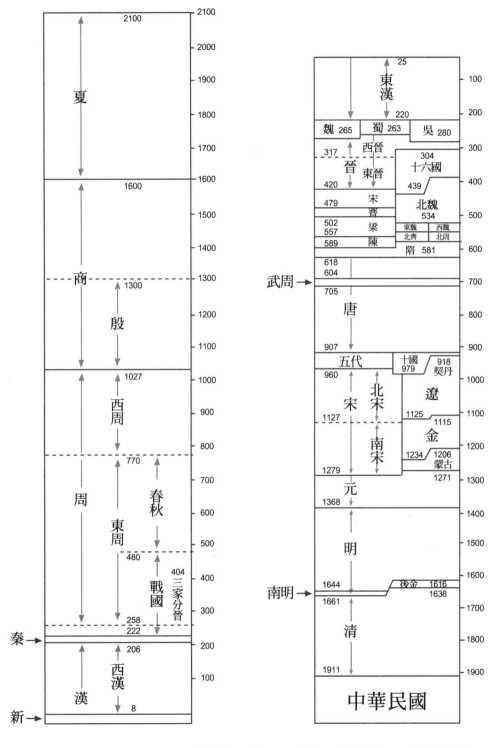

　　〈歷代分合傳授圖〉及〈歷史年代總表〉均取自萬國鼎編《中國歷史紀年表》，
（台北，學海出版社，民國六十三年二月初版），頁五至七之間，未列頁碼。

下篇

一 、竹書紀年、大事記

（一）竹書紀年為中國古代包含時間最長、最有系統之編年史

　　史體有三：編年、紀傳、紀事本末。三體之中，編年體之歷史出現時間最早。中國歷史特徵之一是悠久而不中斷，在整個人類歷史中實獨樹一幟，中國人習以為常，對此不以為意。《漢書·藝文志》云：「古之王者，世有史官，君舉必書。」「左史記言，右史記事，事為春秋，言為尚書。」古人稱春秋為年，故春秋即含編年之意。商代甲骨文之記事，以干支記日，記事首尾粗備，以時間為綱反映事件之編年特徵。現存之春秋成書在竹書紀年成書之前，僅只記春秋一代的歷史。而竹書紀年上起黃帝（或夏代），下迄魏襄王二十年，記事時間遠超過春秋。陳夢家以為《竹書紀年》之重要性等同殷虛甲骨文。

（二）發現經過與種種爭議及今本、古本產生原因

　　竹書紀年出土年代，陳夢家歸納有四種不同的說法，以出土於太康二年之說為最可信。《晉書·束晳傳》：「太康二年，汲郡人盜發魏襄王墓，或言安釐王冢，得竹書數十車。」其中之一即竹書紀年十三篇。見及竹書紀年之學者或以為竹書紀事始於黃帝（和嶠），或以為始於夏代（杜預）。其敘事與傳統說法在許多地方大異其趣，其最著者如：「夏年多殷；益干啟位，啟殺之；大甲殺伊尹；文丁殺季歷；自周受命至穆王百年，非穆王壽百歲也；厲王既亡，有共和伯者攝行天子事，非二相

共和也。」（見《晉書・束皙傳》）汲冢竹書亡於北宋時代。朱右曾云：「不知何年何人，掇拾殘文，依附史記，規倣紫陽綱目為今本之竹書紀年。鼠璞溷淆，真贗錯雜，不有別白，安知真古文之可信，與今本之非是哉！最其大凡，今本之可疑者十有二。真古文之可信者十有六。」所謂真古文，是朱右曾將北宋以前見及真本《竹書紀年》學者引用竹書資料，按時代先後匯編成書，名之為《汲冢紀年存真》。此書可信度在宋後流傳之《今本竹書紀年》之上。王國維著《今本竹書紀年疏証》一一註明其剽竊之處，以為此書可廢。疑古過甚之學者如丁晏、呂思勉以為古本亦不可信。絕大多數學者採取朱、王之看法，以為古本可信，今本不可信。但董作賓、方詩銘、王修齡、陳力、夏含夷等認為今本紀年中仍包含大量真紀年之史料，不可全面抹殺。董作賓相信今本竹書紀年所記殷高宗二十九年至三十二年討伐鬼方的戰爭；方詩銘、王修齡相信今本「太戊，《竹書》作太宗」之說法；蒙文通以為今本之前，另有一別本。

（三）竹書紀年對上古史定疑補闕之作用

　　竹書紀年成書於戰國中期，當時人敘當時事，對戰國史事之釐清固然有無與倫比之重要性。但以史記成書前之異源史料來看，其所敘及之夏代、殷代、西周、春秋，同樣不可輕忽。

　　1、竹書紀年釐清夏代史之作用：竹書紀年所記夏朝的世系，大體與《史記・夏本紀》相同，重要差別只有《史記》帝槐，《竹書》作后芬等小異，《竹書紀年》印証了《史記・夏本紀》夏代世系大體可信。

　　2、竹書紀年對商代史之澄清：清末以來陸續出土甲骨，可以第一手史料重建殷商信史。甲骨進一步印証竹書紀年敘事準確度遠在史記之上。史記與竹書記載有異之處，驗之卜辭大多是竹書是而史記非。如云：「自盤庚徙殷至紂之滅，二百七十年，更不徙都。」史記、尚書云太戊為中宗，竹書云：「祖乙滕即位，是為中宗。」卜辭則有「中宗祖乙牛吉」之辭。史記所記殷之先王有王振，竹書則詳敘殷王子亥賓于有易之事，卜辭有「王亥」。史記所記殷王有太丁，竹書則為文丁，卜辭則為

文武丁。

3、竹書紀年對西周史之定疑補闕：史記敘共和為周定公、召穆公共同輔政，而竹書則是「共和伯干王位」，驗之金文、諸子，當以竹書為是。史記缺共和以前之年代，而竹書尚留下若干年代之定點、段落，可作為重建共和前年代之依據。如：「自周受命至穆王百年」、「成康之際四十年不用刑」、「康王六年太公望卒」、「昭王十六年伐荊楚」、「周昭王十九年天大曀，雉兔皆震，喪六師於漢」、「懿王元年天再啟」等。

4、竹書紀年証明左傳為實錄：杜預以竹書紀年與春秋三傳比勘，得出如下之結論：「（紀年）諸所記多與左氏符同，異於公羊、穀梁，知此二書，近世穿鑿，非春秋本意，審矣。」竹書紀年且記有史記失載之晉文侯殺攜王事。

5、竹書紀年填補春秋、戰國史年代之空白：史記記戰國歷史多誤，尤其是春秋末戰國初這一段，顧炎武稱：「自左傳之終以至此（六國以次稱王），凡一百三十三年，史文闕軼，考古者為之茫昧。」朱右曾、錢穆、陳夢家、楊寬等均以竹書紀年為依據，彌補此一缺陷。此外竹書紀年尚記「宋司城子罕廢其君壁而自立」、「梁惠王稱王改元事」、「梁惠王六年四月甲寅徙都于大梁」、燕昭王為公子職等，訂正史記有關戰國史之重大缺陷、錯誤。

（四）大事記可以訂正補充《史記》缺失錯誤部份

秦簡大事記出土於湖北雲夢睡虎地十一號秦墓。此書為個人家史與國家大事合一之編年記，與專記國家大事之竹書紀年略有不同。《大事記》上起秦昭王元年，下迄秦始皇三十年，共九十年。竹書紀年止於魏襄王二十年（秦昭王九年），此二書有九年時間重合，其餘部份恰好續《紀年》之所無。《大事記》可以定史記之疑而補其闕部份，主要有七：1、秦莊王之名稱；2、攻新城、新城歸，史記失載；3、十三年攻伊闕，史記失載；4、攻啟封（三十二年），史記失載；5、「秦昭王五十二年，王稽、張祿死。」史記失載；6、「（始皇）二十一年，韓王死，昌平君居其處」透露出新鄭反之事件與韓王安之死有關連；7、「孝文王元年，立即死。」

二、甲骨文

（一）甲骨文之發現與研究概述

　　甲骨文整個發現過程之離奇曲折，足令一切傳奇、探案故事相形見拙。首先收集甲骨之王懿榮因庚子拳亂，夫妻殉國。繼王之收集者劉鶚因擅動太倉粟米，流死新疆。繼劉之後之收集者為羅振玉。在辛亥革命後，流寓日本。早先出土之甲骨文以無字者居多，自從端方收購甲骨按字計酬，無字之甲骨像施了法術一般就此絕跡，予反對者以攻擊之口實。章太炎即以為收購甲骨最多者即是偽造者。但羅振玉已考証出甲骨文為殷商王室之占卜記錄，出土地點為河南安陽小屯，史語所在安陽發掘大有所獲，不但找到大量甲骨，而且發掘到殷商帝王大墓。胡厚宣估計在民國十三年以前，出土甲骨約十五萬片。1973 年小屯南地發現甲骨 4442 片。1977 年周原發現有字甲骨 301 片。董作賓稱甲骨學之得以建立，實出羅氏一人之力。但羅振玉在 1980 年以前其學術地位幾遭全盤抹殺。王國維以甲骨文証史，確定卜辭似立之字為王，了為旬，殷人有卜旬之習俗，殷人自盤庚遷殷至帝辛二百七十三年更不徙都，卜辭即為此一時期之占卜記錄，並開綴合研究之先河。在區分卜辭之時代上，董作賓居功至偉。郭沫若對卜法、斷代及文例，亦有相當貢獻。陳夢家全面敘述甲骨文之研究成果，對董氏斷代提出若干修正意見。其後胡厚宣編輯集大成之《甲骨文合集》。楊升南、王貴民研究殷商之軍事。李學勤研究殷代地理。

（二）董作賓如何排列甲骨文之先後秩序

　　董作賓〈甲骨文斷代研究例〉確立十個斷代標準，世系（整個殷商祖先帝王之先後系統）、稱謂（由卜辭祭祀祖先之稱謂瞭解卜者為何王，如稱父辛、父庚、父乙者即為武丁之卜辭）、貞人（卜下貞上之字即為貞人名，如「癸亥卜互貞」，互即為貞人、史官，每一王均有其史官，由史官之名可以知悉為何王時期之卜辭）、坑位（由卜辭出土坑位往往可以知悉其隸屬何王）、方國（如武丁有大規模伐舌方、土方之戰爭，

帝辛有討伐人方之戰爭，故卜辭若涉及呂方、土方之戰爭，占卜者往往為武丁，若涉及伐人方之戰爭，則占卜者往往為紂。）、人物（武丁時有甘盤、夢父、婦好、婦姘、子央、子魚）、事類（武乙帝辛好田獵）、文法（各期文法有異，1、2、3期卜旬記貞人，5期卜辭冠以王字，往往註明年月）、字形（如酉字各期寫法不同）、書體（1期壯偉宏放，2期謹飾，3期頹靡，四期勁峭，5期嚴整），將卜辭分為五期，第一期盤庚、小乙、小辛、武丁、祖庚，第2期祖甲，第3期廩辛、康丁，第4期武乙、文武丁，第5期帝乙、帝辛。

董氏在寫《殷曆譜》之際，進一步將卜辭分為新、舊二派，第一階段盤庚、小辛、武丁、祖庚屬於舊派；第二階段祖甲進行改革，如祀典修訂（指派式祭祀）、曆法改革（置閏於年中、稱一月為正月）、文字更易（王字加橫畫、改出為又，田為畋）、卜事整頓（省日月食、求子、疾病求年、受年等），祖甲、廩辛、康丁為新派；第三階段武乙、文武丁復古；第四階段帝乙、帝辛又恢復新制。分期確定，再進一步，求卜辭之年月日，為殷商帝王編起居注。董作賓在《殷曆譜》中，編武丁日譜，排列武丁二十九年一月至三十二年十一月討伐呂方之戰爭；編帝辛日譜，排列帝辛十祀九月至十一祀七月討伐人方之戰爭。

（三）從甲骨文字看殷商之政治社會文化

見之於卜辭商人職官有二十餘（臣、小臣、多臣、畯、廩人、牛正、多馬、亞、多射、多犬、尹、多尹、作冊、卜、多卜、工、多工、史、吏等）知其設官分職之細緻。商人敵對之邦國有土方、呂方、人方等。從卜辭中已可看出商人已有封建、宗法，直系高出旁系，太子地位突出，稱小王。商人雖有重男輕女之觀念，如生男為嘉，生女為不嘉；但女子地位之高遠超出後人想像，如武丁妻子婦好即領有封地，農忙時助耕，戰爭時領兵助戰。見之於卜辭，戰爭與田獵往往密不可分，卜辭所述實可與爾雅、逸周書世俘篇互相發明。打獵之際往往有「火田」之舉，以火驚起野獸再行獵殺。卜辭常見之「伐二十」，吳其昌以為係殺二十個人牲祭祖、祭神，此說後得到屍骨証明。胡厚宣歸納商人殺殉總數不下一萬三千。商人遍祀先公先王須三百六十日，故稱一年為一祀。商人有

彡、翌、祭、壹、叠五種祭祀。甲骨文出現時間較早，許多地方可補許慎說文所未逮。如許慎以為「為，母猴也，其為禽，好爪」，卜辭為字作手牽象之形。卜字象兆形，此字不但象形，而且形聲。王字不脫斧鉞之形。商人已有五方關念，卜辭中已有東西南北中，寫作東由南水里。敬拜天神、自然神及祖先，極其虔誠，大小事項，經由問卜，請示神明後才實行。向神明祖先請求受年、降福、降若。在食的方面，卜辭有犁，証明當時已有牛耕，有井字已能鑿井，烹煮食物有員△吕，作物有稻、麥、黍，飲料有酒沔。衣服衣、裘，有絲、蠶等字証明已有養蠶繰絲編織之能力，桑字在卜辭中像藍子吊掛在樹上之形。在住的方面，宮字像大房舍下有眾多小室之情形。卜辭有郭，知商人不但築城，而且建郭。京、高均具體表現崇高建築之意，門字象可以開合之兩扇門。行的方面，卜辭有舟、它、月。樂字以木上有絲弦表示，鼓字象以桴擊鼓之形。得字象以手取貝之形，斗字象帶柄容器。武器上之斤﹁、戈十、鉞ᒡ、弓ᘐ、矢ᐱ均完全象形。文獻言及殷人有典有冊，卜辭中冊象編簡之形，典字象雙手捧冊之形。遺物中未發現簡冊，但殷人文書用簡冊，確是所言非虛。甲骨文有ᑱ為圉，為桎梏。甲骨文中有ᑲ宮等字，知商人確有五刑之刖、宮二刑。卜辭記錄登人作戰人數多為三千，多時可至五千，最多達一萬三千。董作賓《殷曆譜》言及武丁三十年七月至九月四十日，七次登人，如果登人皆實，可達二萬三千人。由這些地方略可窺見殷商時之戰爭規模。傳說由商湯至武丁聖賢之君六、七作，而紂為有名的暴君，脯九侯，剖比干之心。驗之卜辭，恰好相反，大規模殺殉者為武丁，而紂王卜辭中少見殺殉痕跡，子貢對紂之批評值得三思。

殷代王室世系圖

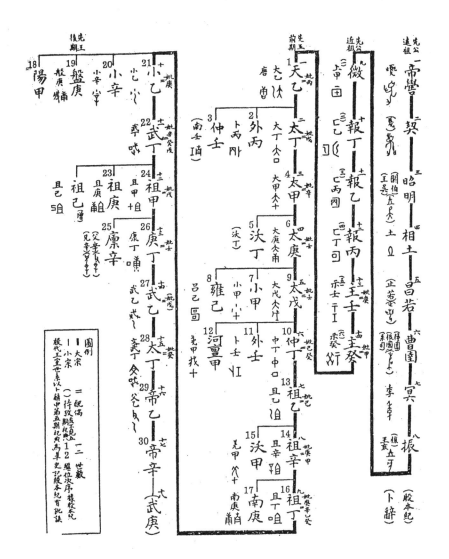

本世系表引自董作賓，《甲骨學六十年》，（台北，藝文印書館），頁 73。

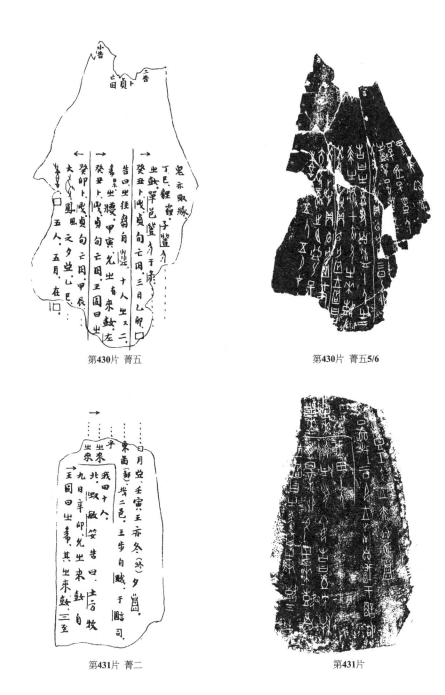

第430片 菁五　　　　　　　　　　　　第430片 菁五5/6

第431片 菁二　　　　　　　　　　　　第431片

甲骨文之拓片及釋文取自郭沫若《卜辭通纂》（台北，大通書局，
民國六十五年五月初版），頁104、105、295、397。

書體中五期之作風（圖八）

3.2.0501

4.2.008　　　　　　　　　　1.2.0041

甲骨文拓片選自董作賓，《甲骨文斷代研究例》，《董作賓學術論著》，
（台北，世界書局，民國六十八年三月三版），頁485~486。

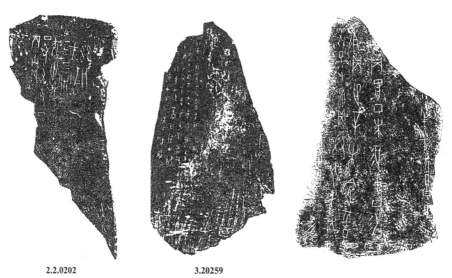

2.2.0202　　　　　　　3.20259

本頁資料取自郭沫若《卜辭通纂》，

（台北，大通書局，民國六十五年五月初版），頁128。

三、商、周青銅器

（一）、青銅器之鑄造法

　　青銅是純銅加錫、鉛之合金。加錫的目的不止是增加青銅的硬度，另一最主要原因是當時木材溫度根本無法燒至融化純銅的 1200 度，一加錫，溫度即可降至木柴輕易可以燒至之 850 度。中國青銅器之鑄造主要是用模範法，最簡單的是單瓣塊範法，其次是雙瓣塊範法以及複雜中空可以容物之多瓣塊範法。外國鑄銅主要用的是失蠟法。中國在宋朝以後主要用的亦是失蠟法。譚德睿云：「目前出土的失蠟鑄件，最早屬春秋晚期。但從出土的失蠟鑄件技術水平之高超以及中國古代技術發展緩慢等因素分析，中國失蠟鑄造出現於春秋早、中期或更早是很可能的。」春秋晚期河南淅川發現失蠟法鑄成之銅禁，戰國早期曾侯乙墓出土失蠟法所鑄之青銅盤、尊，花紋鏤空細緻，精美絕倫。青銅銘文郭沫若以為是鑄成，張舜徽以為是鏤刻而成，絕大多數青銅器銘文是澆鑄而成，羅振玉謂：「秦公敦之文，每字一笵，合多笵而成文。証明中國活字之始遠在東周之世。」

（二）、青銅器名稱之審定

　　王國維在〈宋代之金石學〉中盛讚宋人最擅長者為定古禮器之名。程瑤田以實物與文獻對勘考証出戈戟之別及劍礊之細部名稱。武器之殳、鈹為何形狀千年難解，直至地下出土實物，始能明瞭。

（三）如何排列青銅器之先後秩序

　　1、陳夢家：「在研究銅器斷代的時候，我們常用一種交互証成的法則，即是從有可定年代的銘辭的某些器來決定這些器 上的花紋、形制上的年代，從已知的某些花紋、形制的年代來比較同具這些花紋、形制的其它某些器，因而推定它們的年代。」2、吳其昌：「按器銘年月日與曆譜核對（推五十器，3、4 器不合），合則確定其為某王某時之器，如

師遽敦「唯王三祀四月既生霸辛酉」與恭王三年曆譜合，餘不可通。徒敦「隹十又二年三月既望庚寅」與懿王十二年三月曆合，與穆王十二年三月既望亦合，則有疑待考。」郭沫若：「求之於器物本身。獻侯鼎、宗周鐘、匡卣本身器銘透露屬於何王。大豐敦（王衣祀丕顯文考文王——由此可推此器屬於武王時期）、小盂鼎（用牲眚周王、　　、成王——可知此屬康王時期）。以此為中心，歸納人物、事跡、文字、體例、文辭格調、花紋形制，做為斷代之依據。

（四）、青銅器在考証史實、文字、禮制上之作用

龔定庵以為「其（青銅器）古文可以補許慎書之缺；其韻可以補雅頌之隙；其禮可以補逸禮；其官位世族可以補世本之隙；其言可以補七十子大義之隙。」金文可以補許慎書之缺——如寧之為文。驗之青銅銘文，中國遠在三代之世已書同文。郭沫若云：「証諸彝器，則北自燕晉，南迄徐、吳，東至齊、邾，西迄秦、都，構思既見從同，用韻亦復一致，是足徵周末之中州確已有書同文、行同倫之實際。」其韻可補雅頌之隙——王國維寫有〈兩周金石韻讀〉，証明西周、齊、秦、許、陳諸國用韻一致。其事可補春秋之隙——我在講述《中國上古史》課程之際已詳列，此不贅述。其禮可補逸禮——陳夢家、齊思和均以青銅銘文資料重建周之策命禮；唐蘭敘及周人之蔑曆行為模式；朕匜透露周人已有成文法。其官位世族可補世本之隙——青銅銘文之裘衛証明周禮司裘職官非其向壁虛構。其言可補七十子大義之隙——青銅器銘文可見重生思想、太陽圖案可見當時喜陽而賤陰之觀念。

（五）、從青銅器上圖紋看春秋戰國時代之社會生活

頁101（1）圖共四層，最下二層為採桑圖，桑以養生，中國人最看重出生死亡，詩經：「維桑與梓，必恭敬止。」第三層為駕車射獵，車之形制為一車兩馬，車輿圍以欄桿；第四層似為射手與位居上層之持戈戰士攻戰，持劍盾士卒躍下對弓箭手發動攻擊。頁101（2）下圖為

持劍士兵、弓矢士兵與野獸搏戰，野獸身上已為標槍所傷；（2）中圖為乘車射獵；（2）上圖亦為乘車射獵，或一車四馬，或一車兩馬，每輛戰車二人，一為馭者，另一人用弓矢或矛；（3）與（2）上左圖似為同一圖，右面另有弋射圖。頁102（1）圖為全身鎧甲之騎兵與豹之激戰；（2）圖為成都百花潭出土之採桑壺；頁103圖為「宴樂弋獵攻戰壺」為春秋末戰國初貴族生活之全景畫，幾乎是《伊利亞德》第十八章阿奇利斯盾牌之再現，在一張畫面之中，不但有色，而且有聲，金聲玉振之聲透過畫面直逼而前，佈局之佳，只有宋代張擇端之清明上河圖可與之比擬。此圖上層為射侯、採桑之情景；中層左邊為弋射圖，右邊為宴樂圖，在有斗拱大堂之上歡宴，下有樂工擊磬、擊鐘作樂；下層右為陸戰攻城，左為水戰場景。

銅器器形

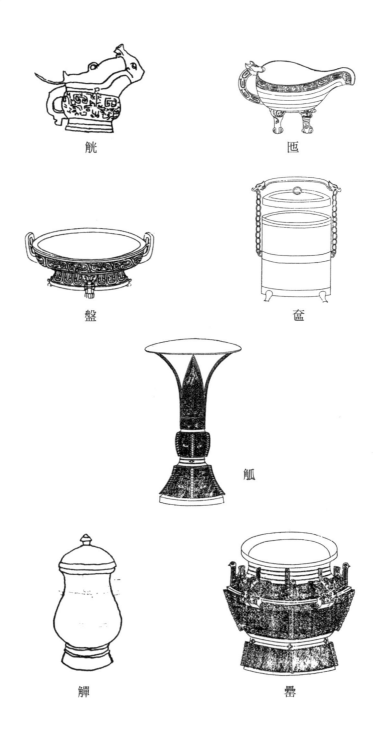

銅器器形

壺　　　　　　　斗

卣　　　　　　　簋

盉　　　　　　　豆

鐘　　　　　　　尊

銅器器形

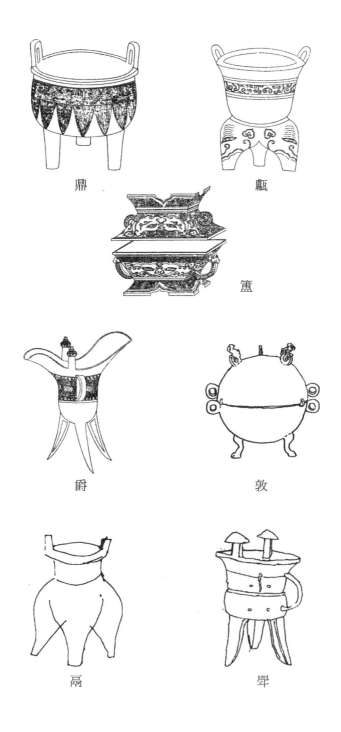

鼎　　　　　甗

簋

爵　　　　　敦

鬲　　　　　斝

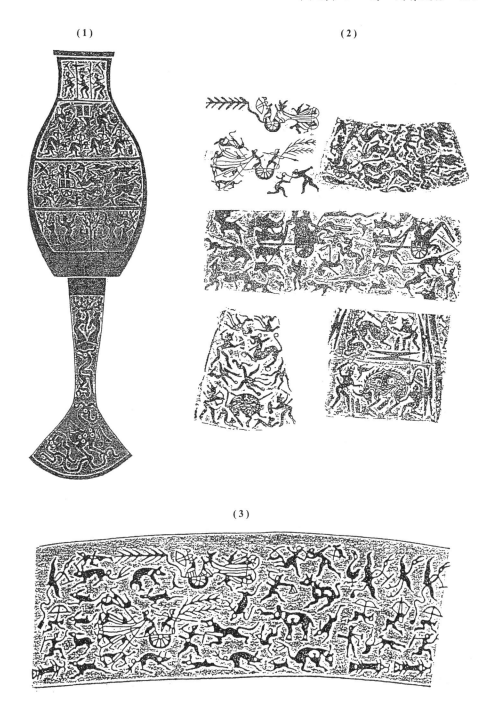

（1）

（2）

（3）

圖（1）（3）資料取自楚戈，《中國歷史文物》，（台北，河洛圖書出版社，
民國六十五年十月），頁200、203。

圖（2）資料取自容庚，《商周彝器通考》，（台北，文史哲出版社，民國七
十四年元月出版），頁145。

(1)

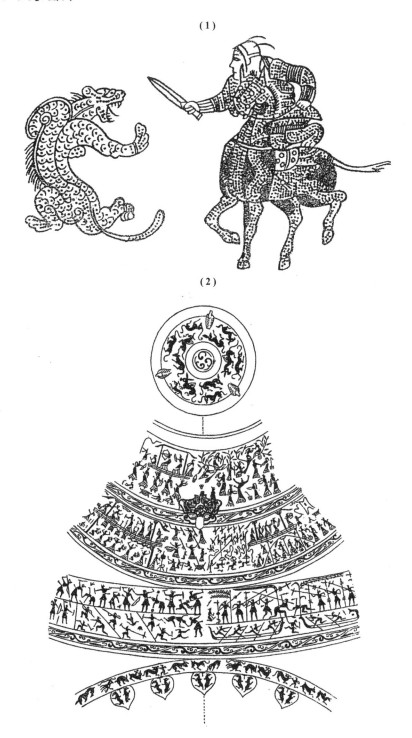

(2)

圖（1）取自楚戈，《中國歷史文物》，頁178。

圖（2）取自四川省博物館，《成都百花潭中學十號墓發掘記》，《文物》
1976年第3期，圖版貳。

本圖取自楚戈，《中國歷史文物》，頁198。

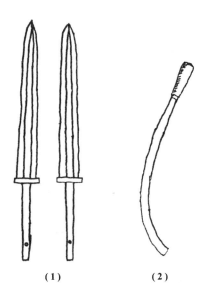

（1）　　　　**（2）**

圖（1）為鈹。
圖（2）為吳鈎。
鈹與吳鈎，均出自秦始皇陵。

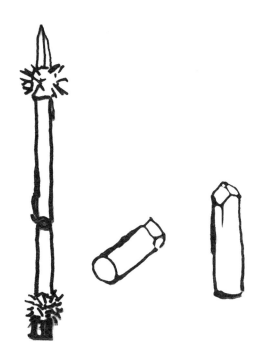

（1）　　　　　　**（2）**

殳
圖（1）之殳出自隨縣曾侯乙墓。
圖（2）之殳出自秦始皇陵。

利簋

引自《文物》1977年8期。

梁其鼎

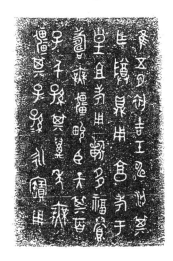

引自《上海博物館集刊》第2期。

四、尚書與易經

（一）、概述

尚書，古人只稱之為書。《史記·孔子世家》云：「孔子序書，上紀唐虞之際，下至秦繆，編次其事。」傳說孔子所編共百篇。秦火之後，伏生由壁中找到二十九篇，晁錯用隸書寫定，是為今文尚書。《史記·儒林傳》記述孔氏有古文尚書，較今文多出十六篇，孔安國家獻之朝廷，永嘉之亂，全部亡佚。東晉豫章內史梅賾獻尚書孔傳，共五十八篇，除今文外，尚有二十五篇古文，一般人以為古文尚書失而復得。至清閻若璩始判明古文尚書為偽書。

（二）、尚書架構

尚書分成虞夏書、商書、周書、費誓、秦誓五個部份。單由「尚書斷自唐虞」及虞夏書包括「堯典、皋陶謨、禹貢、甘誓」、商書選入「湯誓、盤庚」、周書選入「牧誓、洪範、金縢、酒誥、召誥、洛誥、多士、呂刑」、春秋部份選入「費誓、秦誓」即充份說明選編者之歷史眼光，對歷史之重大階段進程有最深刻清晰之認知。1、尚書斷自唐虞：孔子言必稱堯舜，孔門核心思想為堯舜之設官分職與能明天時，並不特別強調禪讓。後人書讀不通，才會以為堯舜之偉大只在禪讓、堯舜無具體事功。如康有為即以為堯、舜其人有無不可知，即有亦極平常。顧頡剛以為古書幾乎將堯描寫成無用之好人。孔、孟、荀能見其大，因之盛讚大哉堯之為君、無為而治者其舜也歟、用執其中、君哉舜也等。2、夏書部份：夏之得以建立家天下之王朝肇因於大禹治水。治水使社會發生根本上之變化，牽一髮而動全身。治水灌溉化荒野為良田，私有財產制度應運而生，糧食激增，人口大幅成長，使禹「安置萬國」成為可能。為了保障開闢出之熟田，出現城郭、軍隊；為了有效管理、保障私有財產，制造法令，設置職官；為了維持常備軍隊、常設官吏，徵稅必不可免，官吏、軍隊、法令、城郭溝池、賦稅出現之際，國家之基本要素即已齊

備，大同之世就此一去不返，小康之世順勢躍出。家天下之王朝戰爭必不可免。甘誓敘及整軍經武之方，戰前誓師之舉，申明適應當前戰局，須遵守之約定及賞罰，以提振士氣，確保戰爭之勝利。3、商書部份：湯誓敘及商湯代夏而有天下之緣由。〈盤庚〉敘及為求安定其邦，盤庚遷殷，遷殷之後二百七十三年更不徙都；高宗肜日敘及祖己勸武丁順德，造成武丁中興；〈西伯勘黎〉記述紂王相信天命，為滅亡主因；〈微子〉篇借微子、父師之口敘及殷亡之前之一片亂象。4、周書部份：周書絕大部分是周室初建之立國宏規，從中可以看出「周監於二代，郁郁乎文哉」、「周公之至德與周人之所以王天下」。如牧誓透露太公整軍經武之嚴不可犯，掌握兵形之精髓；金縢透露出周公謀國之忠；唐誥、酒誥敘及王室告戒諸侯以守封國之情形；多士敘及築洛邑安撫殷頑民之措施（如「予一人惟聽用德，肆予敢求爾于天邑商。」說明周人安邦定國之策在以夷制夷。）〈立政〉敘及周人設官分職之狀況；〈呂刑〉為周代司法文件，由此可見周之法律粲然大備之實情。獄訟兩造具備，師聽五辭；五辭簡孚，正于五刑；五刑不簡，正于五罰。5、費誓：敘及周室封建之後地方諸侯魯國誓師伐徐戎之情形。6、秦誓：尚書最後一篇為秦誓。書序云：「秦穆公伐鄭，晉襄公帥師敗諸崤。還歸，作秦誓。」其內容敘說穆公廣求人才厲精圖治之精神。此篇列在《尚書》之末頗具季札所謂：「夫能夏則大，大之至也，其周之舊乎」之意味。

（三）、逸周書的記載是否可信？

朱右曾言：「莊生有言，聖人之法，以參為驗，以稽為決，一二三四是也。周室之初，箕子陳疇，周官分職，皆以數紀，大致與此書相似，其証一也；克殷篇所敘非親見者不能，商誓度邑皇門芮良夫諸篇，大似今文尚書，非偽古文所能彷彿，其証二也；稱引是書者荀息、狼瞫、魏絳皆在孔子前，其証三也。」

（四）、初九、九二、九三、六四、六五、上九之解釋。

（五）、筮占之法為何？

　　張蔭麟云：「筮的時候取五十根蓍草，加以撮弄（有一定的方法這裡從略）以得到某一卦，再加以撮弄，看這一卦中那些爻有變；例如筮得乾卦而二五爻有變則為「遇乾之離」。筮者應用卦辭又變爻的爻辭而作預言。」賈公彥云：「易筮法，用四十九蓍，分之為二以象兩，掛一以象三，揲之以四以象四時，歸奇於扐以象閏，十有八變而成卦是也。……筮法，依七八九六之爻而記之。」龜策列傳與李約瑟另有講法。左傳所敘筮占情形是：1、一爻變，以變爻占：周史以周易見陳侯，遇觀☷☴之否☰☷（觀六四爻辭：「觀國之光，利用賓於王。」）晉文公勤王，筮占得大有☰☲之睽☲☱（大有九三爻辭：「公用享於天子。」）2、數爻變，以變卦占：　艮☶☶之隨☱☳（以隨卦占：「隨，元亨利貞無咎。」）3、六爻皆不變，以卦辭占：孔成子筮立元，遇屯，不變，（卦辭：「元亨。」）4、卦、爻辭在周易範圍以外者：秦伐晉其卦遇蠱，「千乘三去，三去之餘，獲其雄狐。」鄢陵之戰，晉得復卦，「南國蹙，射其元王，中其目。」

108

引自《易經注疏》（十三經注疏本），頁108~109。

筮占之法：

21	28		20	29
1			1	
20			19	
4	4		3	1
16	24		16	28
	40			44
21	19		20	24
1			1	
20			19	
4	3		3	4
16	16		16	20
	32			36
21	11		20	16
1			1	
20			19	
4	3		3	4
16	8		16	12
	24			28
21	28		22	27
1			1	
20			21	
4	4		1	3
16	24		20	24
	40			44
22	18		22	22
1			1	
21			21	
1	2		1	2
20	16		20	20
	36			40
22	14		22	18
1			1	
21			21	
1	2		1	2
20	12		20	16
	32			36

五 、詩經與楚辭

（一）、詩經六義

詩序稱風、雅、頌、賦、比、興為詩之六義。風、雅、頌為詩之體裁：風為各地民歌；雅是正樂；頌是歌而兼舞之詩歌。賦、比、興為詩之表現手法：賦為舖陳其事；比為比類見義，詠他事以明作者欲說明之主旨；興是「先言他物，以引起所詠之詞。」（朱子之說法）有音韻上之關係，而無事實思想關連。詩經所錄多為樂歌，顧頡剛云：「春秋時代的徒歌是不分章段的，詞句的複沓也是不整齊的；詩經不然，所以詩經多是樂歌。」

（二）、詩經作者

詩經有些作者可考，如《大雅‧嵩高》作 於吉甫：「吉甫作頌，其詩孔碩；其風肆好，以贈申伯。」宣王命仲山甫築城於齊，吉甫作〈烝民〉以送之；《尚書‧金縢》言及周公居東二年，作〈鴟鴞〉以誚王；秦康公為太子時送重耳返國，作〈渭陽〉。有些有其本事可考，如鄭人愛共叔段，作〈叔于田〉、〈太叔于田〉；衛人讚美莊姜，惜其美而無子，為之賦〈碩人〉；秦穆公以子車氏三子殉死，國人哀之，為之賦〈黃鳥〉。但無法考究作者、本事者實占大部份。李辰冬《詩經通釋》以為詩經全為尹吉甫一人所為，已成學界笑談。

（三）、「不學詩，無以言」釋義

春秋時代詩以言志。在交際場合，稱美對方、向對方有所要求、解釋、期許、應允、侮辱，往往賦詩明志，以斷章取義委婉表達自己的心意。如晉文公求秦穆公助其返國，公子賦河水 （「朝宗於海」有奉秦為上國之意）；鄭六卿餞韓宣子於郊。宣子曰：「二三君子請皆賦，起亦以知鄭志。」子義賦野有蔓草（「邂逅相遇，適我願兮。」）；宣子曰：「孺子善哉，吾有望矣。」子產賦羔裘（「彼其之子，邦之彥兮。」）；宣子

曰：「起不堪也。」子太叔賦褰裳（「子惠思我，褰裳涉溱；子不思我，豈無他人。」）；宣子曰：「起在此，敢勤子至於他人乎！」……申包胥至秦求救，秦哀公請申包胥至館舍休息，從長計議。申包胥立於庭牆而哭，日夜不絕聲，勺飲不入口，七日。秦哀公為之賦無衣（「豈曰無衣！與子同袍。王于興師，修我戈矛；與子同仇！」已有出兵之意。）九頓首而坐。秦師乃出。……晉人指責姜戎洩密，姜戎賦青蠅而退（「　，愷悌君子，無信讒言。」）叔孫與慶封食，不敬，為賦相鼠（「相鼠有皮，人而無儀！人而無儀，不死何為！」）。[1]

（四）、詩經所透露出之上古歷史

孟子云：「王者之迹息而詩亡，詩亡然後春秋作。」季札觀周樂，不但政風民情絲絲如扣，而且預測未來，若合符驗。張蔭麟引〈七月〉說明周代一般農家生活。李亞農以詩經之「十千維耦」說明西周大規模之奴隸制度。顧頡剛以「大邦有子，俔天之妹，文定其祥，親迎於渭，造舟為梁，丕顯其光。」說明周初帝乙歸妹之史實。〈出車〉〈六月〉敘及宣王北伐玁狁之戰爭。〈采芑〉敘及宣王南征荊楚。〈江漢〉〈常武〉詳述討伐淮夷、徐戎的戰事。〈十月〉〈瞻仰〉敘及褒姒、皇父亂政之許多具體罪狀。〈十月之交〉詳述西周地震之實況。《商頌·長發》敘及「相土烈烈，海外有截。」「武王靡不勝。」〈生民〉敘述后稷之功德。〈綿〉敘及太王、文王在岐下周原定居，平虞芮之訟。〈皇矣〉敘及周文王伐密伐崇之戰爭，文王不但德行深厚，武力亦大有可觀。〈文王有聲〉敘及周人「作邑於豐」。〈大明〉詳述牧野之戰之實況。〈東山〉〈破斧〉敘述周公東征之時，戰爭之劇烈已至破斧之地步。〈鴟鴞〉一片哀音，與周公之狼狼處境，頗有類似之處。〈大田〉敘及助法。〈伯兮〉說明天子出兵，諸侯助戰之情形。〈黃鳥〉敘及秦穆公以三良為其殉葬之殘酷史實。

---

[1]　其詳可參看顧頡剛，〈詩經在春秋戰國間的地位〉，《古史辨》第三冊，（台北，明倫出版社，民國 59 年 3 月影印），頁 309~366。

（五）、楚辭所透露出之史實

〈天問〉敘及鯀禹治水、啟益之爭。在〈天問〉〈離騷〉中啟為耽溺於聲色中之暴君。敘及少康中興之史實。「桀伐蒙山，何所得焉。」湯誅妹喜。簡狄鳥生神話。敘及王亥、王恆、上甲與有易之戰鬥，其中王恆不見其他史書，僅見於卜辭。傅說在板築中工作，受到武丁破格任用。敘及紂殺比干，雷開賜封，箕子佯狂，后辛菹醢。周人后稷之神話。武王父死不葬，直接伐滅商紂。姜子牙年輕時曾在肆中任屠夫。穆王周遊天下等。

（六）、詩經楚辭音韻悅耳之原因

詩經與後代歌謠最大不同之處在其句中有韻。錢大昕云：「詩三百篇，往往句中有韻，韻不必在句尾也。周南于嗟麟兮句似無韻，實與章首麟之趾相應，以兩麟字為韻也。召南于嗟乎騶虞，乎與虞韻。秦風嗟乎不承權輿，乎與輿韻。鄘風期我乎桑中，要我乎上宮，中與宮韻，桑與上亦韻也。邶風有瀰濟盈，有鷕雉鳴，盈與鳴韻，瀰與鷕亦韻也。唐風角枕粲兮，錦衾爛兮，粲與爛韻，枕亦與衾韻也。大雅文王曰：咨，咨汝殷商二句似無韻，而王與商，文與殷皆韻，咨咨亦韻，韻不必在韻尾也。……此韻不在句尾之証也。」楚辭之音樂性得力於其將抑揚輕重之字句做最有節奏之安排。沈約以為其所創之永明體，以四聲制韻揭破千古行文不傳之秘，自稱入神之作。沈約闡明其理，而屈原所為〈楚辭〉遠在七、八百年前已將其理論見之行事。

六、三禮

（一）、三禮來源

　　儀禮、禮記、周禮為三禮，其實尚須加上戴德所傳之《大戴禮記》，合而為四。禮，開始只有《禮古經》七十篇（劉敞以為當作十七篇。）。《史記・儒林傳》云：「至秦焚書，書散亡亦多，于今獨有士禮，高堂生能言之。」高堂生之弟子有戴德、戴聖、慶普。《隋書・經籍志》云：「漢初，河間獻王得仲尼弟子及後學者所記一百三十一篇獻之。劉向校書，……合二百一十四篇。戴德刪其繁重，合而記之，為八十五篇，謂之《大戴記》。而戴聖又刪大戴之書為四十六篇，謂之小戴記。馬融傳小戴之學，又足月令一篇、明堂一篇、樂記一篇，合四十九篇。」所謂記，呂思勉以為「蓋禮家裒集經傳以外之書之稱，其後凡諸經之傳，及儒家諸子，為禮家所采者，亦遂概以附之，而蒙禮記之名。」是《禮記》為禮經之解釋與補充，亦有在禮經範疇之外之材料，如小戴記之〈中庸〉、〈坊記〉、〈表記〉、〈緇衣〉等。《周禮》來源眾說紛紜，馬融〈周官傳序〉云：「至孝成皇帝，達材通人劉向子歆校書，始得序列，著于錄略，然亡其〈冬官〉，以〈考工記〉足之。」

（二）、禮之作用

　　賈誼以為「禮禁未然之前，法禁已然之後。」禮儀規定過細，自古即是「累世不能通其學，當年不能究其禮。」然其所具作用使其有不可廢之勢。〈禮運〉云：「禮達于喪、祭、射、御、冠、昏、朝聘。」士人自出生命名、行冠禮、娶妻、出仕、死亡，生活無一不受禮儀規範，使其一切舉止發而中節，無過與不及之遺憾。張舜徽云：「暇思不學禮，無以立。立之含義有三：立身，一也；立事，二也；立國，三也。蓋修之於身，則為威儀；施之於眾，則為綱紀；行之於國，則為法度；古人皆以禮統之。今就遺篇之傳於今者，略為分析，則士禮十七篇，所以立身者也；兩戴所傳之記數十篇，所以立事者也；《周官》六篇，所以

立國者也。然《士禮》、《周官》專明姬周禮俗及設官分職之事。《戴記》則兼詳體履，發明大義。故焦循《禮記補疏敘》曰：『《周禮》、《儀禮》，一代之書也；《禮記》，萬世之書也。必先明乎《禮記》，而後可以學《周官》、《儀禮》。』此誠達本之論已。」

（三）、禮儀之中自有勝境

魏晉名士樂廣曾云：「名教中自有樂地，何必乃爾。」《禮記》敘述禮儀娓娓動聽，呂思勉以為《左傳》、《禮記》同敘一事，《禮記》敘事之佳實在行文千古卓絕之《左傳》之上。如〈晉獻公殺世子申生〉、〈杜蕢舉觶飲晉平公〉等。小戴《禮記》之〈黔敖食飢者〉、〈魯人不以殤禮埋葬汪踦〉、〈曾子易簀〉、〈懸賁父喪禮有誅〉、〈仲尼覆醢於子路〉、〈孔子死前之哀歌〉、〈司城子罕之哭陽門之介夫〉、〈禮運〉、〈中庸〉、〈大學〉、〈學記〉；大戴《禮記》之〈夏小正〉等實為中國文學、思想中最出類拔萃之篇章。

（四）、周禮真偽之辨

認為此書為周公致太平之書者有王莽、劉歆、馬融、鄭玄、賈公彥、王安石、孫詒讓等人。熊十力則以為此書為孔子手定，「決是孔子思想。」但西漢未見著錄此書，來源難明，不少學者疑此書為偽，甚至以為偽造者為劉歆。毛奇齡、錢穆以為此書出自周秦之間，為六國陰謀之書。司馬光、洪邁、葉適、朱熹、康有為以為偽造者為劉歆。李滋然統計周禮職官多至三十三萬人，以為秦漢統一王朝設宮尚不至如此浮濫，故以為「周公致太平之述，恐不如是。」近百年來地下材料大量出土顯示《周禮》決非戰國、兩漢人所能偽為，如《周禮》所用古文多有在《說文》之外者，而見之於卜辭之中；《周禮》所用語詞不見文獻，卻頻頻出現於卜辭，如「登人若干」；傳統文獻未見之職官，《周禮》與金文可以互相印證，如「司裘」。設官之多，若依張舜徽對《周官》之解釋，亦可迎刃而解。張舜徽以為周之定義是周備、周全，周官本意是各國官制之彙編。《周禮》言及安邦定國、整軍經武，精悍絕倫，不論真偽，絕無可廢之理。因其軍事、政治設計多良法美意，對以後中國各個王朝有絕大之影響。

七、左氏辭章

（一）概說

君子曰：

> 春秋之稱，微而顯，志而晦，盡而不汙，婉而成章，懲惡而勸善。非
> 聖人孰能修之。（〈成公〉十四年）

此言明稱春秋筆法之精妙，但此等筆法不得左傳解說，後人終莫得
明。故此五大特色、優點，亦是《左傳》作者所擅長。《左傳》非止闡
述春秋義理，其對論語實有最大發明之功。孔子言：「我欲載之空言不
如見之行事之深切著明。」孔子義理在春秋，而春秋義理必得《左傳》
解說其義始顯，故聖人義理多在 《左傳》之中。《左傳》與《論語》或
孔門之道互相發明之處極多。孔子綱紀天人，推明大道之具體事實，多
在 《左傳》。劉知幾論左氏敘事扼要中肯：

> 左氏之敘事也：述行師則簿領盈視，叱咄沸騰；論備火則區分在目，
> 修飾峻整；言勝捷則收獲都盡；記奔敗則披靡橫前；申盟誓則慷慨有
> 餘；稱譎詐則欺誣可見；談恩惠則照如春日；記嚴切則凜若秋霜；敘
> 興邦則滋味無窮；陳亡國則悽涼可憫；或諛辭潤簡牘，或美句入歌詠，
> 跌宕而不群，縱橫而自得。若斯才者，殆將師侔造化，思涉鬼神，著
> 述罕聞，古今卓絕。[1]

呂思勉亦言及《左傳》文字之多彩多姿：

> 左傳文字實有多種，普通取以代表《左傳》作風者，亦有簡勁凝重與
> 勁蕩搖曳之分。前者如〈臧僖伯諫觀魚〉、〈子魚論戰〉等是。後者如
> 〈鄭莊公戒飾守臣〉、〈子革對靈王〉等是。[2]

歸納而言《左傳》文辭特色是：能悲、能喜、敘戰事則巨細無遺有

---

[1]　劉知幾，《史通》，（浦起龍通釋本），（台北，里仁書局，民國85年6月），卷16
　　〈外篇・雜說上〉，頁451。

[2]　黃永年，〈記呂誠之師講授的國文課〉，《蒿廬問學記》，（北京，三聯書店，1996
　　年1版），頁258。

聲有色、敘辭令則儀態萬方、善褒貶確具「一字之褒榮於華袞一字之貶嚴於斧鉞」之力道、敘事歷歷如繪、以怪力亂神倍添精神、以強烈對比彰顯主題、夾敘夾評讀之使人悠然神往、引古証今藉以知古、以預言擬測未來、傳神顯現春秋之政風民俗。《左傳》文辭出神入化至字字珠璣、句句精練、篇篇傳神。古人嘗言好文章須有警句。《左傳》非只有警句、全書實由警言、警句、警篇組合而成。

（二）能悲

梁啟超稱自己文章「筆鋒常帶情感，對于讀者，別有一種魔力焉。」[3]此非梁氏自吹自擂，這確是梁氏所長，為當代所有文人所不及。如其《論李鴻章》之結尾，感人至深。胡適以為中國古文不擅長表達情感。林紓所譯《茶花女遺事》淒楚動人，當時人咤為從古未有，其書因之一紙風行。[4]

但類似筆法在《左傳》中卻層出不窮，中國古文不擅長表達感情之說因之有待商榷。如：

> 秦晉殽之戰蹇叔哭師：「孟子，吾見師之出，而不見其入也。」（〈僖公〉三十二年）
>
> 華氏政爭失敗，華亥搏膺而出，見華貙曰：「吾為戮矣！」（〈昭公〉二十一年）
>
> 令尹子文死前遺言：「椒也知政，乃速行矣，無及於難。」且泣曰：「鬼猶求食，若敖氏之鬼不其餒爾。」（〈宣公〉四年）
>
> 楚靈王乾谿之難：楚靈王聞群公子盡死，自投於車下，曰：「人之愛其子也，亦如余乎？」侍者曰：「甚焉，小人老而無子，知擠于溝壑矣。」（〈昭公〉十三年）

3　梁啟超，《清代學術概論》，（上海，上海古籍出版社，1998年1月1版），二十五〈梁啟超的今文學宣傳運動〉，頁86。

4　其詳可參看蕭一山，《清代通史》第四冊，（台北，台灣商務印書館，民國74年4月修訂台6版），第五篇〈今文學運動與東西文化之輸入·一百四十六林紓之繙譯事業〉，頁2033。

（三）能喜

《史記》雖有〈滑稽列傳〉，但全文幾乎與喜氣絕緣，班固之〈東方朔傳〉同樣失敗。但《左傳》就能從字裏行間透出最濃郁幽默氣息。如：

> 冬十月，邾人、莒人伐鄫，臧紇救鄫，侵邾，敗於狐駘。魯於是乎始鬊。國人誦之曰：「臧之狐裘，敗我於狐駘。我君小子，朱儒是使。朱儒、朱儒，使我敗於邾。」（〈襄公〉四年）

> 楚人嗆對齊桓公之「君處北海，寡人處南海，是風馬牛不相及也。」（〈僖公〉四年）

> 子玉向晉文公挑戰「與君之士戲，君憑軾而觀之。」（〈僖公〉二十八年）

> 慶封平崔杼家難：將崔杼滿門老小幾乎殺盡，最後尚作好人親自駕車送崔杼返家，崔杼「至則無歸矣。」

> 秦晉殽之戰後，陽處父追秦囚，至則在河中，解左驂以公命贈孟明。孟明曰：「三年將拜君之賜。」果然，三年後秦人攻晉，晉人稱之為「拜賜之師」。

> 晉獻公卜立驪姬為夫人，卜之不吉，筮之吉。公曰：「從筮。」（〈僖公〉四年）

> 齊桓公下拜受胙，給足周天子面子，表面上賓主盡歡。宰孔先歸遇晉侯，曰：「可無會也，齊侯不務德而勤遠略，故北伐山戎，南伐楚，西為此會也。東略之不知，西則否矣。其在亂乎！君務靖亂，無勤於行。」晉侯乃還。（〈僖公〉九年）

> 士會歸晉，繞朝歌贈之以策。（〈文公〉十三年）

> 楚人教晉人拔斾投衡，顧曰：「吾不及大國之數奔。」（〈宣公〉十二年）

（四）左氏之敘戰事巨細靡遺、有聲有色

1、概說

春秋時代，「國之大事，在祀與戎。」春秋二百四十二年，左傳記載者即有四百九十二起，當時戰爭之頻繁、劇烈由此可知。戰爭關係到國之存亡，刺激到當時人對戰略、戰術之講求。而《左傳》具體反映春秋時代之戰爭。《左傳》對戰爭描寫全面細緻，為以後所有史書所不及，其後描述戰爭較佳者如《史記》《通鑑》其筆法仿自《左傳》之痕跡處處可見。與春秋經相比，兩者之詳略有天壤之別。春秋經敘晉楚邲之戰僅「夏六月乙卯，晉荀林父帥師及楚子戰于邲，晉師敗績。」戰事僅用一語道盡，完全無法明瞭戰爭的起因、過程和教訓。因此，《左傳》不但是史書，亦為中國第一部最詳實之戰爭史。敘述戰略、戰術，真實切理，亦為最佳兵書，最佳教戰教材。

2、左傳為最佳兵書

格里芬稱荷馬為最偉大的想思家，荷馬能將最高深哲理在日常生活中表現出來。[5]古希臘時代之兵學亦在其中。《左傳》同樣將其精悍絕倫之兵學理論在敘述戰事中自然顯現。《伊利亞德》一般人視為神話故事，但亞歷山大視之為作戰指南，其所作所為仿自阿奇利斯，凱撒所作所為仿自亞歷山大，拿破崙所作所為仿自凱撒，縱貫整個歐洲精神者，居然是《伊利亞德》。軍人為其所迷，留連其中，無法自拔，二次大戰名將巴頓能背誦整本《伊利亞德》。《左傳》教化了中國幾乎大部份之將領，關壯繆、岳飛（均為中國武聖）獨好《左傳》。歷朝歷代將領從中可得無窮教益。《左傳》與《伊利亞德》一樣，能將戰爭魅力描摩至引人入勝地步。文學主要主題是暴力、色情，但要將暴力、色情寫得優美，比登天還難。因為《左傳》戰爭寫得有聲有色，非精通兵學者不能，故有人以為《左傳》作者為吳起，吳起為魏左氏中人，《左傳》以地得名。吳起與孫武齊名，在魏為西河守其後奔楚為令尹，故深通晉楚史事，《左傳》敘事獨詳晉、楚，原因亦由於此。而吳起居魏甚久，故六家之中，

5　格里芬著，黃秀慧譯，《荷馬》，（台北，聯經出版社，民國72年5月初版），頁1。

吳起盛讚魏氏，「以德輔此，則明主也。」「畢萬之後必大。」[6]

3、左傳之兵學理論略說

在兵學上，孫子講述理論，《左傳》羅列具體事實，而兵法俱在其中。左氏戰爭理論出自當時名將之口，因之更具說服力。如在論及兵形勢，里克云：「師在制命而已。」鄭莊公之「魚麗之陣」（〈桓公〉五年）等。論及兵技巧，吳子伐徐「防山以水之」秦楚之師伐吳，「吳師居麇，楚師焚之。」

在兵陰陽上，先軫云：「奉不可失，敵不可縱。縱敵患生，違天不祥。……一日縱敵，數世之患也。」（〈僖公〉三十三年）在先計後戰上，如子魚云：「勍敵之人，隘而不列，天贊我也，阻而鼓之，不亦可乎？」等，其兵學思想具體鮮明。因之《左傳》不但可與《論語》互相發明，亦可與春秋戰國之兵書《孫子》、《尉繚子》互相發明，我即由《左傳》晉國尉之職掌，瞭解尉繚子與晉、魏之深厚關係。《左傳》敘及軍事理論之處極多，或引《軍志》，或引仲虺之誥，或出諸當時人之口。顧棟高以左氏「足以勘亂」，作〈左氏兵謀表〉，列出左氏兵謀十二項：息民訓卒、知彼知己、設守要害、亟肆疲敵、持重不戰、毀車設伏、先聲奪人、先入致死、攻瑕必克、亂敵耳目、乘其不備、要其歸路。

4、左傳敘述戰爭多彩多姿

《左傳》敘述每一場戰爭均各有特色。如：

（1）秦晉殽之戰

秦晉殽之戰，以哭始，以哭終，全篇籠罩一片哀戚。其始是「蹇叔哭師」：「孟子，吾見師之出，而不見其入也。」蹇叔之子與師，哭而送之曰：「殽有二陵，其南陵，文王所避風雨者，其北陵，夏后皋之墓，必死是間，余收爾骨焉。」秦師在殽片馬隻輪無返，三帥逃回之際，秦伯素服郊次，鄉師而哭，曰：「孤違蹇叔，以辱二三子。」秦人三次拼死東出，只為封殽屍，說明秦之不可輕侮。《左傳》描寫戰爭之有聲有色，於此可見。丟不丟屍體，能否使死者瞑目，為衡量一國一軍戰力之

6　　《左傳》閔公元年。

重要標準之一。《伊利亞德》敘述奪屍之戰慘烈萬分，觸目驚心。匈奴扶輿者得死者家財，亦有同樣功效。

（2）晉楚邲之戰

晉、楚邲之戰，敘晉人之敗在師出無律，整個過程晉將各行其是，無統一指揮，無齊一步驟，晉人在此戰之表現，以亂始，以亂終。起始即有主戰、主和之分，嬖子不服調度，獨行其意；楚樂伯致師挫晉鋒芒。晉魏錡、趙旃挑戰則狼狽萬狀，晉和戰不定，楚全軍而出，晉軍大敗，面對亂象，桓子不知所為，鼓於中軍，曰：「先濟者有賞。」「中軍、下軍之士爭舟，舟中之指可掬。及昏，楚師軍於邲，晉之餘師不能軍，宵濟，亦終夜有聲。」結尾楚莊王「祀於河，作先君宮，告成事而還。」（〈宣公〉十二年）段落分明。

（3）齊晉鞌之戰

齊、晉鞌之戰，描述齊、晉戰力相當，戰爭之初，齊軍還略占上風，齊將高固入晉師，桀石投人，禽之，繫桑於車後，以巡於眾，曰：「欲勇者，賈余餘勇。」雙方正式交鋒，晉軍遭到嚴重打擊，主帥郤克傷於矢，流血及履，未絕鼓音，曰：「余病矣。」張侯曰：「自始合，而矢貫余手及肘，余折以御，左輪朱殷，豈敢言病，吾子忍之！」……張侯曰：「師之耳目，在吾旗鼓，進退從之。此車一人殿之，可以集事，若之何以病敗君之大事也？擐甲執兵，固即死也，病未及死，吾子勉之！」左并轡，右援枹而鼓，馳不能止，師從之，齊師敗績。逐之，三周華不注。（其詳可見〈成公〉二年）完全仰仗張侯忍死以濟大事。三周華不注，敘晉師追齊師歷歷如繪。

（4）齊晉平陰之役

整篇敘述戰爭之軍事判斷。晉齊對陣，齊侯登巫山以望晉師。晉人使司馬依山澤之險，雖所不至，必斾而疏陣之。使乘車者左實右偽，以斾先，輿曳柴而從之。齊侯畏其眾也，乃脫歸。丙晦朔，齊師夜遁。狀況判斷錯誤，齊師未戰先敗。而晉軍能以種種跡象判斷齊師之遁逃：師曠告晉侯曰：「鳥烏之聲樂，齊師其遁。」邢伯告中行伯曰：「有班馬之聲，齊師其遁。」叔向告晉侯曰：「城上有烏，齊師其遁。」（其詳可見

〈襄公〉十八年）

（5）晉楚鄢陵之役

晉楚鄢陵之戰為為《左傳》描寫戰爭最長的一篇，晉、楚傾其全力，交戰由旦至暮，見星未已。《左傳》敘述戰爭此戰最多彩多姿，緊張生動，將雙方國君、謀士、卜官、將領、士兵之表現，一一筆之於書，敘事緊湊，緊扣讀者心弦，楚子登巢車以望晉軍之每一舉措，苗賁皇亦將楚君狀況告知晉君，且提出致勝方案。戰前一日，楚之射手養由基因比箭向楚共王誇耀，受到呵斥，且制止其射箭，晉之射手呂錡夢射中月，退入泥淖。及戰，射共王中目。王召養由基，與之二矢，使射呂錡，中項伏弢，以一矢復命。在戰爭如火如荼之際，郤至三遇楚子必下，免冑而趨風，楚共王使弓尹襄問之以弓。韓厥、郤至均不願俘鄭君。楚師迫於險，全仗養由基、叔山冉之過人表現，避過毀滅。欒鍼使行人獻飲，以向楚人表示晉人之勇之表現：「好以眾整」、「好以暇」。雙方旦而戰，見星未已。晉、楚在夜間整軍，準備明日再戰。苗賁皇提出反制之道，楚共王召子反，子反醉，楚共王宵遁，晉因此而取得勝利。（其詳可參看〈成公〉十六年之紀事。）

（6）蹶由犒師

吳子使蹶由犒師，類似挑戰，以泯不畏死的精神，挫折楚軍士氣。

（7）伍子胥之多方誤楚

吳子胥謀楚之道在以游擊戰術迫使楚軍疲於奔命。伍子胥云：

> 若為三師以疑焉，一師至，彼必皆出，彼出則歸，彼歸則出，楚必道敝。亟肄以疲之，多方以誤之，既罷而後以三軍繼之，必大克之。（〈昭公〉三十年）

毛之戰法二千五百年前實已出現。毛之十六字真言：「敵退我進，敵進我退，敵住我擾，敵疲我打。」

（8）張骼輔躒致師

張骼、輔躒致師，以戰爭為戲，描寫血腥戰鬥，充滿愉快氣氛：

> 晉侯使張骼、輔躒致師，求御於鄭。鄭人卜宛射犬吉。子太叔戒之曰：「大國之人，不可與也。」對曰：「無有眾寡，其上一也。」子大叔

曰：「不然，部婁無松柏。」二子在幄，坐射犬於外。既食而後食之。
使御廣車而行，己皆乘乘車。將及楚師，而後從之乘，皆踞轉而鼓琴。
近，不告而馳之。皆取冑於橐而冑，收禽挾囚，弗待而出，皆超乘，
抽弓而射。既免，復踞轉而鼓琴，曰：「公孫，同乘兄弟也，胡再不
謀？」對曰：「曩者志入而已，今則怯也。」皆笑曰：「公孫之亟也。」
（〈襄公〉二十四年）

（9）齊師陷紀障

齊師陷紀障最富傳奇色彩：

> 初莒有婦人，莒子殺其夫，己為嫠婦。及老，託於紀障。紡焉以度而
> 去之。及師至則投諸外。或獻諸子占，子占使師夜縋而登，登者六十
> 人，縋絕。師鼓譟，城上之人亦譟。莒共公懼，啟西門而出。七月丙
> 子，齊師入紀。（〈昭公〉十九年）

（五）左氏之敘辭令儀態萬方

左傳敘述戰爭固是歷歷在目，而其敘述辭令之優美傳神，更是令人
擊節歎賞。你來我往之唇槍舌劍，其扣人心弦之處，有時反在戰爭之上。
左舜生言及清末有兩大演說家，一為陰柔派之馬相伯，善長以理服人，
所言娓娓動聽。一為陽剛派之汪精衛。左傳之敘辭令，非止陰柔陽剛兩
種類型而已，其多彩多姿，繽紛滿目，不但令人大開眼界，而且歎為觀
止。左傳之敘辭令儀態萬方：時而優雅絕倫；時而淒苦萬狀；時而氣如
河海銳不可當；時而一抑一揚，搖曳生姿；時而言辭尖刻令人毛骨悚然；
時而舉重若輕予人刻骨銘心之震憾；時而場面失控，令人發噱；時而強
辭奪理說明人之厚顏無恥可至何等地步；時而聒譟刺耳將懦夫勒逼成勇
士；戰國時代之料事揣情在左傳中已露端倪；擇能而使之外交，左傳有
生動敘述。

1、優雅絕倫

春秋時代與其他時代最大不同之處，在於士大夫階層有最高之人文
素養，遇到棘手萬分之外交問題，往往賦詩一首，問題即迎刃而解。其

手段之優雅，只有歐洲梅特涅之圓舞曲外交差堪比擬。梅氏在香檳美酒、雍容華貴之美女、史特勞斯之圓舞曲聲中，輕易解決拿破崙所留下最難清理之爛攤子，締造歐洲四十年之和平。春秋時代賦詩明志須有相當人文素養及隨機應變之長才，始能應對得體，賓主盡歡，鋒芒畢露之外交活動在管弦鐘鼓聲中進行，極盡優雅之能事。如秦穆公享重耳；

> 子犯曰：「吾不如衰之文也，請使衰從。」公子賦河水，公賦六月（「王于出征，以佐天子。」）趙衰曰：「重耳拜賜。」公子降拜稽首，公降一級而辭焉。衰曰：「君稱所以佐天子者命重耳，重耳敢不拜。」（〈僖公〉二十三年）

鄭六卿之餞韓宣子於郊；

> 宣子曰：「二三子請皆賦，起亦以知鄭志。」子齹（嬰齊）賦野有蔓草，宣子曰：「孺子善哉！吾有望矣。」子產賦羔裘，宣子曰：「起不堪也。」子太叔賦褰裳，宣子曰：「起在此，敢勤子至於他人乎？」子大叔拜。……（宣子）賦我將，子產拜，使五卿皆拜，曰：「吾子靖亂，敢不拜德。」（〈昭公〉十六年）

申包胥至秦求救，其辭之哀，令人不忍卒聽，使秦哀公深受感動，由猶豫出兵轉而堅定出兵，整篇文字比之精心結撰之戲劇還要感人；

> 申包胥如秦乞師，曰：「吳為封豕長蛇，以薦食上國，始患於楚。寡君失守社稷，越在草莽，使下臣告急曰『夷德無厭，若鄰於君，疆場之患也。逮吳未定，君其取分焉。若楚之遂亡，君之土也。若以君靈撫之，世以事君。』」秦伯使辭焉，曰：「寡人聞命矣。子姑就館，將圖而告。」對曰：「寡君越在草莽，未獲所伏，下臣何敢即安？」立，依於庭牆而哭，日夜不絕聲，勺飲不入口，七日。秦哀公為之賦無衣。九頓首而坐，秦師乃出。（〈定公〉四年）

2、淒苦萬狀

如楚莊王攻克鄭都，鄭伯肉袒牽羊，以淒苦言辭，希望達到忍恥求和避免亡國之命運：

> 進復圍之，三月克之。入自皇門，至於逵路。鄭伯肉袒，牽羊以迎，

曰：「孤不天，使君懷怒以及敝邑，孤之罪也，敢不唯命是聽？其俘諸江南，以實海濱，亦唯命；其翦以賜諸侯，使臣妾之。亦唯命。若惠顧前好，徼福於厲、宣、桓、武，不泯其社稷，使改事君，夷於九縣，君之惠也，孤之願也，非所敢望也。敢布腹心，君實圖之。」左右曰：「不可許也，得國無赦。」王曰：「其君能下人，必能信用其民矣，庸可幾乎？」退三十里而許之平。（〈宣公〉十二年）

3、氣如河海，銳不可當

左傳敘事排比事實，層見疊出，迭起高潮，一浪超過一浪，最後畫龍點睛，產生排山倒海之震撼突兀效果。如太子商臣之弒君，潘崇問：能事之乎？能行乎？能行大事乎？如晉惠公韓之戰戰敗被俘，眾人問呂甥該當如何？呂甥曰：「征繕以輔孺子。喪君有君，群臣輯睦，甲兵益多，好我者勸，惡我者懼，庶有益乎！」講得慷慨激昂。呂相絕秦，一派強辭奪理，氣壯辭烈。申公巫臣至吳，教之乘車、教之戰陣、教之叛楚。歐亨利小說精彩處、耐人尋味處即在出人意表之結局。

季札觀周樂，洋洋乎盈耳，一詠三歎。吳楚材評之曰：「如此奇文，非左氏，其孰能傳之？」左傳此等鋪陳式敘述，四、六句組之句式，氣足神旺，讀之使人感動奮發，產生進行曲式的節奏感，對後代文學產生極為深遠之影響。漢賦、魏晉四六駢文根本是模仿左傳而來，但失之用典（不像左傳純用口語）、矯柔造作、繁采寡情，不及左傳之自然天成，感情真摯。

4、一抑一揚，搖曳生姿

如子革對靈王，讓楚靈王猝不及防：

王曰：「……今吾使人於周，求鼎，王其與我乎？」對曰：「與君王哉！…今周與四國服事君王，將唯命是從，豈其愛鼎？」王曰：「昔我皇祖伯父昆吾，舊許是宅，今鄭人貪賴其田，而不我與。我若求之，其與我乎？」對曰：「與君王哉！周不愛鼎，鄭敢愛田？」王曰：「昔諸侯遠我而畏晉，今我大城陳、蔡、不羹，賦皆千乘，子與有勞焉，諸侯其畏我乎？」對曰：「畏君王哉！是四國者，專足畏也。又加之以楚，

敢不畏君王哉！」……王入視之。析父謂子革曰：「吾子，楚國之望也，今與王言如響，國其若之何？」子革曰：「磨厲以須，王出，吾刃將斬矣。」王出，復語。左史倚相趨，王曰：「是良史也，子善視之！是能讀三墳、五典、八索、九丘。」對曰：「臣嘗問焉，昔穆王欲肆其心，周行天下，將必有車轍馬跡焉。祭公謀父作祈招之詩以止王心，王是以獲沒祇宮。臣問其詩而不能知也，若問遠焉，其焉能知之？」王曰：「子能乎？」對曰：「能。其詩曰：祈招之愔愔，式昭德音，思我王度，式如玉，式如金，形民之力，而無醉飽之心。」王揖而入，饋不食，寢不寐，數日，不能自克，以及於難。仲尼曰：「古也有志，『克己復禮，仁也。』信善哉！楚靈王若能如是，豈其辱於乾谿？」（〈昭公〉十二年）

屈完對齊桓公，吳楚材評之為「寫楚處，忽而巽順，忽而詼諧，忽而嚴厲，節節生峰，真辭令妙品。」搖曳生姿，變幻莫測。齊人講理（包茅不入）則避重（南征不復）就輕（包茅），齊人恃強，則針鋒相對，不讓齊有機可乘，而不失楚尊嚴。，《左傳》原文：

楚子使與師言曰：「君處北海，寡人處南海，是風馬牛不相及也。不虞君之涉吾地也，何故？」管仲對曰：「昔召康公命我太公曰：五侯九伯，汝實征之，以夾輔周室。賜我先君履，東至於海，西至於河，南至於穆陵，北至於無棣。爾貢包茅不入，王祭不恭，無以縮酒，寡人是徵。昭王南征而不復，寡人是問。」對曰：「貢之不入，寡君之罪也，敢不共給。昭王之不復，君其問諸水濱。」師進，次于陘，夏，楚子使屈完如師，師退，次于召陵。齊侯曰：「豈不穀是為，先君之好是繼，與不穀同好，何如？」對曰：「君之惠徼福於敝邑之社稷，辱收寡君，寡君之願也。」齊侯曰：「以此眾戰，誰能禦之。以此攻城，何城不克。」對曰：「君若以德綏諸侯，誰敢不服。君若以力，楚國方城以為城，漢水以為池，雖眾，無所用之。」屈完及諸侯盟。（〈僖公〉四年）

國佐不辱命之應對亦是有剛有柔，柔中帶剛。對晉之過份無理之要求如「盡東其畝」「必以蕭同叔子為質」則嚴詞峻拒。並委曲婉轉表達

「請收合餘燼，背城借一，敝邑之幸，亦云從也。況其不幸，敢不唯命是聽。」（〈成公〉二年）陰飴甥對秦伯（〈僖公〉十五年），吳楚材評之曰：「反正開合，又復變幻無端，尤妙在借君子小人之言，說我之意，到底自己不曾下一語，奇絕。」展喜犒師亦是用同樣筆法，使齊國軍鋒做一百八十度之轉變。

　　王孫滿對楚子，堪稱辭令之典範。楚子問鼎之大小輕重，在最無禮、最難措辭情況之下，王孫滿以「鼎之輕重在德不在鼎」輕輕帶過鼎之輕重最難堪問題，再以一句「周德雖衰，天命未改，鼎之輕重，未可問也。」責楚子失問，令楚莊王廢然而退。

5、言辭尖刻　，令人毛骨悚然

　　燭之武說秦君，言及晉人背盟之速「許君焦、瑕，朝濟而夕設版焉，君之所知也。夫晉何厭之有？」令人毛骨悚然。

6、舉重若輕　，給人深一層之感受

　　驚天動地的大事，《左傳》寫來稀鬆平常的像請客吃飯，予人最深刻之感受。如敘及晉惠公逼里克自殺：「微子，則寡人不及於此。雖然，子殺二君與一大夫，為子君者，不亦難乎？」敘齊太史兄弟之死義；石乞之趣湯如歸；熊宜僚之承之以劍不動等。

7、場面失控　，令人發噱

　　《左傳》敘及慶封之戮，場面失控之狀況，不但有聲有色，而且極具訓誨功用：

> 將戮慶封。椒舉曰：「臣聞無瑕者可以戮人。慶封唯逆命，是以在此。其肯從於戮乎？播於諸侯，焉用之？」王弗聽。召之斧鉞，以徇於諸侯，使言曰：「無或如慶封弑其君，弱其孤，以盟其大夫！」慶封曰：「無或如楚共王之庶子圍殺其君——兄之子麇——而代之，以盟諸侯。」王使速殺之。（〈昭公〉四年）

　　同樣故事二千五百年後重演，而且更見精彩。逃至重慶之國民政府，假國際戰爭之勝利，還都南京，志得意滿之餘，上演審判漢奸大戲。傳說審判汪精衛之小舅子陳公博：「判你漢奸，你可認罪？」陳公博大

喊大叫：「我夠什麼資格做漢奸，毛做俄國人之漢奸，蔣作美國人之漢奸，汪精衛做日本人之漢奸，我夠什麼資格做漢奸？」一語驚醒夢中人，原來漢奸也不是阿狗阿貓之小輩所可承擔。真是王八別笑鱉，兩個都是水裏歇，國民政府形象掃地以盡。其後牽涉重大案件，以秘密審判方式處理——如李師科案。美麗島軍法大審，在美國壓力下才半公開。

8、強辭奪理，說明人之厚顏無恥可至何等地步

呂相絕秦別具一格，昧著良心，將一切罪過盡歸諸秦，用辭尖刻，將秦描繪成背信棄義、惟利是圖至令人不堪忍受之國家，開檄文先聲，詛楚文即仿此而作。近世白皮書為此類題材，但文辭遠為不及。《左傳》原文是：

> 秦穆公即楚謀我，天誘其衷，成王殞命，穆公是以不克逞志於我。……白狄及君同州，君之仇讎，而我之昏姻也。君來賜命曰：「吾與汝伐狄。」寡君不敢顧婚姻，而受命于吏。君有二心於狄，曰：「晉將伐汝。」狄應且憎，是用告我。楚人惡君之二三其德也，亦來告我曰：「秦背令狐之盟，而來求盟于我：『昭告秦三公、楚三王曰：余雖與晉出入，余唯利是視。』不穀惡其無成德，是用宣之，以懲不壹。」諸侯備聞此言，斯是用痛心疾首，暱就寡人。……（〈成公〉十三年）

而晉人於己方之失德輕描淡寫至委曲萬狀而不得已：「我襄公未忘君之舊勳，而懼社稷之隕。是以有殽之師。猶願赦罪於穆公。穆公弗聽，即楚謀我。……」（〈成公〉十三年）

9、聒躁刺耳之言辭能將懦夫勒逼成勇士

《左傳》敘及厲戰之言辭，同樣大有可觀。如張侯言及：「擐甲執兵，固即死也。病未及死，吾子勉之。」（〈成公〉二年）結果郤克撐至戰爭勝利。又如鐵之戰：

> 衛太子望見鄭師眾，懼，自投于車下。子良授太子綏而乘之，曰：「婦人也。」簡子巡列，曰：「畢萬，匹夫也，七戰皆獲，死于牖下。群子勉之，死不在寇。」（〈哀公〉二年）

10、料事揣情

由言辭舉動瞭解對方心意，在春秋時代為一門專門學問。《左傳》所述極為傳神。如太子商臣測知其父欲廢長立幼。臾駢由「秦使者目動而言肆」知「懼我也，秦將遁矣。」

11、擇能而使之外交實況

子產外交擇能而使，發揮團隊精神，有謀者有斷者，有表演者。以致鮮有敗事。現在司法訴訟亦靠團隊合作始能獲勝，有幕後研究、策劃律師，有出庭律師。子產處理外交事務之縝密、先進（走在時代前端）比之現代外交亦毫不見遜色。《左傳》敘事之具有前瞻性有如此者。《左傳》原文：

> 子產之從政也，擇能而使之。馮簡子能斷大事，子大叔秀美而文，公孫揮能知四國之為，而辨於其大夫之族性、班位、貴賤、能否而又善為辭令。裨諶能謀，謀於野則獲，謀於邑則否。鄭國將有諸侯之事，子產乃問四國之為於子羽，且使多為辭令；與裨諶乘以適野，使謀可否；而告馮簡子使斷之。事成，乃授子大叔使行之，以應對賓客，是以鮮有敗事。（〈襄公〉三十一年）

展喜犒師（〈僖公〉二十六年）亦敘及有善為辭令者、有行之者之事實。

（六）善褒貶

有人批評春秋：「一字之褒，榮於華袞；一字之貶，嚴於斧鉞。」此言用之形容《左傳》更見貼切。如敘及子產不毀鄉校，仲尼聞是語也（「其所善者，吾則行之；其所惡者，吾則改之，是吾師也。若之何毀之？……」）曰：「以是觀之，人謂子產不仁，吾不信也。」（〈襄公〉三十一年）；子產死，仲尼出涕曰：「古之遺愛也。」；狄虒彌建大車之輪，而蒙之以甲以為櫓，左執之，右拔戟，以成一隊。孟獻子曰：「詩所謂『有力如虎』者也。」；張骼、輔躒、苗賁皇……皆諸侯之選；叔向處事正直，仲尼曰：「叔向，古之遺直。」；晉靈公被殺，董狐記下：「趙

盾弒其君。」以示於朝。宣子曰:「非我也。」董狐曰:「子為正卿,亡不越境,返不討賊,非子而誰?」宣子曰:「嗚呼,我之懷矣,自貽其慼。」仲尼聞之曰:「董狐,古之良史,書法不隱。宣子,古之良大夫,為法受惡。惜也,越境乃免。」

(七)敘事歷歷在目

1、情景再現

《左傳》文辭生動,使二千年後讀者能「如見其人,如聞其聲。」如:

> 衛莊公娶于東宮得臣之妹,美而無子,衛人所為賦「碩人」也。(〈隱公〉三年)

> 鄭伯使祭仲婿雍糾殺祭仲。將享諸郊。雍姬知之,謂其母曰:「父與夫孰親?」其母曰:「人盡夫也,父一而已,胡可比也?」遂告祭仲曰:「雍氏舍其室而將享子於郊,吾惑之,以告。」祭仲殺雍糾,尸諸周室之汪。公載以出,曰:「謀及婦人,宜其死也。」

> 晉靈公嗾夫獒焉。明搏而殺之,盾曰:「棄人用犬,雖猛何為?」

> 圍鄭之役,智伯曰:「惡而無勇,何以為子?」對曰:「以能忍恥,庶無害於趙宗!」智伯不悛,趙襄子由是惎智伯,遂喪之。(〈哀公〉二十七年)

> 裴豹自薦於執政,請殺督戎:「苟焚丹書,我殺督戎。」(〈襄公〉二十三年)

> 楚靈王卜余尚有天下,卜之不吉。投龜大呼曰:「是區區者竟不余畀,余將自取之。」(〈昭公〉十三年)

> (白公)勝自厲劍。子期之子見之,曰:「王孫何自厲也?」曰:「勝以直聞,不告汝,庸為直乎?將以殺爾父。」(〈哀公〉十六年)

> 宋殺申舟。楚子聞之,投袂而起;屨及於窒;劍及於寢門之外;車及於蒲胥之市。秋九月,楚子圍宋。(〈宣公〉十四年)

2、化繁為簡

繁複萬端之事，《左傳》敘來簡捷扼要。呂祖謙云：

> 看《左傳》須看一代所以升降，一國所以興衰，一君所以治亂，一人
> 所以變遷，能如此看，則所謂先立乎大者，然後看一書所以得失。試
> 以隱公六、七年間考之，事事皆備。

> 所謂一代之所以升降者，天子原本保有先王遺制，禮樂征伐，出自天
> 子，伐曲沃，立哀侯，其後陪臣伐君（助曲沃代翼），君臣之綱亂矣。
> 周鄭交質、交戰若敵國然，則王綱解紐。此為一代所升降。

> 所謂一君所以治亂，是隱公不能收君柄故末年有鍾巫之變也。所謂一
> 人所以變遷者，鄭莊公自善入惡，自惡入善。（見呂祖謙，〈看左氏規
> 模〉，收錄於《古今圖書集成》，（台北，鼎文書局，民國七十四年四
> 月再版），第五十六冊《經籍典・第一百九十卷・春秋部總論》，頁
> 1880。）

3、條理分明

戰爭千頭萬緒，寫的清楚明白，千難萬難，《左傳》抓住大經大法，
清澈見底。如城濮之戰：

> 胥臣蒙馬以虎皮，先犯陳蔡，陳蔡奔，楚右師潰。狐毛設二旆而退之，
> 欒枝使輿曳柴而偽遁，楚師馳之，原軫、郤溱以中軍公族橫擊之，狐
> 毛、狐偃以上軍夾攻子西，楚左師潰。楚師敗績。子玉收其卒而止，
> 故中軍不敗。（〈僖公〉二十八年）

如鄢陵戰前敘晉人之每一舉動：

> 楚子登巢車以望晉軍。子重使大宰伯州犁侍于王後。王曰：「馳而左
> 右，何也？」曰：「召軍吏也。」「皆聚於中軍矣。」曰：「合謀也。」
> 「張幕矣。」曰：「虔卜於先君也。」「徹幕矣。」曰：「將塞井夷灶
> 而為行也。」「皆乘矣。左右執兵而下矣。」曰：「聽誓也。」「戰乎？」
> 曰：「未可知也。」「乘而左右皆下矣。」曰：「戰禱也。」

4、前後呼應

如秦晉崤之戰，戰前蹇叔哭師，秦師過周北門免冑而下，超乘者三

百乘,王孫滿尚幼,觀之,言於王曰:「秦師輕而無禮,必敗。」(〈僖公〉三十三年)晉楚鄢陵戰前,子反背盟曰:「敵利則進,何盟之有?」申叔時知子反必不免。「信以守禮,禮以待身,信禮之亡,欲免,得乎?」(〈成公〉十五年)

楚城濮戰前,榮季知子玉必敗:「非天敗令尹;令尹不勤民,實自敗也。」

5、詳一事始末

編年史之大病在「事同而年異其卷」,事不連貫,成百上千史事縱橫穿插,無法詳一事始末,犯詞忌枝蔓之大病,主從不清,如同意識流小說,腦海思潮澎湃洶湧而至,讓人莫測高深。章學誠以為紀事本末體可救編年體之失:

> 袁樞紀事本末,又病通鑑之合而分之以事類。按本末之為體也,因事命篇,不為常格,非深知古今大體,天下經緯,不能網羅隱括,無遺無濫。文省於紀傳,事豁於編年,體圓用神,斯真尚書之遺。(章學誠,《文史通義》卷一〈書教下〉。)

《左傳》許多地方用紀事本末體,詳一事始末,如鄭伯克段於鄢,晉公子之流亡及返國。敘及一事,欲究其前因,《左傳》往往加一「初」字,使前後得以連貫。而其結尾亦結束得乾淨利落,如邲之戰以「告成事而返」做結。章學誠言及杜預註《左傳》,「於事之先見者」注曰:為某年某事張本,於事之後出者,注曰:事見某公某年。是杜預注《左傳》,實已合編年、紀事本末為一體。

(八)怪力亂神,倍添精神

借神仙鬼怪,使咽處加咽,艷處加艷,敘事之際,趣味橫生。如

> 晉侯夢大厲披髮及地,搏膺而踴曰:「殺余孫不義,余得請於帝矣。」壞大門及寢門而入。公懼,入於室。又壞戶。公覺,召桑田巫,巫言如夢。公曰:「何如?」曰:「不食新麥矣。」公疾病,求醫於秦。秦伯使醫緩為之。未至。公夢疾為二豎子曰:「彼良醫,懼傷我,焉逃

之？」其一曰：「居肓之上，膏之下，若我何？」醫至，曰：「疾不可為也，在肓之上，膏之下，攻之不可，針之不及，藥不至焉，不可為也。」公曰：「良醫也。」厚為之禮而歸之。（〈成公〉十年）

介葛盧聞牛鳴，曰：「是生三犧，皆用之矣，其哀云。」問之而信。（〈僖公〉四年）

（九）強烈對比，彰顯主題

如：

子產從政一年，輿人誦之曰：「取我衣冠而褚之，取我田疇而伍之，孰殺子產，吾其與之。」三年之後，誦之曰：「我有子弟，子產誨之；我有田疇，子產殖之；子產而死，誰其嗣之。」

一憎一愛。對比強烈，具體說明民難於慮始，可與樂成。

（十）夾敘夾評

《左傳》經常敘事告一段落之際，或引君子曰，或引仲尼曰。其後史書仿此而有論、贊，史記最精彩處往往在太史公曰部份。宋元明評話小說主要賣點。除小說本身須精彩外，另外就是須有名家評點，如李卓吾、金聖歎。金聖歎評西廂、水滸詼諧百出，議論橫生，使讀者輕易體會原書行文之妙，又兼可欣賞評點者之妙語如珠，讀一文一書而得雙重之樂趣。兩者相得益彰。

（十一）傳神顯現當時政風民俗、人間百態

左傳生動描述春秋時代政風民俗，使春秋時代獨具之特色豁顯，既與三代不同，亦與其後之戰國時代、秦漢後之統一王朝有別。《左傳》所述當時獨特之政風民俗，分析而言，主要為：

1、政治大勢

王室凌夷，由西周之六軍，降至合曹、衛勉強成三軍。春秋初年還能征調諸侯為王朝卿士，其後有周鄭交質、周鄭交兵之事，天子勢力急遽下降。王畿日蹙，經濟瀕臨崩潰，屢有求車、求金等非禮之舉。平王

東遷，王勢凌夷，立時出現的狀況，內則禮崩樂壞，弒君三十六，逐君
一十二，外則南夷與北狄交，中國不絕如線。此一亂局仰仗齊桓、晉文
之霸業，始克維繫二百年。王室雖空有其名，但憑其禮制及天王使者之
巧於應對，還能維持天子威嚴，且時有令諸侯手足無措之舉，如王孫滿
對楚子、鞏朔獻齊捷、晉文公請隧，均為王室駁的無置喙餘地。諸侯篡
位，不得周天子認可，往往永無寧日。

天子陵夷，出現諸侯僭越，霸主挾天子以令諸侯，南征北討，成為
暫時性之天子，（或諸侯共主）。南征北討，盟會不斷，令諸侯不堪其擾，
諸侯往往委託大夫執行這些任務，結果形成大夫執政之局。

大夫執政其最著者為鄭之七穆、魯之三桓、晉之六卿、衛之孫寧、
齊之國高崔慶陳鮑。一方面有國君與大夫之爭，一方面有大夫與大夫之
爭，君強則大夫聯合一致壓抑君權。君權被剝削殆盡之際，大夫間往往
進行殊死鬥爭。失敗者除了被殺被逐，其家族子孫往往淪為皂隸，其家
產往往遭到瓜分。大夫間或合眾弱以攻一強，或附一強以滅眾弱。最後
結局是各國內部均發生質變，君權被架空，大夫成為新君國主義國家之
領導人。君權未下移者僅秦楚二國而已。秦、楚為最早行縣制的國家，
國君擁有大量之縣，能有效控制地方人力、財力，免除尾大不掉之患。
縣制具有此等功效，以致為戰國各國所仿行，遍天下皆郡縣之局，在戰
國晚年出現。郡縣制其後行之二千年而不能廢。一般人以為郡縣制始自
始皇，實際始自春秋早期。

由大夫執政進一步之發展為陪臣執國命。孔子親眼見及政權之逐步
下滑。至孔子時已是陪臣執國命，魯季孫氏有陽虎，叔孫氏有豎牛，孔
子以為「三桓子孫今微矣。」但世家大族因太多前例，已慮及事態不可
順勢發展，全力防止政權再度下移。故陪臣執國命在春秋晚期只是曇花
一現，未成氣候。

2、繼承制

一般人以為周監於二代，郁郁乎文哉，禮制大備，在繼承上行嚴密
宗法繼承制度。王子朝言及周之繼承制是：立子以嫡以長，年鈞以德。

周室本身之無窮禍患，大多肇因於宗族內部之爭，幼與長爭，庶與嫡爭，先有王子帶之亂，後有王子朝之亂，最後周分東西。即使世秉周禮之魯國亦非行嫡長制，而是一繼一及。晉先是小宗篡了大宗，曲沃武公滅翼；接著晉獻公盡滅群公子，完全違背周人之「宗子維城」之設計。楚國之繼承制則別具一格：楚國之嗣恆在少者。

3、外婚制

春秋時代採外婚制，故鄰國往往干涉廢立之事。如秦穆公干涉晉惠公、懷公、文公之廢立；鄭太子忽不娶文姜，以失去奧援而失國。同姓不婚，買妾不知其姓則卜之。按之實際，同姓結婚雖受人非議，但卻相當普及。如魯娶於吳，稱之為吳孟子；晉為聯吳制楚，嫁女於吳。（〈襄公〉二十三年）

4、頗具異國風味之娣媵制、烝報制

春秋時代婚姻最特殊者為娣媵制、烝報制。娣是姐妹共夫。如衛莊公娶于陳曰厲嬀，生孝伯，早死。其娣戴嬀，生桓公。（〈隱公〉三年）秦伯納女五人，懷嬴與焉。（〈僖公〉二十三年）若姐妹皆已及齡則偕行，否則幼者須待年於國或家，及年始往夫家。媵是諸侯娶一國，則二國往媵之，以姪娣從有時非國君之女，而是大夫之女。如晉嫁女於吳，齊之大夫以媵從。（〈僖公〉二十三年）子納庶母為烝，姪納叔母為報。另外尚流行父娶兒媳、叔父娶姪媳之事。如衛宣公、楚平王娶其兒媳，（〈昭公〉十九年）晉文公娶其姪媳懷嬴。（〈僖公〉二十三年）春秋時代一方面婚姻關係紊亂，一方面又宗禮整嚴，如宋伯姬在失火之際，傅母不至，不肯下堂，遂被火燒死。當時婚姻雖有父母之命媒妁之言，女子本身亦有相當程度之自主權。徐吾犯之妹美，公孫楚、公孫黑同時追求，爭執不下，最後由女方選擇。

5、社會階層

主要社會階層是：天子、諸侯、大夫、士、庶、工、商、隸。隸有十等，階級森嚴。一般狀況階級穩固，士之子恆為士，工之子恆為工，商之子恆為商。士大夫階級即使在本國政爭失敗，逃亡至他國往往不失

其身份地位，如防叔至魯為大夫。鬥越椒之亂，其子賁皇奔晉，食邑於苗，為晉大夫。子靈竊夏姬奔晉，其族在楚覆滅子反請重幣禁錮子靈。

6、天道、人事交相爭勝

《左傳》敘天道、鬼神、災祥、卜筮、妖夢，使文章倍添精神，但不廢人事。汪中對此有專文討論。在天道方面，楚子庚侵鄭，董叔言：「天道多在西北，南師不時必無功。」叔向以為在其君之德。（〈襄公〉十八年）《左傳》屢言天祿，以為夫差多為不道，而所向有功為滅亡之兆，吳之天祿為夫差耗盡之徵。在鬼神方面，城濮戰前，子玉自為瓊弁玉纓，未之服也。夢河神謂己曰：「畀余，余賜女孟諸之麋。」榮季諫，不聽，榮季曰：「非天敗令尹，令尹不勤民，實自敗也。」（〈僖公〉二十八年）在災祥方面，鄭內蛇與外蛇鬥，內蛇死，申繻以為妖由人興，妖不自作。在卜筮方面，晉獻公卜嫁伯姬於秦，卜之不吉。秦晉韓之戰，晉惠公被俘，晉惠公以為「先君若從史蘇之占，吾不及此乎？」韓簡以為「先君多敗德，從之又何益。」在妖夢方面，晉趙嬰齊夢天使謂己：「祭余，余福女。」士貞伯以為「神福仁而禍淫，淫而無罰，福也。祭，其得亡乎？」祭之明日，而亡於齊。（〈成公〉五年）

7、委質為臣制

西方封建制度，武士有效忠之禮儀。春秋時代確立臣主關係，有委質為臣制度。楊寬以為委質須在見面行禮時送贄（質）。實際上委質是向人發誓之義，委質為臣是發誓為某人之臣之義。夙沙釐曰：「臣聞之，委質為臣，有死無二，委質而策死，古之法也。」狐突曰：「策名委質，貳乃辟也。」（〈僖公〉）二十三年）

8、輕死之風

國家、民族、家族之興衰成敗，繫於人民之犧牲精神。鄂圖曼土耳其能憑一個部落建立橫跨歐亞非三洲之大帝國，仰仗穆罕默德之承諾：「為聖戰而死之戰士靈魂可以不經洗滌，直接上天堂。」使回教聖戰士泯不畏死。日本武士道、楠木正成之信仰，使皇軍幾乎席捲了整個亞洲。歐洲人崇拜阿奇利斯「走別人未曾走過的辛苦、危險而生命短暫但可獲

得名聲的人生道路。」促成了亞歷山大帝國、羅馬帝國。北歐蠻族以那樣微不足道的人數能夠侵擾整個歐洲數百年，力量根源於北歐神話，卡萊爾在《英雄與英雄崇拜》中盛讚北歐神話的價值：

> 在遠古文集那些虛無飄渺的資料中，在收集那些奇形怪狀的主張和傳說中，在他們美如音樂的神話中，一個人所能有的主要的實際的信仰恐怕不過如此；信仰一個人所需要的唯一的是要勇敢。所謂懷爾基者，意為陣亡者之選擇人；一個冷酷無情的命運——無法加以彎曲或軟化——已決定了誰將被殺；對北歐的信仰者這是最基本的一點：當然對任何地方的最熱誠的人，對一個穆罕默德，一個馬丁路德，對一個拿破崙，均是如此。它是每個最熱誠者的基礎；它是織成他的整個思想體系的緯線。這些懷爾基，這些選擇人，把勇敢的人引導到天堂般的歐丁的廳堂，只有那些卑賤的、奴顏卑屈的懦夫被拋到別處，被拋到死神的王國；我以為這是整個北歐信仰的靈魂。他們在心底深處瞭解勇敢是必要的；如果他們不夠勇敢，歐丁就不會喜歡他們，就會瞧不起他們，把他們拋棄。想想這種信仰裏面是否沒有甚麼有價值的東西！這是一種永恆的責任，要勇敢的責任，在我們這個時代同以前的時代一樣，仍是有效的。剛勇今天仍是價值。一個人的首要責任仍是克服「恐懼」。我們必須排除恐懼，除非能排除了恐懼，我們就根本不能行動。除非他能把恐懼踏於腳下，否則他的行動便是鄙賤的、他的思想便是錯誤的，他也像一個懦夫和奴隸般思想。歐丁的信條，如果我們剖析其要點，直到今天仍是真實的。一個人也必需要勇敢；他必須向前邁進，必須像個男子漢那樣盡責任——沈著的信賴較高力量的命令和選擇。總之，要毫無畏懼。現在是這樣，也永遠是這樣；他能成為怎樣一個男子漢完全決定於他能否戰勝恐懼。古代北歐人的剛勇無疑是很野蠻的。斯諾洛告訴我們說，他們認為不死於沙場是一種恥辱和不幸；如果他們將要善終時，便先在肉上割成許多傷，這樣歐丁可以把他們當作被殺的戰士而接待。

日耳曼民族將北歐神話（特別是《舊伊達》）視之為民族之瓌寶。在這一點上，只有《左傳》足以與之頡頏。在中國所有史書中，敘及殺

身成仁，不論質或量，《左傳》均無與倫比。陳寅恪以為：

> （歐陽修）晚撰五代史記，作義兒、馮道諸傳，貶斥勢力，尊重氣節，遂一匡五代之澆漓，返之淳正。故天水一朝之文化，實為民族遺留之瓌寶。[7]

按之事實所言皆虛。因《五代史記》文筆不夠生動，閱之者寥寥，影響實在有限。孔子講述「有殺身以成仁，無求生以害人」之理，《左傳》卻述其事，「載之空言，不如見之行事之深切著明。」·《左傳》所述殺身成仁之事績幾乎是排山倒海而來，匯聚成殺身成仁之勝境。其最著者，如：齊太史兄弟之死職：

> （崔抒弒君）太史書曰：「崔抒弒其君」。崔子殺之。其弟嗣書，而死者二人。其弟又書，乃舍之。南史氏聞太史盡死，執簡以往，聞既書矣，乃還。（〈成公〉二十五年）

石碏之大義滅親；熊宜僚之「承之以劍不動」；子路之結纓而死（〈哀公〉十五年）；干犨之「不死伍乘，軍之大刑。」；張侯之「擐甲執兵，固即死也。」；董閼于之以死寧趙氏（〈定公〉十三年）；子期欲代楚昭王就死（〈定公〉四年）；鉏麑之「賊民之主不忠；棄君之命不信。有一於此，不如死也。」（〈宣公〉二年）；申生寧死不傷獻公之心；荀息以忠貞輔佐奚齊，「其濟，君之靈也；不濟，則以死濟之。」（〈僖公〉九年）；狐突寧死不教「子貳」（〈僖公〉二十三年）；臧堅寧死不受非禮之赦死（〈襄公〉十七年）；鱄設諸置劍於魚中以進，抽劍刺王，鈹交於胸（〈昭公〉二十七年）；石乞信守「長者使余勿言（白公勝埋屍之所）」之諾言，對於「不言，將烹」之威脅，答的何等輕鬆：「此事克則為卿，不克則烹，固其所也，何害？」（〈哀公〉十六年）；左司馬沈尹戌之殉國則寫的令人觸目心驚：

> 左司馬戌及息而還，敗吳師于雍澨，傷。初，司馬臣闔廬，故恥為禽焉。謂其臣曰：「誰能免吾首？」吳句卑曰：「臣賤，可乎？」司馬曰：

7　陳寅恪，〈贈蔣秉南序〉，引自《陳寅恪先生編年事輯》，（上海，上海古籍出版社，1997 年 6 月 1 版），頁 187~188。

「我實失子，可哉！」三戰皆傷，曰：「吾不可用也已。」句卑布裳，刌而裹之，藏其身，而以其首免。（〈定公〉四年）

　　《左傳》所敘殺身成仁，不但可歌可泣，而且魅力無窮，使讀之者悠然神往，捨生忘死欲躋身於此一勝境。這種精神感召豈止是頑廉懦立。葉夢珠云：

　　　當清太宗在關外時，得明將何可綱，欲其降，可綱不從。使左右說之百端，終不聽。太宗親問其故，對曰：「為諸生時，讀孔子書，知君臣大義，故今日但求速死。」太宗歎息曰：「孔子之教，其美至此！」即命立學宮於盛京，親臨致祭。（見葉夢珠《閱世編》）[8]

　　孔子之教實與《左傳》互為表裏。中外學者不斷探討中國永不滅亡之原因，顧頡剛以為在於「無數聖賢豪傑把我們的國魂陶鑄熔冶，已煉成了金鋼不壞之身了。」[9]聖賢豪傑實叢出於春秋之世，其具體事績具見《左傳》。

　　輕死之風表現在喪禮上是殉葬從死之風。殷代殉葬之風臻於全盛，此風廣泛流傳至春秋時代，如秦穆公死，以子車氏三子殉葬，同死者一百七十餘人（〈文公〉六年）魏犨死前告誡其子魏顆以嬖妾殉葬。魏顆從先君之治命，嫁其嬖妾。輔氏之役，魏顆見老人結草以亢杜回，杜回躓而顛，為魏顆所獲。申亥殺親生二女為楚靈王殉葬。（〈昭公〉十三年）

9、義烈之風

　　在比死次一等級之慷慨好義上，《左傳》娓娓道來，極其傳神。如智罃在楚鄭商人欲將其置於褚中帶離楚境。（〈成公〉四年）鄭商人弦高犒勞秦師，使鄭免除亡國之禍。（〈僖公〉三十三年）受趙盾提拔之韓厥使趙家亡而復存，其理由是：

　　　成季之勳，宣孟之忠，而無後，為善者其懼矣。三代之令主皆數百年保天之祿，夫豈無辟主，賴前哲以免也。（〈成公〉八年）

---

[8]　轉引自張舜徽，《學林脞錄》，（武昌，華中師範大學出版社，2005年12月1版），卷三〈孔子生前與死後〉，頁75。

[9]　轉引自顧潮，《顧頡剛年譜》，（北京，中國社會科學出版社，1993年3月1版），頁315。

10、恩怨分明

春秋時代許多眾大事件涉及私人恩怨，《左傳》平平敘出，彰顯當時特殊之有恩報恩、有仇報仇之特殊風氣。如靈輒倒戈以攻公徒以報趙盾一飯之恩；魏顆從先人之治命嫁嬖妾，老人結草以報；白公勝怨子西、子期與鄭交好，殺子西、子期於朝；伍子胥至吳求兵誓復殺父殺兄之大仇；申公巫臣家族在楚覆滅，遺書子反、子重：「爾以讒慝貪婪事君，而多殺不辜，余必使汝疲於奔命以死。」越王勾踐十年生聚、十年教訓以滅吳；託於紀障之莒婦人復仇故事讀來讓人驚心動魄。（〈昭公〉十九年）

11、春秋晚期盜風甚熾

鄭之盜賊聚於萑苻之澤（〈昭公〉二十年）；齊景公淫於刑，造成屨賤踊貴現象；晉幽公出淫婦人為盜所殺；楚昭王入於雲中，王寢，盜攻之，以戈擊王，王孫由于以背受之，中肩。（〈昭公〉四年）以致一入戰國，各國施政重點之一是對付盜賊，李克有網經、雜律；商鞅重大治績之一是山無盜賊。

（十二）引古証今，藉此知古

陳寅恪稱文章絕詣為古今溶合為一：

> 蘭成作賦，用古典以述今事。古事今情，雖不同物，若於異中求同，同中見異，融會異同，混合古今，別造一同異俱冥，古今合流之幻覺，斯文章之絕詣，而作者之能事也。[10]

《左傳》敘事，不限於春秋二百四十二年（或二百五十五年）。《左傳》行文往往引古証今，不著痕跡顯現五帝三王及其前之歷史概況，上下貫通，幾達二、三千年，以此觀點而論，《左傳》雖無通史之名，實具部份通史之實。《左傳》所敘及之古史，犖犖大者如：

10　陳寅恪，〈讀哀江南賦〉，《金明館叢稿初編》，（北京，三聯書店，2001 年），頁234。

1、有莘之墟

晉、楚城濮之戰，「晉侯登有莘之墟以觀師」（〈僖公〉二十八年）。《左傳》敘及古地望之處甚多，如「昆吾之墟」、「夏墟」、「殷墟」等，勾稽《左傳》地名，可瞭解古之地理沿革。《史記・項羽本紀》仿《左傳》筆法記項羽會諸侯於「洹水南，殷墟上」。羅振玉由洹水南出土甲骨文，據以斷定甲骨文為殷王室之占卜記錄。

2、少昊氏以鳥名官

《左傳》敘及少昊氏以鳥名官，說明中國古代亦有圖騰之制，但與西方不盡相同，有中國本身之特色。並言及少昊氏設官分職之詳盡。且述及「天子失官，守在四夷」之文化現象，對二千年後之文化實具最大之啟示作用。如清末極西發現敦煌石窟文物，極東黎庶昌、楊守敬出使日本得窺中土失傳之大量宋刻本、唐抄本，為「禮失而求諸野」作了生動之闡述。昭公問郯子少昊氏何以以鳥名官：

> 郯子曰：「吾祖也，我知之。昔黃帝氏以雲紀，故為雲師而雲名；炎帝氏以火紀，故為火師而火名；共工氏以水紀，故為水師而水名；大昊氏以龍紀，故為龍師而龍名。我高祖少昊摯之立也，鳳鳥適至，故紀於鳥，為鳥師而鳥名。鳳鳥氏，歷正也；玄鳥氏，司分者也；伯趙氏，司至者也；青鳥氏，司啟者也；丹鳥氏，司閉者也；祝鳩氏，司徒也；……爽鳩氏，司寇也；鶻鳩氏，司事也；五鳩，鳩民者也；五雉為五工正。……」仲尼聞之見於郯子而學之。既而告人曰：「吾聞之，天子失官，官學在四夷，猶信。」

3、黃帝阪泉之戰先得吉兆

晉文公勤王，使卜偃卜之：

> （卜偃）曰：「吉，遇黃帝戰于阪泉之兆。」公曰：「吾不堪也。」對曰：「周禮未改，今之王，古之帝也。」（〈僖公〉二十五年）

4、顓頊既有才子八人，又有不才子檮杌

《左傳》原文：

> 昔高陽氏（顓頊）有才子八人，蒼舒、隤敳、檮戭、大路、龍降、庭

堅、仲容、叔達，齊、聖、廣、淵、明、允、篤、誠，天下之民謂之
八愷。(〈文公〉十八年)

顓頊氏有不才子，不可教訓，不知話言，告之則頑，傲很明德，以亂
天常，天下謂之檮杌。

5、帝嚳既有才子八人，又有日尋干戈之劣子閼伯、實沈

《左傳》原文：

高辛氏有才子八人，伯奮、仲堪、叔獻、季仲、伯虎、仲熊、叔豹、
季狸，忠、肅、共、宣、慈、惠、和，天下之民謂之八元。(〈文公〉)
十八年)

高辛氏有二子。伯曰閼伯，季曰實沈，不相能也。日尋干戈，以相征
討。后帝不臧。遷閼伯於商丘，商人是因，故辰為商星。遷實沈於大
夏，唐人是因，以服事夏商。其季曰唐叔虞。(〈昭公〉元年)

6、舜有大功二十而為天子

《左傳》原文：

舜臣堯，賓於四門。流四凶族，渾敦、窮奇、檮杌、饕餮，投諸四裔，
以禦螭魅。是以堯崩，而天下如一，同心戴舜，以為天子。以其舉十
六相，去四凶也。故虞書數舜之功曰：「慎徽五典，五典克從，無違
教也」曰：「納于百揆，百揆時序，無廢事也。」曰：「賓于四門，四
門穆穆，無凶人也。」舜有大功二十，而為天子。(〈文公〉十八年)

7、少康中興

少康中興故事，《史記》失載，夏代連續三世與東方后羿、寒浞、
澆、過之戰，《左傳》有相當程度敘述。魏絳云：

昔有夏之方衰也，后羿自鉏遷於窮石，因夏民以代夏政，恃其射也，
不修民事，而淫於原獸，棄武羅、伯因、熊髡、尨圉，而用寒浞。寒
浞，伯明氏之讒子弟，伯明氏寒棄之。夷羿收之，信而使之，以為己
相。浞行媚於內，而施賂於外，愚弄其民，而虞羿于田。樹之詐慝，
以取其國家，外內咸服。羿猶不悛，將歸自田，家眾殺而烹之，以食
其子，其子不忍食諸，死于家門。靡奔有鬲氏。浞因羿室，生澆及豷，

恃其讒慝詐偽，而不德于民，使澆用師，滅斟灌氏及斟尋氏，處澆于
過，處豷于戈，靡自有鬲氏以滅浞而立少康。少康滅澆于過，后杼滅
豷于戈，有窮由是遂亡，失人故也。昔周辛甲之為太史也，命百官，
官箴王闕，於虞人之箴曰：「芒芒禹跡，畫為九州，經始九道，民有
寢廟，獸有茂草，各有攸處，德用不擾，在帝夷羿，冒于原獸，忘其
國恤而思其麀牡。武不可重，用不恢于夏家，獸臣司原，敢告僕
夫。」……（〈襄公〉四年）

伍員云：

……昔有過澆殺斟灌，以伐斟尋滅夏后相。后緡方娠，逃出自竇，歸
于有仍，生少康焉。為有仍牧正，惎澆能戒之。澆使椒求之，逃奔有
虞，為之庖正，以除其害。虞思於是妻之以二姚，而邑諸綸，有田一
成，有眾一旅，能布其德，而兆其謀，以收夏眾，撫其官職，使女艾
諜澆，使季杼誘豷，遂滅過戈，復禹之績，祀夏配天，不失舊物。（〈哀
公〉元年）

8、后羿滅伯封

叔向曰：

昔有仍氏生女，黰黑而甚美，光可以鑑，名曰玄妻，樂正后夔娶之，
生伯封，實有豕心，貪惏無厭，忿纇無期，謂之封豕，有窮后羿滅之，
夔是以不祀。（〈昭公〉二十八年）

9、范宣子敘述其家族歷虞、夏、商、周世代顯赫

范宣子曰：

昔匄之祖，自虞以上為陶唐氏；在夏為御龍氏；在商為豕韋氏；在周
為唐杜氏：晉主夏盟為范氏。（〈襄公〉二十四年）

10、卜辭驗証 《左傳》所述商史可信

《左傳》敘及商之先公相土事蹟：

陶唐氏之火正閼伯居商丘，祀大火，而火紀時焉。相土因之，故商主
大火。商人閱其禍敗之釁，必始於火，是以日知其有天道也。（〈襄公〉
九年）

湯之左相仲虺之訓示：「亡者侮之，亂者取之。」（〈襄公〉三十年）；微子啟之出身及帝乙歸妹史事：「微子啟，帝乙之元子。宋鄭，甥舅也，祖，祿也。若帝乙之元子歸妹而有吉祿，我安得吉焉。」（〈哀公〉十年）；紂與東夷之征戰：「紂克東夷而殞其身」（〈昭公〉十一年）等。殷墟卜辭不但足徵《史記・殷本紀》為實錄，亦証明《左傳》有關商史敘述亦是所言非虛，如相土、商湯、帝乙之名均見卜辭，且《左傳》所敘之「紂克東夷」在卜辭中亦有所反映。

11、紂亡之四種原因

孟子言及紂亡肇因於暴虐無道，稱其為「一夫」；子貢以為「紂之不善，不如是之甚也。是以君子惡居下流，眾惡皆歸焉。」《左傳》所敘紂之滅亡原因有四，無一與暴虐有關：一是「紂克東夷而殞其身」；一是「紂之百克而卒無後」（〈宣公〉十二年）；一是寧莊子曰：「昔周饑，克殷而年豐。」（〈僖公〉十九年）；一是「申無宇曰：……昔武王數紂之罪，以告諸侯曰：『紂為天下逋逃主，萃淵藪。』故夫致死焉。……」（〈昭公〉七年）特別是第四項「紂為天下逋逃主，萃淵藪。」說明奴隸視紂為解救者，求其庇護，引起舊有階級普遍之不滿。董作賓分析卜辭，發現武丁以後，殷王室分為新舊兩派。舊派之武丁，祭祀繁瑣，殺殉嚴重；而新派之祖甲、帝乙、帝辛（紂王），祭祀簡捷，殺殉之風幾已絕跡。《左傳》紀事與卜辭內容實可與子貢之說法互相發明。

12、文王之德

衛北宮文子曰：

周書數文王之德曰：大國畏其力，小國懷其德，言畏而愛之也。詩曰：不識不知，順帝之則。言則而象之也。紂囚文王七年，諸侯皆從之囚，紂於是乎懼而歸之。可謂愛之。文王伐崇，再駕而降為臣，蠻夷帥服，可謂畏之。文王之功，天下誦而歌舞之，可謂則之。文王之行，至今為法，可謂象之。……（〈襄公〉三十一年）

13、周之封建

封建制影響中國至深且巨，至少達三、四千年。《左傳》敘及周人封建之原理及實況，娓娓動聽，且其中蘊含最高之治術（「周監於二代，郁郁乎文哉，吾從周。」）後之統治者從中獲無窮之益。

（1）封建之原理

主要是建立一體有效之統治態勢，其中包括以強制弱、以大制小、以嫡制庶、以親間疏等設計；其次是順應客觀環境、希望收到蕃屏之防護作用、希望達到分定爭止之目的。師服云：

> 吾聞國家之立也，本大而末小，是以能固。天子建國，諸侯立家，卿置側室，大夫有貳宗，士有隸子弟。庶人、工、商，各有分親，皆有等衰。是以民服事其上，而下無覬覦。（〈桓公〉二年）

史佚有言：「因重而撫之。」祝陀云：

> 昔武王克商，成王定之，選建明德，以蕃屏周。（〈定公〉四年）

富辰云：

> 周公弔二叔之不咸，故封建親戚，以蕃屏周。管、蔡、郕、霍、魯、衛、毛、聃、郜、羅、曹、滕、畢、原、酆、郇，文之昭也；邘、晉、應、韓，武之穆也；凡、蔣、邢、茅、胙、祭，周公之胤。召穆公思周德之不類，故糾合宗族于成周而作詩。（〈僖公〉二十四年）

王子朝使告于諸侯曰：

> 昔武王克殷，成王靖四方，康王息民，並建母弟，以蕃屏周，亦曰：「吾無專享文、武之功，且為後人之迷敗傾覆而溺入于難，則振救之。」……昔先王之命曰：「王后無嫡，則擇立長。年鈞以德，德鈞以卜。王不立愛，公卿無私，王之制也。」（〈定公〉四年）

（2）封建之實況

祝陀云：

> 故周公相王室，以尹天下，於周為睦。分魯公以大路、大旂、夏后氏之璜、封父之繁弱、殷民六族：條氏、徐氏、蕭氏、索氏、長勺氏、長尾氏，使帥其宗氏，輯其分族，將其醜類，以法則周公，用即命於周，是使之職事於魯，以昭周公之明德，分之土田陪敦，祝、宗、卜

史，備物典冊，官司、彝器，因商奄之氏，命以伯禽而封於少昊之虛。分康叔以大路、少帛、綪筏、旃旌、大呂，殷氏七族：陶氏、施氏、繁氏、錡氏、樊氏、饑氏、終葵氏，封畛土略，自武父以南及圃田之北境，取於有閻之土，以供王職，取於相土之東都以會王之東蒐，聃季授土，陶叔授民，命以康誥而封於殷虛，皆啟以商政，疆以周索。分唐叔以大路、密須之鼓、闕鞏、沽洗，懷宗九姓，職官五正，命以唐誥而封於夏虛，啟以夏政，疆以戎索。三者皆叔也，而有令德，故昭之以分物。不然，文、武、成、康之伯猶多，而不獲是分也，唯不尚年也。……曹，文之昭也，晉，武之穆也。（〈定公〉四年）

14、尋盟責實

周人封建，以盟誓確立王室與諸侯間之權力、義務、臣屬關係，且以盟誓協調諸侯間之不和。管仲曰：

> 昔召康公命我太公曰：五侯九伯，女實征之，以夾輔周室；賜我先君履，東至于海，西至于河，南至于穆陵，北至于無隸。（〈僖公〉四年）

展喜犒齊師云：

> 昔周公、太公股肱周室，夾輔成王，成王勞之，而賜之盟曰：世世子孫，無相害也。

15、攜王與周平王之爭

《史記・周本紀》記事僅及犬戎之禍，幽王被殺，平王東遷洛邑。《左傳》、《竹書紀年》言及平王與攜王之爭，足補《史記》敘事之不足，且說明東周一蹶不振主因之一是內爭不斷。王子朝云：

> 至于幽王，天不弔周，王昏不若，用愆厥位。攜王奸命，諸侯替之，而建王嗣，用遷郟鄏，則是兄弟之能用力於王室也。（〈昭公〉二十六年）

16、穆王能克制盪心肆志之遠遊而得以善終

子革云：

> 昔穆王欲肆其心，周行天下，將必有車轍馬跡焉。祭公謀父作祈招之詩以止王心，王是以獲沒於祗宮。（〈昭公〉十二年）

17、左傳所敘之共和

《史記，周本紀》所敘之共和是厲王無道，為人民所逐，宣王年幼，此一空檔時期由周定公、召穆公共同輔政，是謂周召共和。但王子朝云：

> 至于厲王，王心戾虐，萬民弗忍，居王于彘。諸侯釋位，以間王政。宣王有志，而後效官。(〈昭公〉二十六年)

此說可與《竹書紀年》、《戰國策》及金文之講法互相發明，且証明《左傳》敘同樣史事較《史記》正確。

18、楚國之發跡及強盛緣由

《左傳》片斷敘述楚族之歷史，由早期地位卑微直至威脅華夏民族之存亡，可明其梗概。康王之世，楚人無法與齊、晉、魯、衛比肩。子革曰：

> 我先王熊繹，辟在荊山，篳路藍縷以處草莽，跋涉山川，以事天子，唯是桃弧棘矢，以共禦王事。齊，王舅也；晉及魯、衛，王母弟也。楚是以無分，而彼皆有。……(〈昭公〉十二年)

至幽王之世，若敖、蚡冒開闢草莽，楚族始大。欒武子曰：

> 申之以若敖、蚡冒，篳路藍縷，以啟山林。(〈宣公〉十二年)

至平王東遷，王綱解紐，楚人北上，直扣周人南方門戶，「漢陽諸姬，楚實盡之。」(〈僖公〉二十八年) 形成「南夷與北狄交。中國不絕如線」之危局。

(十三) 左傳之知來

民間故事言及諸葛亮、劉伯溫之未卜先知是前知五百年、後知五百年。《左傳》敘事確有後知三百年、五百年洞燭機先之能力。因之有學者 (如劉汝霖、顧炎武等) 以《左傳》預言靈驗與否，定《左傳》成書時間，此等判斷最屬無稽。《左傳》預言與一切預言一樣有驗有不驗。《左傳》最見精彩之預言，如預見魏將出盟主，季札觀周樂，聽到魏風，以為「美哉，渢渢乎，大而婉，險而易行，以德輔此，則明主也。」以為陳即將滅亡，季札觀周樂曰：「國無主，其能久乎？」鄭國將先行滅亡，

季札觀周樂曰：「其細已甚，民弗堪也。是其先亡乎？」（〈襄公〉二十九年）見及陳氏將代姜氏而興，懿氏卜妻敬仲：

> 是謂鳳凰于飛，和鳴鏘鏘。有媯之後，將育于姜。五世其昌，並于正卿。八世之後，莫之與京。（〈莊公〉二十二年）

最令人震驚的是預測及秦之一統天下。季札觀周樂：

> 為之歌秦，曰：「此之謂夏聲。夫能夏則大，大之至也。其周之舊乎？」（〈襄公〉二十九年）

（十四）左傳之用字、煆句、煉篇

　　《左傳》以下兩三千年，文章偶有寫的真實、精彩生動者。如黃宗羲《明夷待訪錄・原君》論及帝王之禍；明解元鄒智之〈跋釣魚城文〉；居浩然之〈哭申叔〉、羅稻仙羅盛元之牢騷等。居浩然〈哭申叔〉：「國民黨統治大陸二十年，最大的悲劇是足足毀滅了一個世代的年輕人。這是中國永遠無法彌補的損失，此舉傷了國民政府的元氣，國民政府在大陸的政權因此而滅亡。」我的叔祖羅稻仙七十歲以後，在公路局宿舍每晚號哭：「與其說是毛澤東害了我，不如說是蔣介石害了我。大陸撤退，宋美齡每一條三角褲都帶出來了。我卻把一切丟在大陸，孤苦無依，受此痛苦。」我的叔父羅盛元有一天忽然造訪我家，雙目炯炯生光，一進門即大喊大叫：「蔣家遭報應了，蔣家遭報應了，蔣孝文梅毒衝頂，現已癱瘓。」但這些只是斷簡殘篇，曇花一現。從未有一本書能像《左傳》一樣，字字珠璣、句句精煉、篇篇生動。有人言好文章需有警句。《左傳》非只有警句，全書實由警言、警句、警篇組合而成。

1、左氏之用字

　　左氏能以一字、一辭予人刻骨銘心之感受。如：

> 華父督見孔父之妻于路，目逆而送之，曰：「美而艷。」（〈桓公〉元年）

> 「祁午、張趯、籍談、女齊、梁質、張骼、輔躒、苗賁皇，皆諸侯之選也。」

夫有尤物，足以移人，而天鍾美於是，必將有大敗也。（〈昭公〉二十八年）

是我有大造於西也。（〈成公〉十三年）

鄰之厚，君之薄。（〈僖公〉三十年）

許君焦、瑕，朝濟而夕設版焉。（〈僖公〉三十年）

2、左氏之煆句

左氏句法精煉，其中警句排山倒海而來，多數已成中國日常用語，豐富日後中國語文之內容。其最見深刻者有：童子操刀、上下其手、又弱一個焉、痛心疾首、生死人而肉其白骨、眾怒不可犯也、鈹交於胸等。

3、左氏之煉篇

一般文人筆下之歷史有如訃文，死氣沉沉。而左氏每一篇文字彷彿精心結撰之戲劇。如鄭伯克段於鄢，共叔段一開始即陷入鄭莊公精心設計之殺弟機關之中，看得讀者觸目驚心。《左傳》善以預言、妖夢製造懸疑，使讀者留下深刻印象，達到引人入勝之目的。如寫晉獻公卜立驪姬為夫人，結果引發晉國三世大亂。季氏家族由卜丘父之卜辭開始，到魯昭公去國，季氏家族兩百年之興衰。天方夜譚之魅力無窮，亦在其善於經營懸疑，讓人欲罷不能。《左傳》敘述命運主宰一切，渺小人類根本無從抗拒。如卜人言及：「成得臣、子西、楚成王皆強死。」城濮之敗，子玉自殺，成王悟及此項預言，止子西勿死，其後子西涉及謀反，仍難逃橫死。太子商臣弒楚成王。命運戰勝一切。

（十五）結論

《左傳》如希臘史詩《伊利亞德》一樣，將行文奧秘幾乎宣洩無遺，後人從中獲無窮無盡寫作之助益。孔子云：「言之無文，行之不遠。」此言確有至理。歷史死活幾乎全繫於此。全世界唯有中國為惟一有歷史、重歷史、歷史延續二、三千年之民族。此事實由《左傳》作了最好之開端。中國人腦海中歷史印象不過是春秋、戰國、西漢、三國，充份証明沒有文彩，即無歷史。春秋史之印象得力於左傳；戰國史之印象得

力於《戰國策》、先秦諸子；西漢史之印象得力於《史記》；三國史之印象非得力於《三國志》，實得力於《三國演義》。《戰國策》之寫作許多地方實繼《左傳》而起，兩者之間有前承後繼之關係，《左傳》點到為止之揣摩順說術在《戰國策》中有進一步之發揮。而先秦諸子多掇拾《左傳》之文以著書，更証明兩者之間關係匪淺。司馬遷之《史記》不但春秋歷史幾乎全採《左傳》，其筆法多有模仿《左傳》之處，如《史記》最見精彩之「太史公曰」即仿自《左傳》之「君子曰」。《三國演義》之生動敘事之法（如夾敘夾評、多記怪力亂神），與《左傳》寫法遙相呼應。如無《左傳》，中國歷史將是一片榛莽，僅有類似《春秋經》、《逸周書‧史記》、《竹書紀年》等「聖人閉門深思十年亦不能知」的歷史點綴其間，《戰國策》、先秦諸子、《史記》能否出現實大有問題。因此中國歷史輝煌殿堂得以建立，《左傳》居功至偉。晉代以下之歷史文如訃文，造成千年歷史乏人問津之悲慘狀況。一入民國學者文字之壞更是壞至無法成文之地步。《左傳》直至今日仍是行文最佳範本，如何興廢繼絕，再造歷史勝境，關鍵之一實在後學對《左傳》行文技法體會之多少。

八、《論語》、《孟子》、《荀子》

（一）、《論語》是怎樣一本書

居浩然以為《論語》只教人修身養性，絲毫不見行事。胡適〈說儒〉隱約其辭以為《論語》不過是喪葬業者之生意經。福爾泰以為不過是道德格言彙編，實不見其高明。程頤卻說：「今人不會讀書。如讀論語，未讀時是此等人。讀了後又是此等人，便是不曾讀。」「頤自十七八歲讀論語，當時已曉文義。讀之愈久，但覺意味深長。」朱熹以為讀論語大有所得，其他書無法相比。錢穆以為每次讀論語都有不同之感受。

（二）、《論語》中之孔子及諸弟子

《論語》記錄孔子及其弟子之言語、行事，予人如見其人、如聞其聲之具體感受。《論語》中之孔子固為一集好學令人震驚（如：「甚矣，吾衰也。久矣，吾不復夢見周公。」「在齊聞韶，三月不知肉味。」）、臨難不苟（如：陳蔡絕糧，門人餓，莫能興。子路慍見孔子曰：「君子亦有窮乎？」子曰：「君子固窮，小人窮斯濫矣。」）、臨危不懼（子畏於匡。子曰：「文王既沒，文不在茲乎？天之將喪斯文也，後死者不得與於斯文也。天之未喪斯文也，匡人其如予何？」）、行事近情合理（如：「子食於有喪者之側，未嘗飽也，子於是日哭，則不歌。」「廄焚，子退朝，曰：傷人乎？不問馬。」「顏淵死，子哭之慟。……」、「伯牛有疾，自牖執其手。」）、具有相當幽默感（如：「割雞焉用牛刀」、「孺悲欲見孔子，孔子使門人辭以疾。……」）、機智（如：「未知生，焉知死。」）、一代通人（吳太宰感歎：「大哉孔子，博學而無所成名。」）於一身之哲人。《論語》對孔門弟子之敘述同樣精彩絕倫。

如弟子中曾參行事中規中矩，孔子評之為參也魯；子路「行行如也」，孔子預言「若由者，不得其死然。」《論語》對顏回之描寫達到「不著一字，盡得風流」之奇蹟式效果。其後仿此而寫之傳記有《後漢書》之黃憲傳。

（三）、能以禮讓為國乎何有？其詳可參本人之《先秦勢治思想探微》

（四）、夫子一以貫之之道

子曰：「參乎，吾道一以貫之。」參曰：「唯。」曾參出，門人問：「何謂也？」曾參曰：「夫子之道忠恕而已矣。」顏淵喟然歎曰：「仰之彌高，鑽之彌堅。瞻之在前，忽焉在後。夫子循循善誘人。博我以文，約我以禮。欲罷不能。既竭吾才，如有所立，卓爾。雖欲從之，末由也已。」

忠	恕（初階）	恕（高階）
敬	安人	安百姓
無伐善，無施勞。	車馬衣輕裘，與朋友共，弊之而無憾。	老者安之，朋友信之，少者懷之。
言必行，行必果。	宗族稱孝，鄉黨稱悌。	行己有恥，使於四方，不辱君命。
	己所不欲，勿施於人。	
	愛人。	愛人。
己立。	立人。	博施於民，而能濟眾。
己達。	達人。	
	室家之美。	宗廟之美，百官之富。
正心、誠意、修身。	齊家、治國。	平天下。

（五）、《孟子》論及禮之效用

《孟子‧滕文公下》言及堯舜垂拱而天下治，在於設官分職，使益掌火、禹疏九河、后稷稼穡、契整飾人倫，產生奇蹟式之功效，平治水患，謀百姓最大之福祉。

（六）、孟子之養氣

孟子自言：「我善養吾浩然之氣。」因此加齊之卿相，仍能不動心，達到道家「舉世譽之不加勸，舉世非之不加沮」之境界。順勢言及北宮

黝、孟施舍、曾子之養氣之道。

（七）、孟子性善之說

孟子曰：「盡其心也，知其性也。知其性，則知天矣。」「萬物皆備於我矣，反身而誠，樂莫大焉。強恕而行，求仁之道莫近焉。」以為人同此心，心同此理。人性本善，見之於「孺子將入於井，人人皆有怵惕不忍之心。」

（八）、荀子之禮論

有人以為儒家之正統為荀子，因為儒學正統在禮學，而荀子禮學在儒家中最具規模。《史記・禮書》內容主要襲自《荀子》。荀子論禮可參考本人之《先秦勢治思想探微・第二章・參荀子之勢治思想》。

（九）、荀子之性惡論

荀子性惡論主要針對莊子自然之說而發。「人之性惡，其善者偽也。」「不可學，不可事，而在人者，謂之性。可學而能，可事而成之在人者，謂之偽。」「今人之性，生而有好利焉。順是，故爭奪生而辭讓亡焉。生而有疾惡焉，順是，故殘賊生而忠信亡焉。生而有耳目之欲，有好聲色焉，順是，故淫亂生而禮義文理亡焉。然則從人之性，順人之情，必出於爭奪，合於犯分亂理，而歸於暴。是故必將有師法之化，禮義之道，然後出於辭讓，合於文理，而歸於治。用此觀之，然則人之性惡明矣。其善者，偽也。」

九、黃帝書、老子、莊子

（一）馬王堆出土之《黃帝書》釐清了老子究竟是正統派道家抑或只是放者千古難解之謎

《漢書・藝文志》羅列道家三十七派（包括《管子》、《黃帝四經》、《老子》、《莊子》）。對道家之總評是：

> 道家者流，蓋出於史官，歷記成敗存亡禍福古今之道，然後知秉要執本，清虛以自守，卑弱以自持，此君人南面之術也。……及放者為之，則欲絕去禮學，兼去仁義，曰：獨任清虛可以為治。

絕大多數學者如張舜徽等以為老子屬於君王南面術之正統論者。只有陳鐘凡、顧實、王蘧常以為老子屬於放者。民國六十年馬王堆出土簡帛資料有《老子乙本卷前古佚書》，多談君王南面之術，唐蘭以為此即失傳之《黃帝四經》，李學勤稱此為《黃帝書》。若將《黃帝書》與《老子》比合而觀，即會發現兩者判然有別。《黃帝經》中之〈經法〉之〈道法〉、〈六分〉、〈四度〉、〈論〉、〈亡論〉、〈名理〉，〈十六經〉之〈五正〉、〈順道〉、〈稱〉等大量敘述君王南面術之勢治、刑名思想。〈亡論〉與《逸周書・史記》在主旨、結構上幾乎一致，只是〈亡論〉缺事實舉証。由此可知 《黃帝書》與史官關係之密切。《黃帝書》與 《漢書・藝文志》對道家之描述大體吻合。《老子》與之相比卻絕大部份有異。《老子》主要思想是「絕去禮學，兼去仁義。」裘錫圭看過《老子乙本卷前古佚書》後，亦是以為 「甚至老子亦不能看作道家正宗。……」

（二）、莊前老後謬說之破產

梁啟超、馮友蘭、顧頡剛、錢穆等均以為《老子》成書於戰國中晚期，甚至在莊子之後，此說與傳統說法有異。兩說究當以何者為是？一九九三年冬出土於湖北荊門市郭店一號楚墓竹簡對此一問題做了相當程度之澄清。郭店楚墓時間為戰國中期，其中三本老子，為迄今所見年代最早的《老子》傳抄本，因此《老子》成書時間當然早於戰國中期，

可能成書於戰國早期，甚至於春秋晚期。《老子》成書於戰國中晚期，在莊子之後之講法在地下材料証明之下，完全破產。

（三）、馬王堆帛書《老子》對《老子》一書定疑補闕之作用：

1、解決了〈道經〉、〈德經〉的先後秩序：《韓非子·解老》其先後秩序是〈德經〉在前，〈道經〉在後，馬王堆《老子》之先後秩序與之相同。2、帛書《老子》並未像流傳後世之老子一樣分章：今存《老子》分為八十一章，馬王堆《老子》不分章。進一步觀察，後人分章多有欠妥之處。3、帛書《老子》在校勘上之重大作用：如「大器晚成」帛書作「大器免成」；「大象無刑」帛書作「天象無刑」；「谷神不死」帛書作「浴神不死」；「夫佳兵者不祥之器」帛書作「夫兵者不祥之器」等。

（四）、老子思想述要

1、道一無一有（萬事萬物具體形象，有對立相生相剋之關係。美惡、善不善、高下、強弱、難易、有無、剛柔、雌雄等）。2、在政治上效法道（「天道如張弓」）；無事無為（「無為則無不為」、「治大國若烹小鮮」、「無事取天下」、「我無為則民自富」，與十八世紀以來西方盛讚之管事最少之政府是最好的政府一致。）；民本思想（「聖人無心　，以百姓為心。」）。3、在軍事上，反對戰爭，不得已而作戰，愈接近道災禍愈小。「抗兵相加，哀者勝矣。」「不以兵強天下」、「戰勝則以喪禮處之」、「吾不敢為主而為客，不敢進寸而退尺」。

（五）、莊子思想述要

《莊子》一書在文字上最特殊之處，一是文字節奏優美如楚辭，其代表作品如〈秋水〉篇，音節哲理密切配合，以致後人逕稱《莊子》為《南華秋水》；一是以寓言敘理，司馬遷稱：「故其著書十餘萬言，大抵率寓言也。作漁父、盜跖、胠篋，以詆訿孔子之徒，以明老子之術。」發人深省。以伯樂善治馬，刻削馬之本性，明喻聖人以禮樂教化刻削人

性之殘忍；以九淵下之龍珠敘及政治之兇險；以櫟社樹千方百計使己無用、無所取材而能得盡天年，說明人處世間全生之道；同樣以支離疏以形體不全得免各種災難，何況支離其德者；以庖丁解牛，「緣督以為經」，而得養生之道；以坎井之蛙、蟪姑受限於空間、時間，以致聞見有限，只有擴大知覺領域，始能達到「不以物累形」；以邯鄲學步說明舊新皆失之窘狀；以白駒過隙說明人生之短暫，以宇宙觀點看人生，人類渺小至微不足道之地步，因此能打破對生死榮辱之執著；以莊周夢蝴蝶一事說明物化現象，以萬物觀點看待世界，即可將萬物等量齊一看待。胡適以為〈至樂〉篇最末一段文字是講述物種進化之理，實出於胡適之誤解。

　　《莊子・寓言》云：「萬物皆種也，以不同形相禪。始卒若環，莫得其倫。」《莊子・至樂》云：「種有幾。得水則為㡭。得水土之際則為蛙蠙之衣。生於陵屯，則為陵舄。陵舄得鬱棲，則為烏足。烏足之根為蠐螬。其葉為蝴蝶。蝴蝶胥也，化而為虫，生於灶下，其狀若脫，其名為鴝掇。鴝掇千日，為鳥，其名為乾餘骨。乾餘骨之沫為斯彌，斯彌為食醯。頤酪生乎食醯。黃軦生乎九猷。……久竹生青寧。青寧生程，程生馬，馬生人。人又反入於幾。萬物皆出於幾，皆入於幾。」

十、法家著作

（一）、法家歸本於黃，而非歸本於老

　　《史記·老莊申韓列傳第三》：「申子之學本於黃老而主刑名。……韓非……喜刑名法術之學，而歸本於黃老。」《史記·孟子荀卿列傳第十四》：「慎到，趙人，……皆學黃老道德之術，因發明序其旨意。」過去因文獻不足，對於法家源出黃老問題，無法釐清。馬王堆發現《黃帝書》之後情形完全改觀，細加核對，可以發現司馬遷所謂歸本於黃老只是泛稱，法家主要思想實歸本於黃，而非歸本於老。如《慎子》及佚文言及：「君臣之間，猶權衡也。」「兩貴不相事，兩賤不相使。」《黃帝書》中之〈經法·大小〉、〈稱〉與之相應。唐蘭歸納直接引自《黃帝四經》部份即有五處。申不害重術之具體內容是循名責實，而《黃帝書》之名理亦大談此種刑名治術：「天下有事，必審其名。名口口循名究理之所之，是必為福，非必為災。是非有分，以法斷之。虛靜僅聽，以法為符。」韓非涉及法家之全面，因之與《黃帝書》之每一部份幾乎都有呼應。唐蘭以為韓非之刑德思想源自黃帝而非老子。在勢治之本大末小、層層節制上，《黃帝書》之〈稱〉云：「天子之地方千里，諸侯百里，所以朕合之也。故立天子，不使諸侯疑焉；立正嫡者，不使庶孽疑焉。……」《韓非子·揚權》是「毋使枝大本小。」對大臣之專斷擅權黃帝及韓非子均稱此種現象為壅塞，壅塞之國可亡。在以大制小上，《黃帝書》之〈稱〉云：「強則令，弱則聽。」《韓非子·揚權》云：「腓大於股，難以趣走。」在以合制分上，兩者同用度量。《黃帝書》之〈道法〉云：「故曰，度量已具，則治而制之矣。」《韓非子·揚權》則是：「上操度量，以割其下。故度量之立，主之寶也。黨與之具，臣之寶也。」在抓住時機上，《黃帝書》之〈稱〉云：「若時可行，亟應毋言。」《韓非子·亡徵》則是：「萬乘之主，……以為亡徵之風雨者，其兼天下不難矣。」《漢書·藝文志》言及「道家者流。歷記成敗死亡禍福古今之道。……」韓非之〈亡徵〉與《黃帝書》之〈亡論〉、〈大分〉及《逸周

書‧史記》筆法、思想主旨一致，說明道家、法家與史官關係之密切。正統派道家思想在道家中失傳，卻在法家中發出萬丈光芒。

（二）、商鞅之重法

《史記‧商鞅列傳》敘及商鞅以嚴刑峻法治秦，不別親疏，一斷以法，以信賞必罰、議法者遷之邊疆方式以重法，以重賞告奸方式使奸無所容。但其思想亦涉及勢治之明分。

（三）、慎到思想以勢為主，以法為輔

近人敘及慎到重勢僅能見其枝節（借勢），未能見其大體。慎到論勢論及勢治之全面，如：自然之勢、借勢、順勢之不可或缺；合天下之人才以成天下之治；一體有效之勢治；分定爭止等。慎到並論及要做到分定爭止，離不開重法之手段。

（四）、申不害之〈大體篇〉為勢術合一之論文

荀子認為申子重勢，而韓非主申子重術。申不害留下惟一較完整之篇章為〈大體篇〉，重勢、重術思想天衣無縫融合為一。其中「一臣專君」、「明君如身，臣如手，君若號，臣如響，君設其本，臣操其末，君治其要，臣行其詳。」均屬重勢範疇。而「為人君者，操契以察其名。名者，天地之綱，聖人之符。張天地之綱，用聖人之符，則萬物之情無所逃之矣。」「昔堯之治天下也以名，其名正，則天下治。」則屬於重術之範疇。

（五）、韓非子之主要思想

韓非子主張致治須法、術、勢三者兼用，不可偏廢。譏申不害重術不重法，商鞅重法不重術，慎到只重勢有所偏。以馬車象徵三者間之關係：「故國者，君之車也；勢者，君之馬也；無術以御之，身雖勞，猶不免亂。有術以御之，身處佚樂之地，又致帝王之功也。」1、重法（「人主之大物，非法則術。法者編之圖籍，設於官府，布之於百姓。」步驟：

公布、實行，勿縱勿枉，當場效驗確立司法之尊嚴。）2、重術（「君王治吏不治民」強調御下技巧：明察、陳言授官、因任授官。）3、重勢（君王居樞紐控制協調位置，掌控全局，為免權力下移，須全力防止兼官、門戶、臣私人、朋黨、籍城市等現象之發生。）

十一、先秦兵家

（一）、臨沂銀雀山出土之兵書解決了歷史那些懸案

臨沂銀雀山出土大量簡牘兵書，其中有孫臏兵法、孫子兵法、尉繚子、守法守令、地典、六韜等。千古難解之癥結，因新資料出現，豁然而解，其犖犖大者如：1、孫武、孫臏為一為二，兵書為一為二；2、《孫子》之篇數問題；3、《孫子》十三篇之先後秩序問題；4、《漢書·藝文志》之孫軫問題；5、《地典》之內容為何；6、《尉繚子》真偽之辨等。

（二）、《尉繚子》之重形

《尉繚子》雖名列兵形勢家，但其內容與《漢書·藝文志》對兵形勢家所下之定義：「形勢者，雷動風舉，後發而先至，離合背鄉，變化無常，以輕疾制敵者也。」不合，以致引起張烈、華陸綜之誤解，以為今本《尉繚子》屬雜家，不屬兵家。誤解出自《尉繚子》多論兵形，少論兵勢，而《漢書·藝文志》所下定義，卻只論兵勢，不論兵形。兵家作戰先論兵形（不可勝在己，立於不敗之地），後論兵勢（可勝在敵，不失敵之敗），《尉繚子》論及兵形精悍絕倫，古今名將鮮有能與之匹敵者。如〈經卒令〉整飭部伍之方；殺之貴大、殺卒、重將達到形名一致要求；戰合之表之合軍聚眾；分塞令之畫地而守；踵軍令之控制道路等即使在最現代化之戰爭中仍能顯現其不可磨滅之價值。

（三）、孫臏之貴勢

孫臏以為世間無百戰百勝之兵形，「夫兵者，非恃恆勢也。」「以一形之勝勝萬形，不可。」各種陣形均有其特殊作用，有其優點，亦有其劣點，孫續主張因時因地因敵人之陣形而制宜。《孫臏兵法·下編·五度九奪》云：「故兵之大數，五十里不相救也，況於……數百里，此程兵之極也。」孫臏馬陵之戰、桂陵之戰均使魏軍「趣兼舍而至。」前軍後軍至少相距六十里，前後不相救之分割局面。迫於形勢，可以令士必

鬥。曹操注孫子「陷之死地然後生」，引「孫臏曰：兵恐不投之死地。」孫臏主張順勢而戰，〈奇正〉云：「故水行得其理，漂石折舟，用民得其性，則令行如流。」孫武稱戰勢不過奇正，孫臏則有專論用兵以奇之〈奇正〉篇。最能發揮兵勢之「雷動風舉，後人發，先人至，離合向背，變化無常，以輕疾制敵」之兵種為騎兵。孫臏對騎兵情有獨鍾，稱之為離合之兵。《通典》錄有孫臏騎戰之理論，言及騎有十利。

（四）、《天官》、《地典》屬兵陰陽之範疇

《漢書·藝文志》對兵陰陽所下之定義是：「陰陽者，順時而發，隨斗擊，因五勝，假鬼神而為助者也。」「順時而發」主利用有利時間克敵制勝，春秋時人有「奉不可失」之說法，戰國時人有「千載一時」之說法。「推刑德，隨斗擊」主利用日、月、星象而戰，《史記·天官書》為其中代表作品，如云：「天一、槍、棓、矛、盾動搖，角大，兵起。」「（熒惑）用戰，順之勝，逆之敗。熒惑從太白，軍憂；離之，軍卻；出太白陰，有分軍；行其陽，有偏將戰。當其行，太白逮之，破軍殺將。」「蚩尤之旗，類慧而後曲，象旗。見者王者征伐四方。」「因五勝」主利用五行相合、相生、相剋而制敵，「兵形象水」，能克水者為土，水土合德克敵制勝為兵家利用地利之依據，銀雀山出土之《地典》主張利用地利克敵制勝，多談地利之向背、高下、陰陽、死生等。

（五）、孫子理論結構試析

《漢書·藝文志》將《孫子》列入兵權謀家。兵權謀之內容是：「以正守國，以奇用兵，先計而後戰，兼形勢，包陰陽，用計巧者也。」《孫子》確是由此四部份合成。其〈始計〉、〈作戰〉、〈謀攻〉屬於「以正守國、先計後戰」之範疇。而〈形〉、〈勢〉、〈虛實〉、〈用間〉屬於兵形勢之範疇。而〈火攻〉屬於兵技巧之範疇。〈九地〉、〈九變〉、〈行軍〉、〈地形〉則屬於兵陰陽之範疇。《孫子》是孫武遊說人主、適應時代需要而寫之兵書，故其〈用間〉有為自己開說之處，反覆申說客卿、客將之重要性。而當時吳王闔閭一意以亡楚為職志，故《孫子》一書只談進攻，而不涉及防守。

十二、墨子

（一）、墨子概述

墨子為孔子以後第二個通人。其邏輯之言有三表法與亞里斯多德之演繹法、印度陳那之因明三支成鼎足三分之局；為解除生民之苦，不惜磨頂放踵，莊子稱其為「真天下之好也，將求之而不得也，……才士也夫。」；在軍事上，墨翟之守與孫臏之勢齊名；現今為一科學技藝時代，墨翟之科學技藝遠在公輸班之上；其精神感召可使墨徒有「赴火蹈刃，死不旋踵」之殺身成仁氣魄。

（二）、墨子在校勘上之價值

現今學者治學重視出土文物。墨子一書二千年來鮮有學者過問，因此本書大體保存原始面貌，其在校勘上之價值等同出土簡牘。王念孫〈墨子雜志敘〉云：「墨子書舊無注釋，亦無校本。故脫誤不可讀。……然是書以無校本，而脫誤難讀。亦以無校本，而古字未改，可與說文相證。如說文𥁋字，篆文作𥁋，隸作享，又省作亯，以為亨通之亨，又轉為烹煮之烹。」《墨子‧備城門》以下十餘篇專論城防之法，西陲之《流沙墜簡》多為漢代戍守資料，王國維以《墨子》闡明了漢簡中之烽燧制度。民國六十年以後，臨沂銀雀山及馬王堆出土大量守法、守令及法律資料，其中多有可與墨子互相發明之處。

（三）、墨子學說要旨

墨子以為當時百姓有三大災患，「飢者不得食，寒者不得衣，勞者不得息。」解決之道是針對各國缺失，痛下針砭。「凡入國，必擇務而從事焉。國家昏亂，則語之尚賢尚同；國家貧，則語之節用節葬；國家熹音湛湎，則語之非樂非命；國家淫僻無禮，則語之尊天事鬼；國家務奪侵凌，則語之兼愛非攻。」

（四）、墨子核心思想

　　《呂氏春秋‧不二》云：「墨子貴兼。」說明墨子核心思想實在兼愛非攻。兼愛非攻得以見之行事，完全仰賴墨子之城防技術——墨翟之守。墨翟之守在戰國時代與孫臏之勢齊名。墨子之學儀態萬方實不在邏輯科技，而在城防技術。墨子設計出無法攻陷之金城湯池，在楚王面前演習，能令軍事工程天才公輸班廢然而退，二千年來城防技術仍不能逾越墨子之範圍。在持久戰上，墨子主張「率萬家而城方三里。」可以做到且耕且戰，長久相持。萬戶之城能擋住十萬大軍之進攻，墨子設計出全民戰爭。在對付雲梯攻城上，墨子以行臨、連弩之車射出重物、轉射機、擲車射出羽箭、炭火攻敗敵人之攻勢。沈括盛讚赫連城之馬面深可為法，但赫連城之馬面比之墨子行臨就太過呆板。在應付穴地之敵人，墨子設計出甕聽，能偵測出敵人挖掘地道之正確地點；在防止守城士兵之死傷上，墨子設計出渠答，直至明代仍以渠答為守城最重要之工具。戰國時代，東至齊，西至秦，南至楚，均用墨子守城之方。民國時代朱希祖等以為《墨‧備城門》以下篇章為漢人所為，是不察其本之錯誤看法。古今學者（如韓愈、孫詒讓、錢穆等）均以為墨學在戰國時代之後式微，驗之事實則殊有不然，自漢至清，城防之法主要承襲的是墨翟之守，此一情況確實是「孔必用墨」，兩種學說一文一武，收到最佳之安邦定國功效。直到新式火砲出現，墨翟之守始逐漸退出歷史舞台，但岑仲勉以為即使在最現代化戰爭中，墨翟之守仍有其效用，如抗日戰爭中之「狐穴」即脫胎於墨子。〈備城門〉前一篇為〈公輸〉，一般人以為兩者為截然分開之兩組材料，實際上〈公輸〉篇說明墨翟之守之效用為墨翟之守之本事‧序言，與墨翟之守實為一組材料。

（五）、墨子的立論方式

　　1、以數量立論：《墨子，大取》云：「利之中取大，害之中取小。……害之中取小也，非取害也，取利也。……遇盜人而斷指以免身，利也。……」2、三段論法：立一大前題，小前題符合大前題，則小前題

可以成立。《墨子・天志》云：「我有天志，譬若輪人之有規，匠人之有矩，輪匠執其規矩，以度天下之方圓，曰中者是也，不中者非也。今天下士君子之書，不可勝載，言語不可盡記。上說諸侯，下說列士，其於仁義，則大相遠也。何以知之，曰：我得天下之明法以度之。」3、九段論法：亞里斯多德之演繹法只是三段論法，墨子之言有三表法是九段論法。墨子云：「故言必有三表。何謂三表？有本之者，有原之者，有用之者。於何本之？上本之古者聖王之事。於何原之？下原察百姓耳目之實。於何用之？發以為刑政，觀其中國家百姓人民之利。此所謂言有三表也。」4、辯之七法：《墨子・小取篇》云：「或也者，不盡也。假也者，今不然也。效也者，為之法也。所效者，所以為之法也。故中效，則是也；不中效，則非也；此效也。辟也者，舉他物以明之也。侔也者，比辭而俱行。援也者，曰：子然，我奚獨不可以然也。推也者，以其所不取之同於其所取者予之也，是猶謂『他者同也』，吾豈謂『他者異也』。」

（六）、墨子之科技思想

墨子〈備城門〉及〈經〉、〈經說〉多有涉及科學技藝之實學。如云：「圓，一中同長」「平，同高也。」「力，形之所以奮也。」「端，體之無序而最前者也。」「方，柱隅四匝也。」「本短標長」等有關科學定義，及甕聽、行臨、木鵲、車輪、轉射機、蒙衝、渠答、橝桿等工具器物之設計，讓人油然而生墨子之學儀態萬方之感覺。但其中詞語多有現今學者難明之處，學者妄加比附，往往言過其實。

十三、試論春秋戰國游士的「揣摩與順說」

關鍵詞：戰國游士、揣摩、順說

（一）、緒論

　　春秋戰國之世競爭劇烈，士人一顯身手之機會因之而大增。盟會、戰爭、變法圖強為此一時代之主要特徵。戰前須辯士廣結與國以操廟算之勝；戰後須辯士廣結與國以救亡圖存或擴張戰果；在盟會之際，須辯士折衝樽俎之外交活動；胸懷富國強兵之策士希圖得君行道，亦須設法說動人主。這些目的之達成，都有賴於轉移視聽之演辯遊說技巧。時代之迫切須要，促使演辯遊說技巧之出現與提昇。

　　此種演辯游說之技巧出現頻率最高、最能代表當時演辯之水準，且被戰國晚期游說之士寫成專章討論者即為〈揣摩〉與〈順說〉。[1]

（二）、揣摩、順說釋義

　　揣摩一詞最早出現於《戰國策》卷三〈秦一・蘇秦始將連橫〉篇：「……（蘇秦）乃夜發書，陳篋數十，得太公陰符之謀，伏而誦之，簡練以為揣摩。」

　　《史記・蘇秦列傳第九》云：「期年，以出揣摩。」司馬貞《索隱》云：「……王劭云：『揣情摩意，是鬼谷之二章名，非為一篇也。』高誘曰：『揣，定也，摩，合也。定諸侯使讎其術，以成六國之從也。』江邃曰：『揣人君之情，摩而近之。』其意當矣。」錢穆先生亦以江邃之說法為正解。並云：「如韓非說難，亦揣摩之術耳。此皆在揣摩之風大盛之後，後之策士上飾蘇秦以為揣摩之祖，而神之以鬼谷。然亦不謂鬼

---

[1]　虞卿著《虞氏春秋》，其中即有〈揣摩〉篇，見《史記・平原君列傳第十六》；《呂氏春秋》卷十五〈慎大覽第三・五曰順說〉（陳奇猷校釋本），（上海，學林出版社，1984年4月初版），頁905~907。

谷蘇秦有揣摩之書也。」[2]《史記‧平原君列傳第十六》云:「(虞卿)不得意,乃著書。上採春秋,下觀近世,曰節義、稱號、揣摩、政謀,凡八篇,以刺譏國家得失。世傳之,曰虞氏春秋。」同篇太史公評虞卿:「太史公曰:……虞卿料事揣情,為趙畫策,何其工也。」詳各段文意,及先秦古書有關揣字字意,揣多作揣度、忖度解。《虞氏春秋》中有〈揣摩〉篇,而司馬遷評虞卿之特長亦在「料事揣情」。揣摩之揣作揣度、忖度解,已無疑義。高誘云:「揣,定也。」實為誤解。摩作何解,卻大有商量餘地。高誘以為摩作「合」解。《鬼谷子》有「摩意」篇,然《鬼谷子》實為晉後偽書,所言實不可信從。古文摩字無作「合」字解者,故高誘之說法亦不可信。摩有隱、藏之意,《周禮‧考工記‧弓人》云:「強者在內而摩其筋」鄭玄注云:「摩,猶隱也。」是揣摩實指忖度(揣度)幽隱之意。在遊說者而言是設法探知被游說者心中最隱密之想法,以操遊說之勝券,此亦即是《韓非子》卷四〈說難第十二〉之「凡說之難,在知所說者之心。」《戰國策》卷三〈秦一‧蘇秦始將連衡〉云:「得太公陰符之謀,伏而誦之,簡練以為揣摩。」《太公陰符》今已失傳,由其名稱大體可知陰符實指「暗中符驗」,此亦與揣度幽隱之意類似。詳《戰國策》此段文意,似《太公陰符》原文不少,而蘇秦汰蕪留精而成其適用之「揣摩」。

順說之意可見陳奇猷注《呂氏春秋》卷十五〈順說〉之篇題:

> 篇言順說者,謂順其勢而行說也。即所謂「善說者,陳其勢,言其方」(此數語係本篇之文錯入上篇者),詳上篇「注五三」及本篇所云:「因其來而與來,因其往而與往」。……

及《呂氏春秋》對「順說」所下之定義:

> 故善說者,陳其勢,言其方,見人之急也,若自在危厄之中,豈用強力哉?強力則鄙矣。說之不聽也,任不獨在所說,亦在說者。善說者若巧士,因人之力以自為之,因其來而與來,因其往而與往;不設形

2　見錢穆,《先秦諸子繫年‧九五蘇秦考‧附鬼谷子辨》,(台北,東大圖書公司,民國79年9月,東大再版本),頁309。

象，與生與長；而言之與響；與盛與衰，以之所歸；力雖多，材雖勁，以制其命。順風而呼，聲不加疾也；登高而望，目不加明也；所因便也。[3]

（三）、春秋戰國之世之揣摩術

《韓非子》卷四〈說難第十二〉云：「凡說之難，在知所說之心，可以以吾說當之。」遊說人主、轉移視聽首要之務正在逆知被遊說者內心之想法。虞卿「上採春秋，下觀近世。」作《虞氏春秋》，其中即有〈揣摩〉篇，雖然虞卿之〈揣摩〉篇今已失傳，但遵循虞卿之途徑，「上採春秋，下觀戰國」，我們還是可以明瞭春秋戰國遊說之士「揣摩」之梗概。分析而言，揣摩之術主要為：

1，察言觀色

最粗淺之揣摩術是察言觀色。秦晉河曲之戰，秦行人夜戒晉師，明日請戰，臾駢即言：「使者目動而言肆，懼我也，秦將遁矣。」[4]孟子言：

存乎人者，莫良於眸子。眸子不能掩其惡。胸中正，則眸子瞭焉。胸中不正，則眸子眊焉。聽其言也，觀其眸子，人焉瘦哉！[5]

春秋之世察言觀色以揣知人主心意已細密至讀唇術之地步。《管子》卷十六〈中匡第五十一〉即有如下之一段記錄：

桓公與仲父闈門而謀伐莒，未發也，而已聞於國矣。桓公怒，謂管仲曰：「寡人與仲父闈門而謀伐莒，未發也，而已聞於國，其故何也。」管仲曰：「國必有聖人。」桓公曰：「然，夫日之役者，有執席以視上者，必彼是邪？」於是乃令之復役，毋復相代，少焉，東郭郵至，桓公令儐者延而上。與之分級而上，問焉，曰：「子言伐莒者乎？」東郭郵曰：「然，臣也。」桓公曰：「寡人不言伐莒，而子言伐莒，其故何也？」東郭郵對曰：「臣聞之，君子善謀，小人善意，臣意之也。」

3　分見《呂氏春秋》（陳奇猷校釋本）頁 907 及 895、905。
4　《左傳》文公十二年。
5　《孟子·離婁章句上》（焦循正義本），（台北，世界書局，民國 63 年 7 月新 2 版），頁 304~305。

桓公曰：「子奚以意之？」東郭郵云：「夫欣然喜樂者，鐘鼓之色也；夫淵然清靜者，練絰之色也；滲然豐滿而手足拇動者，甲兵之色也。日者臣視二君之在台上也，口開而不闔，是言莒也；舉手而指，勢當莒也，且臣觀小國諸侯之不服者，惟莒。於是臣故曰伐莒。」桓公曰：「善哉！以微射明，此之謂乎！子其坐，寡人與子同之。」

2、觀其行事舉止

吳起由魏文侯大造鎧甲、戈戟、戰車，知其「不好軍旅之事」為違心之論。[6]

蘇秦（或蘇代）由「燕昭王矜戟砥劍，登丘東向而歎」知其有「東嚮伐齊之心」。[7]

3、怒吐真言

楚太子商臣欲探知其父廢立之心意，告其師潘崇若之何而察之，潘崇告之以「享江芈而勿敬」，江芈果怒吐真言：「呼！役夫！宜君王之欲殺汝而立職也。」[8]

4、旁敲側擊

這是以多方剌探之方法，以索知真情。如：

孟子問齊宣王：「王之所大欲，可得聞與？」王笑而不言。曰：「為肥甘不足於口與？輕煖不足於體與？抑為采色不足視於目與？聲音不足聽於耳與？……」曰：「否，吾不為是也。」曰：「然則王之所大欲可知已。欲辟土地，朝秦楚，蒞中國而撫四夷也……」[9]

商鞅先以帝道說秦孝公，孝公時時睡；以王道說秦孝公，未中旨；以霸道說孝公，孝公善而未用。商鞅以為「誠復見我，我知之矣。」[10]

6　見《吳子‧圖國第一》，《武經七書》，（陸軍指揮參謀大學，民國55年5月影印），頁151~153。

7　《戰國策》卷29〈燕一‧蘇代謂燕昭王〉（點校本），（台北，河洛圖書公司，民國69年8月），頁1072~1073。

8　《左傳》文公元年。

9　《孟子，梁惠王章句上》（焦循正義本），頁53~54。

10　《史記‧商君列傳第八》。

5、全面擬測

在遊說、應對之際，將對方所有可能之反應全部考慮在內，研擬對策，探究其中最可能之處，多加防範，如此一來，對方之任何舉措，均可應付裕如。子產即以此種方式，處理繁複多變之外交事務，而能得心應手。《左傳》襄公三十一年即對子產之外交作為有相當細緻之介紹：

> 子產之從政也，擇能而使之。馮簡子能斷大事。子大叔美秀而文。公孫揮能知四國之為，而辨於其大夫之族姓、班位、貴賤、能否，而又善為辭令。裨諶能謀，謀於野則獲，謀於邑則否。鄭國將有諸侯之事，子產乃問四國之為于子羽，且使多為辭令，與裨諶乘以適野，使謀可否；而告馮簡子使斷之。事成，乃授子大叔使行之，以應對賓客，是以鮮有敗事。

6、模擬演練

為確保遊說行動之圓滿成功，能對臨時突發狀況多加預防，春秋戰國之世之使臣、說客往往先行模擬演練，己方之人扮演被遊說之角色，站在對方之立場，假設各種狀況，以難使臣、說客，以訓練使臣、說客隨機應變之能力，以確保遊說行動之成功。如：田需死，昭魚希望魏太子相魏，請蘇代遊說梁王。蘇代即請昭魚為梁王，蘇代設法演習說服梁王。演習之後，蘇代北上實際遊說梁王，果然達到太子自相之目的。[11]

（四）春秋戰國之世之順說術

《呂氏春秋》卷十五〈順說〉篇對於順說之道，僅舉三例加以說明，實在太過簡略。春秋戰國時代順說內容繁複多變，歸納而言，約有以下五端。

1、設法迎合

既知被遊說者之心，設法投其所好，使被遊說者大有深獲我心之知己之感。如商鞅既已揣知秦孝公意在強國之術，故精心結撰其第四次之

---

[11] 《戰國策》卷22（魏二・田需死），頁838~839。

遊說內容，使「孝公與語不自知膝之前於席也。語數日不厭。」[12]蘇秦（或蘇代）揣知燕昭王有東向伐齊之志，即順勢提出「西勞於宋，南疲於楚」之謀略，設法亡齊。[13]

2、尋機抵隙，面折人主

如吳起以兵機見魏文侯，魏文侯明言不好軍旅之事。吳起則說臣以見占隱，以往察來，文侯何言與心違。不好軍旅之事，何以大造鎧甲、戈戟、戰車，文侯無言以對，吳起順勢言及整軍經武之方，文侯立吳起為大將軍，守西河。[14]

3、順勢帶出主題

順著被遊說者心意，將意圖遊說之內容，混合在被遊說者喜好之項目之內，使被遊說者在不知不覺中受到影響，受到感動。如伊尹以滋味說湯，順勢言及調和鼎鼐之治國之道。[15]鄒忌鼓琴說威王，以調合琴音之道，順便敘及治國之道。[16]

齊宣王言及自己有好勇、好貨、好色諸多之疾，以致不能行仁政。孟子順勢說明真能好勇、好貨、好色，就足以行仁政於天下。[17]孟嘗君將入秦，止者千數而弗聽，蘇秦進諫，孟嘗君自言只願聽鬼事，蘇秦只講鬼事，以土偶人與桃梗人之故事，說明桃梗人將漂至無可知之域，以聳動孟嘗君。[18]

4、順勢陡轉

順勢而發，在關鍵點上峰迴路轉，使被遊說者猝不及防，能使言辭具有銳不可當之效果。如子革與楚靈王語，讓楚靈王順心遂意，析父謂

---

[12]　《史記・商君列傳第八》。

[13]　《戰國策》卷29（燕一・蘇代謂燕昭王），頁1073。

[14]　《吳子・圖國第一》，《武經七書》，頁151～153。

[15]　《韓非子》卷4〈說難第十二〉（王先慎集解本），（台北，世界書局，民國63年7月新2版），頁64。

[16]　《史記・田敬仲完世家第十六》。

[17]　《孟子・梁惠王章句下》，頁67～69；81～83。

[18]　《戰國策》卷10〈齊三・孟嘗君將入秦〉，頁373～374。

子革:「吾子,楚國之望也,今與王言如響,國其若之何?」子革曰:「磨
厲以須,王出,吾刃將斬矣。」果然,一首祈招之詩說得楚靈王數月饋
不食、寢不寐。[19]觸龍說趙太后愛長安君不及愛燕后之深,趙太后則直
指其非,觸龍則說父母之愛子女,計及久遠,趙太后能為燕后慮及久遠,
而對長安君只見目前,故以為太后愛長安君不如燕后,最後終於說動趙
太后以長安君出為人質,立功以自立於趙。[20]晏子為齊景公指斥馬夫之
三大死罪,暗中實指斥景公無道,迫得景公喟然而嘆:「夫子釋之,勿
傷吾仁也。」[21]順勢陡轉最見功力者為陳軫為自己之辯誣,全文錄之如
下:

> 王謂陳軫曰:「吾聞子欲去秦而之楚,有之乎?」軫曰:「然。」王曰:
> 「儀之言果信矣。」軫曰:「非獨儀知之也。行道之士盡知之矣。昔
> 子胥忠於其君,而天下爭以為臣。曾參孝於其親,而天下願以為子。
> 故賣僕妾不出閭巷而售者,良僕妾也。出婦嫁於鄉曲者,良婦也。今
> 軫不忠其君,楚亦何以軫為忠乎?忠且見棄,軫不之楚,何歸乎?」
> 王以其言為然,遂善待之。[22]

鮑彪評之為:「軫之辯類捷給,而其所稱譬,皆當於人心,不詭於
正論。周衰,辯士未有若軫之絕倫離群者也。」[23]

5、當場效驗

千言萬語,不如見之設施行事,來的深切著明。孫武以兵法十三篇
見吳王闔廬,闔廬曰:可以小試勒兵乎,曰:可。可以試婦人乎?曰:
可。演練結果,證明孫武整軍經武之方,可使婦人赴火蹈刃。[24]墨翟止
楚攻宋,在楚王面前與公輸班演習攻守之術,公輸班攻法用盡,墨翟防

19　《左傳》昭公十二年。
20　《戰國策》卷 21〈趙四‧趙太后新用事〉,頁 768~770。
21　《晏子春秋》卷 1〈景公所愛馬死欲誅圉人晏子諫第二十五〉(張純一校注本),(台
　　北,世界書局,民國 63 年 7 月新 2 版),頁 34~36。
22　《史記‧張儀列傳第十》。
23　《戰國策》卷 3〈秦一‧張儀又惡陳軫於秦王‧註七〉,頁 132。
24　見《孫子兵法‧下篇‧見吳王》,《銀雀山漢墓竹簡》〔壹〕,(北京,文物出版社,
　　1985 年 9 月 1 版),頁 34~35;亦見《史記‧孫子吳起列傳第五》。

禦有餘。楚王只有釋宋不攻。[25]史疾現場表演既不可謂鵲為烏,則可以名治國。[26]魏加以空弦落雁之故事說明臨武君不可以為拒秦之將。[27]

（五）、結論

　　春秋戰國時代,演辯遊說之技巧非僅止於揣摩與順說,本文成於倉促,即或是揣摩、順說之範疇仍有意猶未盡之處。但單本文所論列者,已可窺見春秋戰國之世,中國演辯遊說技巧之卓越。春秋戰國之世,從事遊說者亦非僅只行人及縱橫家者流,各家各派往往參預其中,有非凡之表現。而從事遊說者或行人,事前準備之充份、周詳,亦迥出後人意想之外,如《漢書‧藝文志》稱「言其當權事制宜。受命不受辭,此其所長也。」即非事實。[28]

---

[25]　《墨子》卷13〈公輸第五十〉(孫詒讓閒詁本),(台北,世界書局,民國63年7月新2版),頁292~296。

[26]　《戰國策》卷27〈韓二‧史疾為韓使楚〉,頁992。

[27]　《戰國策》卷17〈楚四‧天下合從〉,頁571。

[28]　如「齊孝公來伐魯,臧文仲欲以辭告,病焉,問於展禽。……展禽使乙喜以膏沐犒師。」見《國語》卷4〈魯上‧展禽以膏沐犒師〉,(上海,上海古籍出版社,1995年5月3刷),頁159~160。展乙喜犒師之辭即得之展禽。鄭子產在與諸侯折衝樽俎之際,亦使子羽多為辭令,乃授子大叔使行之,以應對賓客,是以鮮有敗事。其詳可參《左傳》襄公三十一年之紀事。

附錄一

從出土之簡帛資料研析──「（法家）歸本於黃老」之真義[*]

提要

法家與道家思想針鋒相對，但何以司馬遷認為法家之申、慎、韓「歸本於黃老」？歸本於黃老，其中何者歸本於黃？何者歸本於老？

慎到「學黃老道德之術，因發明序其指義」之真正含義。慎到之勢治思想主要源自黃帝，其中言語與《黃帝四經》無殊者，至少就有五段。

「申子之學本於黃老而主刑名」，刑名為申不害重術之最主要核心思想，此種循名責實可在《黃帝四經》中找到根源。申不害之重術實兼含重勢思想；其勢治思想亦與《黃帝四經》有淵源而與《老子》無關。

韓非「喜刑名法術之學，而其歸本於黃老」，韓非之重術思想與黃帝有極深之淵源關係，二者亦同以刑德立論；而其重法思想則與黃老無涉，別有淵源；在重勢方面，韓非不但思想與《黃帝四經》一致，甚至在用字遣詞上亦無有不同。《韓非子》雖有〈解老〉、〈喻老〉等篇，但其思想實多處與《老子》嚴重衝突。在文體上，《韓非子》亦受到道家《黃帝》一派極深的影響。

法家「歸本於黃老」，究其實際，以歸本於黃帝者為多。黃帝思想晚出，在申、慎、韓之後之說法，值得商榷。道家君王南面之術，在魏晉以後淹沒無聞，但其思想火種傳至法家之後，實為其後之法家思想增添無限光輝。

關鍵詞：簡帛、法家、黃老

---

* 簡帛研究彙刊・第一輯・第一屆簡帛學術討論會論文集中華民國 92 年 5 月出版・頁 175~188

一、概說

先秦諸子中，道、法二家恰呈兩極式之對立。法家主積極有為，而道家主消極無為；法家以人性本惡，故主張以嚴刑峻法矯治人性，而道家以人性出之自然，主張全性保真；法家設官分職，而道家主齊物；法家重視法律之制定公布實行，主張變法，而道家以為「法令滋章，盜賊多有。」；法家主張富國強兵兼併，而道家則以為有道者不以兵強天下，主張小國寡民。故《淮南子》以為：

> 申、韓、商鞅之為治也，拌拔其根，蕪棄其本，而不窮其所生何以至此也。鑿五刑，為刻削，乃背道德之本，而爭於錐刀之末。[1]

但司馬遷卻認為法家各派（除商鞅外）之思想均歸本於黃老。[2]其故何在？司馬遷以為申、慎、韓思想歸本於黃老，但近人（如王叔岷、鍾肇鵬等）卻以為「黃帝書蓋出於慎到、申不害之後。」故「申不害之本黃老，僅本於老，而與黃無關，慎到亦然。」[3]「《黃老帛書》既然是戰國末年的作品，當然不會是韓非的思想淵源，更不可能是申不害思想的淵源。」[4]司馬遷與近代學人相異之看法，究以何者為是？這些均是本論文所欲探討之主題。過去研究法家歸本於黃老問題，其源自老子部份，有用武之地，而源自黃帝部份，因文獻不足，故全無措手之處。自從馬王堆出土《黃帝四經》[5]之後，此中情況已根本改變。本文就慎到、申不害、韓非之思想探討《史記》所謂（法家）「歸本於黃老」之真義。

---

[1] 《淮南子·卷六·覽冥訓》。

[2] 《史記·老莊申韓列傳第三》：「申子之學，本於黃老而主刑名。……韓非……喜刑名法術之學，而歸本於黃老。」《史記·孟子荀卿列傳第十四》：「慎到、趙人，……皆學黃老道德之術，因發明序其指意。」。

[3] 王叔岷，〈論司馬遷述慎到、申不害及韓非之學〉，《中央研究院歷史語言研究所集刊》五十四本第一分，民國72年3月，頁98。

[4] 鍾肇鵬，〈黃老帛書的哲學思想〉，《文物》1978年第二期，頁65。

[5] 唐蘭一共舉出三方面之例證，證明馬王堆出土《老子》乙本卷前古佚書，即為漢後久佚之《黃帝四經》。唐蘭之說法，見〈馬王堆出土《老子》乙本卷前古佚書的研究〉，《考古學報》1975年第一期，頁8~9。

二、慎到「學黃老道德之術，因發明序其指義」釋義

法家之核心思想為法、術、勢，而慎到為重勢派之代表人物。[6]《韓非子・卷十四・外儲說右下第三十五》言及「勢者，君之馬也。」是勢為國家力量之主要來。但勢為何物，實為近百年來學人無法釐清的一個難題，楊寬、王叔岷、吳康、陳啟天等對勢之解釋均言之不清不楚。[7]致誤之由是誤以《韓非子・卷十七・難勢第四十》之「飛龍乘雲，騰蛇遊霧。」這一段話為勢之定義，以部份涵蓋全體，以致無法認清勢之真象、全貌。政治上之重勢是本大末小、層層節制、以大制小、以合制分、定分、借勢、乘勢、以強制弱、以眾制寡、以暗制明，使自己能有凌駕一切之控制力量，且能在意想不到之時地行出奇制勝之不測恩威。[8]就勢之觀點來看，慎到確以重勢為其核心思想。《慎子・威德》篇、慎到佚文之「行海者坐而至越，有舟也。……」「河之下龍門，其流駛如箭，駟馬追，弗能及。」「燕鼎之重乎千鈞，乘於吳舟，則可以濟，所托者，浮道也。」[9]屬於借勢、乘勢之範疇。

《呂氏春秋・慎勢》所引之「慎子曰：今一兔走百人逐之。……」則屬勢治之定分範疇。

《慎子・德立》及佚文之「君臣之間；猶權衡也。權左橛則右重，右重左橛。輕重迭相橛，天地之理也。」「眾之勝寡，必也。」「兩貴不

6　見《韓非子・卷十七，難勢第四十》。

7　楊寬對勢之瞭解，可參看《戰國史・第十章・五慎到的勢治理論》，（上海，上海人民出版社，1980年7月2版8刷），頁417；王叔岷對勢之瞭解，可參看《論司馬遷述慎到、申不害及韓非之學》一文，《中央研究院歷史語言研究所集刊》第五十四本第一分，頁75~99；吳康，〈戰國法家思想概述〉，《大陸雜誌史學叢書第三輯第一冊》，頁291；陳啟天，（法家述要），《中央研究院歷史語言研究所集刊》第四十本下冊，民國58年11月，頁852。

8　其詳可參羅獨修，《先秦兵家思想探源・第三章第六節孫臏之兵勢思想淵源》，文化大學88年6月博士論文，頁161~173。

9　阮廷悼，《先秦諸子考佚・九慎子考佚》，（台北，鼎文書局，民國69年3月），頁185、187、191，分別輯自《太平御覽・七百六十八》、《水經河水》、《太平御覽・七百六十八》。

相事，兩賤不相使。」[10]屬於以強制弱、以眾制寡之範疇。

其「棄知去己而緣不得已，冷汰萬物以為道理。」[11]屬於勢治之以暗制明之範疇。

《黃帝四經》中之〈經法・大小〉、〈稱〉等篇，純就勢治理論立說。

以稱說明勢治之理，在慎到佚文中是「君臣之間，猶權衡也。權左橛則右重，右重左橛。輕重相橛，天地之理也。」慎到直接引自《黃帝四經》者，唐蘭〈馬王堆《老子》乙本卷前古佚書的研究〉引文就引了五條。[12]

有關勢治理論，《老子》則是語焉不詳，不過是「魚不可脫于淵，國之利器，不可假人。」而已，這些思想在《慎子》正文及佚文之中，杳無蹤跡。《老子》反對法治，而慎到之思想實勢、法兼容。《荀子・解蔽》云：「慎子蔽于法而不知賢。」《荀子・非十二子》云：「尚法而無法，下脩而好作，上則取聽于上，下則取從於俗，終日言成文典，……是慎到、田駢也。」《慎子》之〈君人〉、〈君臣〉，佚文之「民一於君，專斷於法，是國之大道也。」「有權衡者，不可欺以輕重。有尺寸者，不可差以長短。有法度者，不可巧以詐偽。」[13]均是慎到尚法之具體內

10　阮廷焯，前引書，頁 191、195，分別輯自《太平御覽八百三十》、《文選・潘安仁夏侯常侍誄注》、《意林二》。

11　《莊子・第十卷・天下第三十三》。

12　《慎子》：「藏甲之國，必有兵道。」《十大經・本伐》：「諸庫藏兵之國，皆有兵道。」《慎子・因循》：「是故先王見不受祿者不臣，祿不厚者不與入難。」〈稱〉：「不受祿者天子弗臣也，祿泊者弗與犯難。」《慎子・德言》：「立天子不使諸侯疑焉。立諸侯不使大夫疑焉。立正妻不使嬖妾疑焉。立嫡子者不使庶孽疑焉。疑則動，兩則爭，雜則相傷。」〈稱〉：「故立天子□□□諸侯疑焉。立正嫡者不使庶孽疑焉。立正妻者不使婢妾疑焉。疑則相傷，雜則相方。」《慎子，威德》：「天有明，不憂民之晦也。……則聖人無事焉。」〈稱〉：「天有明而不憂民之晦也，百姓辟其戶牖而各取昭焉。……地亦無事焉。」《慎子・德言》：「故臣有兩位者國必亂，臣兩位而國不亂者，君在也，恃君而不亂矣，失君必亂。子有兩位者家必亂，子兩位而家不亂者，父在也，恃父而不亂矣。失父必亂。」〈稱〉：「臣有兩位者其國必危，國若不危，君臾存也。失君必危。失君不危者臣故差也。子有兩位者家必亂，家若不亂，親臾存也。□□□危，失親不亂，子故差也。」

13　阮廷焯，《先秦諸子考佚・九慎子考佚》，頁 186、187，分別輯自《北堂書鈔四十

容。

由此觀之，慎到「學黃老道德之術，因發明序其指義」實以黃帝之勢治思想為主，兼及尚法之內容。王叔岷所謂之「（慎到）僅本於老，與黃無關。」恰與事實真象截然相反。

三、「申子之學本於黃老而主刑名」釋義

《韓非子·卷十七·定法第四十三》云：「申不害用術，而公孫鞅為法。」《韓非子》敘及申不害用術之具體內容是「術者，因任而授官，循名而責實，操生殺之柄，課群臣之能者也，此人主之所執也。」《申子·大體篇》所述之內容：

> 為人君者，操契以責其名。名者，天地之綱，聖人之符。張天地之綱，用聖人之符，則萬物之情無所逃之矣。

與《韓非子·卷十七·定法第四十三》所述之內容大同小異。此種循名責實即法家重術派之主要內容，以契約責成實效方式，以簡馭繁駕馭百官，有效推行政務。此種術治即司馬遷所謂之「本於黃老而主刑名」之刑名。此種刑名之治術實淵源於黃帝，如《黃帝四經·經法·名理》之主要內容即是此種刑名治術：

> 天下有事，必審其名。名□□循名廄（究）理之所之，是必為福，非必為材（災）。是非有分，以法斷之。虛靜僅聽，以法為符。審查名理名終始，是謂廄理。唯公無私，見知不惑，乃知奮起，故執道者之觀于天下，□見正道循理，能與曲直，能與冬始。故能循名廄理。

此種循名責實之治術實與《老子》無涉。

《荀子·解蔽》云：「申子蔽于勢而不知知。」王蘧常注此云·：「申子任法，而言勢不可考。」[14]申不害惟一保留較完整之〈大體〉篇，就其內容來看，實是術、勢並用之政治論文。其始「一妻擅夫，眾婦皆亂。一臣專君，群臣皆蔽。」至「臣事其常」二百餘字，均屬勢治之範疇。

三〉、《意林二》。

[14]　王蘧常，《諸子學派要銓》，（九龍，中華書局香港分局，1987年12月），頁118。

而其佚文之「知均不相使,力均不相勝」、「治不踰官,雖知不言。」[15]實均屬勢治之範疇。其思想實源自《黃帝四經‧稱》之「故立天子不使諸侯疑焉……」《黃帝四經‧十大經‧亡論》之「一人擅主,命曰蔽光。」

阮廷焯以為申不害之無為、「倚於愚,立於不盈。」「剛則折,危則覆,動者搖,靜者安。」「設於不敢,藏於無事。」為申子之學本於《老子》之明證。[16]其中《申子‧大體》之「立於不盈,設于不敢。」亦見《黃帝四經‧十大經‧順道》之「立于不敢,□于不能。」但這些均係糟粕,申不害思想之精粹部份實源自黃帝。

四、韓非「喜刑名法術之學,而其歸本於黃老」釋義

《史記,老莊申韓列傳第三》云:「韓非者,韓之諸公子也。喜刑名法術之學,而其歸本於黃老。」所謂刑名,實指循名責實,屬重術之範疇,而法是指重法,術實勢、術兼包。法家在論及重勢之際,往往離不開重術,而論及重術之際,亦兼及重勢之思想。如《韓非子‧卷二‧揚權第八》、《申子‧大體》均係術、勢兼論之政治論文。術、法、勢為韓非理論之主要內容,韓非子主張三者兼用,不可偏廢,以達致治之目的。

韓非之重術思想與道家有極深之淵源關係。司馬談論〈六家指要〉敘及名實合一為道家主要思想之一:

群臣並至,使各自明也。其實中其聲者謂之端,實不中其聲者謂之窾。

窾言不聽,姦乃不生,賢不肖自分,白黑乃形。

《黃帝四經》中〈十大經‧十大〉云:「欲知得失,請必審名察刑。刑恆自定,是我俞靜,事恆自定,是我無為。」另外〈經法‧名理〉亦有大段循名究理之內容,可參看。唐蘭所列佚書引文中,《韓非子》全書中有四段文字與《黃帝四經》極其類似,其中有二段文字即屬名實之

---

[15] 阮廷焯,《先秦諸子考佚‧八申子考佚》,頁 170、174,分別輯自《意林二》、《韓非子‧難三》。

[16] 阮廷焯,《先秦諸子考佚‧八申子考佚》,頁 160~161。

範疇。如《黃帝四經·經法·論》云：「名實不相應則定，名實不相應則靜。名自正也，名自命也，事自定也。」《韓非子，揚權》則是：「故聖人執一以靜，使名自命，令事自定。」《韓非子·主道》是：「故虛靜以待令，令名自命也，令事自令也。」《黃帝四經·經法·論》云：「三名：一曰正名立而偃，二曰倚名法而亂，三曰強主立而無名。」《韓非子·揚權》則是：「用一之道，以名為首，名正物定，名倚物徙。」這些地方均可看出，《韓非子》之循名責實之重術思想，與《老子》無關，而與黃帝思想有極深之淵源關係。韓非除吸收申不害之「因任而授官」之循名責實之術外，另補之以「陳言授官」之循名責實之術。[17]

　　為了有效推行政令，落實名實，《韓非子··卷二·二柄第七》主張人主當用刑德。唐蘭即以為法家之刑德思想亦源自《黃帝》而非《老子》：

　　《老子》講德不講刑，四篇古佚書把德和刑對立，稱為刑德，這是黃帝之言的重要發展。法家如《韓非子》就有《二柄》一篇，說：「二柄者刑德。何謂刑德，殺戮之謂刑，慶賞之謂德。」[18]

　　韓非之重法思想主要來自商鞅，其〈定法〉、〈六反〉、〈五蠹〉、〈飭令〉、〈制分〉等篇有詳細之敘述，但韓非對商鞅之重法思想亦非全盤接受，對其不盡、不實之處亦嚴加批評、駁斥，如重法無術，則不足以知姦，尚首功之制不盡合理。[19]法家三派之中，只有重法派之商鞅，司馬遷不言其歸本於黃老。商鞅之刻薄寡恩實亦與道家判然二途，是韓非重法之主要思想實非源自道家。

　　在重勢方面，韓非子不但思想與《黃帝四經》一致，甚至在用字遣詞上有些地方亦已至無有不同之地步。在勢治思想之本大末小、層層節制上，《黃帝四經·稱》云：

　　天子之地方千里，諸侯百里，所以朕合之也。故立天子，不使諸侯疑焉，立正敵（嫡）者，不使庶孽疑焉。立正妻者，不使婢妾疑焉。疑

17　《韓非子·卷二，二柄第七》。

18　唐蘭，〈馬王堆出土《老子》乙本卷前古佚書的研究〉，《考古學報》1975 年第一期，頁 13。

19　《韓非子，卷十七·定法第四十三》。

則相傷，雜則相方。

《韓非子・卷二・揚權第八》則是「有國之君，不大其都；有道之君，子無適從。」「木枝外拒，將逼主處。數披其木，毋使枝大本小。」《黃帝四經・稱》云：「臣有兩位者，其國必亡。」《黃帝四經・十大經・亡論》云：「二曰大臣主。」《韓非子・卷五・亡徵第十五》則是「大臣專制，樹羈旅以為黨，……可亡也。」

為防止君權凌夷，首要之途在防止大臣之專斷擅權，《黃帝四經》及《韓非子》均稱此種情況為壅塞。《黃帝四經・經法・大分》云；「大臣主，命曰壅塞。」「主失位，臣不失處，命曰外根，將與禍鄰。」《黃帝四經・經法・亡論》云：「五曰左右比周以壅塞。」《韓非子・卷五・亡徵第十五》則是：「大臣甚貴，偏黨眾強，壅塞主斷，而重擅國者，可亡也。」《韓非子・卷十三・外儲說右上第三十四》則是：「術之不行有故，不殺其狗則酒酸。夫國亦有狗。」

在以大制小、以眾制寡上，《黃帝四經・稱》云：「強則令，弱則聽。」

《韓非子，卷二・揚權第八》則是「腓大於股，難以趣走。」

在以合制分上，兩者同用度量。《黃帝四經・經法・道法》云：「故曰，度量已具，則治而制之矣：」《韓非子・卷二，揚權第八》則是「上操度量，以割其下。故度量之立，主之寶也。黨與之具，臣之寶也。」

在抓住有利時機以出奇制勝上，《黃帝四經・十大經・五正》云：「闔冉乃上起黃帝曰：『可矣，夫作爭者凶，不爭者亦無功。』」《黃帝四經・稱》云：「若時可行，亟應勿言。」《韓非子・卷五・亡徵第十五》則是：

> 亡徵者，非曰必亡，言其可亡也。夫兩堯不能相王，兩桀不能相亡，王亡之機，必其治亂其強弱相踦者也。木之折也必通蠹，牆之壞也必通隙。然木雖蠹，無疾風不折。牆雖隙，無大雨不壞。萬乘之主，有能服術行法，以為亡徵之風雨者，其兼天下不難矣。

《韓非子》雖有〈解老〉、〈喻老〉之篇，但其思想實與《老子》針鋒相對。容肇祖即以〈解老〉、〈喻老〉與韓非思想衝突，認為此二篇非

韓非所作。[20]王叔岷〈論司馬遷述慎到、申不害、韓非之學〉即舉出老莊並重恬淡恍惚，而韓非反對恬淡恍惚；《老子》三寶之一是慈，《韓非子・顯學》即云：「慈母有敗子。」老莊重微妙之言，而《韓非・五蠹》則云：「故微妙之言，非所務也。」老子主「知足不辱，知止不殆。」《韓非子・六反》則云：「則雖足民，何可以為治也。」[21]其他如《老子》主「治大國若烹小鮮。」《韓非子・卷五・南面第十八》則是「不知治者，必曰無變古，毋易常。」《老子》主張「小國寡民」「使民復結繩而用之。」《韓非子・卷十九・五蠹第四十九》則反法古，主張「聖人不期修古，不法常可，論世之事，因為之備。」並以為「今欲以先王之政治當世之民，皆守株之類也。」《老子》主張「是以聖人執左契而不以責於人。」《韓非子・卷一・主道第五》則是「符契之所合，賞罰之所生也。故群臣陳其言，君以其言授其事，事以責其功。」

在文體上，《韓非子》更是與《老子》南轅北轍，而與《黃帝四經》有極多類似之處。《漢書・藝文志》敘九流至道家時，總括道家之思想與文體是：

> 道家者流，蓋出於史官，歷記成敗存亡禍福古今之道。然後知秉本執要，清虛以自守，卑弱以自存，此君人南面之術也。

此段敘述除「清虛以自守，卑弱以自存」外，整段與《老子》枘鑿不納，故曹耀湘以為此段敘述全係附會。[22]若將《黃帝四經・經法》之〈大分〉、〈亡論〉與《漢書・藝文志》此段敘述比合而觀，則大體符合，

20　容肇祖云：「〈五蠹篇〉說：『微妙之言，上智之所難知也。……故微妙之言，非民務也。』〈解老〉、〈喻老〉是解釋微妙之言。韓非一人不應思想這樣衝突，可證非彼所作。」見容肇祖，〈韓非的著作考〉，《北京大學百年國學文粹，史學卷》，〈北京，北京大學出版社，1998 年 4 月 1 版〉，頁 121。

21　五叔岷，〈論司馬遷述慎到、申不害及韓非之學〉，《中央研究院歷史語言研究所集刊》有五十四本一分，頁 87~88。

22　曹耀湘云：「其曰道家出於史官，不過因老子為柱下史及太史公自敘之文，而附會此說爾。若云歷記成敗興亡，然後知秉要執本，未免以蠡測海之見。」見曹耀湘，《墨子箋・卷十五》，此書收錄於《墨子集成》中，〈台北，成文出版社，民國 64 年。〉

所謂大體符合是《黃帝四經・經法》之〈大分〉、〈亡論〉合於《漢書・
藝文志》所謂之「秉本執要，清虛以自守，卑弱以自存，此君人南面之
術也。」其不盡符合之處是「歷記成敗存亡禍福古今之道。」韓非之〈亡
徵〉篇即完全以同一筆法寫成，而其內容亦大體同於〈亡論〉、〈大分〉。
陳麗桂在論及韓非的黃老思想之際，即詳列《韓非子・亡徵》與《黃帝
四經・經法》之《大分》、〈亡論〉，以明其思想相襲之處。[23]足徵在「秉
本執要，清虛以自守，卑弱以自存，此君人南面之術也。」方面，韓非
亦是深受《黃帝四經》之影響。而《黃帝四經・經法》之〈亡論〉、〈大
分〉與《韓非子・亡徵》無論就其筆法及其主旨，又實類似《逸周書・
史記》之記述，故陳逢衡以為《逸周書・史記》當與《韓非子・亡徵》
參看。[24]而《逸周書・史記》之寫法，則與《漢書・藝文志》所謂之「歷
記成敗存亡禍福古今之道，然後知秉本執要，清虛以自守，卑弱以自存，
此君人南面之術也。」分毫不爽。由此可知所謂：「道家者流，蓋出於
史官，歷記成敗存亡禍福古今之道，……此君人南面之術也。」確是信
而有徵。道家、法家共有之法治、名治、勢治等思想之根源，大量存在
於遠古歷史之中，至少周人綱紀天下之道即離不開循名責實之名治與勢
治，《莊子・第十卷・天下第三十三》云：「春秋以導名份。」確是言不
虛發。《黃帝四經・經法》之〈大分〉、〈亡論〉，《韓非子・亡徵》寫法
並不完全，未能將其立論之依據，一一筆之於書，達到「歷記成敗存亡
禍福古今之道」之標準，如《逸周書・卷八・史記第六十一》者。但《韓
非子》之〈十過〉、〈內外儲說〉、〈說疑〉等篇，則恰如《漢書・藝文志》
對道家文體、思想之形容，由此益見《韓非子》受道家影響之深，並由
此可進一步瞭解劉歆、班固猶及見史之闕文（還見及若干道家作品之本
來面目）。

---

[23]　陳麗桂，《戰國時期的黃老思想・第四章第四節韓非的黃老思想》，〈台北，聯經出
　　　版社，民國 80 年 4 月〉，頁 214~216。

[24]　黃懷信、張懋鎔、田旭東撰，《逸周書彙校集注卷八・史記解第六十一》，（上海，
　　　上海古籍出版社，1995 年 12 月 1 版），頁 1006。

五、結論

　　《淮南子》以申、韓背離道德之本，若謂其背離《老子》道德之本，可謂實情，若謂其背離《黃帝》道德之本，則是無稽之談。司馬遷籠統稱申、慎、韓之思想歸本於黃老，但其中仍有程度上之差異，即申、慎、韓之絕大部份思想實歸本於《黃帝》，只有少部份枝節之思想源自《老子》。唐蘭亦以為申韓本黃老，重點是在法家的黃，主要是刑名思想，而不在道家的老。[25]但唐蘭將歸本於黃之範圍限之過狹。在循名責實之重術、本大末小以強制弱之重勢，以歷史為殷鑑等方面，法家確是歸本於黃老，特別是黃老中之黃帝。至於黃帝書晚出，為戰國時人所依託，清代章學誠即自認對此問題有開鑿鴻濛之分析。[26]戰國早期之莊子在行文之際，即已黃老並稱，足徵黃帝思想晚出，在申、慎、韓之後之說法，太過主觀。故王叔岷、鍾肇鵬等之說法實值得商榷。

　　《黃帝四經》論及君王南面之術如此深刻，萬無失亡之理，而魏晉以後此書居然會淹沒無聞，實亦可歸之「書有名亡實不亡」之現象。[27]先秦諸子中此等現象極為普及。古人著書不嫌剽竊，不注出處，其採別家理論以立說，被剽竊者因精華已失，其書往往不傳，但其思想有時反賴剽竊者傳之千古。君王南面之術在道家方面而言是薪盡漸滅，但火傳至法家，為法家思想實增添萬丈光芒。

25　唐蘭，〈馬王堆出土《老子》乙本卷前古佚書的研究〉，《考古學報》，1975 年第一期，頁 9。

26　章學誠云：「兵家之有《太公陰符》先儒以為後人偽撰而依託乎古人，其言似是而推究其旨，則亦有所未盡也。蓋末數小技，造端皆始於聖人，苟無微言要旨之傳授，則不能以利用千古也。三代盛時，各守人官物曲之世氏，是以相傳以口耳，而孔孟以前，未嘗得見其書也。至戰國而官守師傳之道廢，通其學者，述舊聞而著於竹帛焉。中或不能無得失，要其所自，不容遽昧也。以戰國之人，而述黃、農之說，是以先儒辨之以文辭，而斷其偽託也；不知古初無著述，而戰國始以竹帛代口耳。實非有所偽託也。」見章學誠，《章學誠遺書・卷一・文史通義・詩教上》，北京，文物出版社，1985 年 8 月 1 版，頁 6。

27　鄭樵論書有「名亡實不亡論一篇」，見《通志，二十略，校讎略一》〈台北：世界書局，民國 73 年 10 月 8 版〉，頁 722。

附錄二

出土簡帛兵學資料對先秦兵學思想之定疑補闕作用試析[*]

提要

　　從唐宋以來，學者對先秦兵學思想受困於材料，已陷入研究之僵局。自從 1972 年陸續出土大量有關先秦兵學之簡牘材料已使整個研究之局發生根本上之改變，其最關重大之問題如孫武、孫臏為一為二，兵書為一為二，《尉繚子》、《六韜》是真是偽，蘇秦亡齊是物語還是歷史，已得出土資料驗證，而能將問題講定。其它可利用舊、新材料再行斟酌之問題仍多，其最顯著者如：《孫子兵法》之〈火攻〉〈用間〉之先後次序、《尉繚子》究竟應屬兵形勢家抑或雜家？孫臏貴勢其具體內容可否指實？孫軫究竟為誰？《風后握奇經》現在能否知其真偽？墨學是否在戰國末世秦漢之世即已湮沒不彰？〈公輸〉篇與〈備城門〉是否為截然分開之兩組材料？說客與說辭普遍發生張冠李戴之致誤之由為何？荊軻刺秦是否別有隱情？《漢書‧藝文志》所列兵陰陽家之兵書完全亡佚，出土資料能否讓我們對兵陰陽家有深一層之認知？這些問題即本文之主題所在。而舊新材料比勘已能給上述問題相當肯定之答案。

　　關鍵詞：先秦兵家、孫子兵法、孫臏兵法、漢書藝文志、兵陰陽家、兵形勢家

---

[*]　第三屆簡帛學術討論會——簡帛與歷史‧地理。

一、緒論

　　唐宋以迄西元 1972 年間先秦軍事思想史之研究實已陷入研究之困境。學者對司馬遷、班固有關先秦軍事思想史之說法多有疑惑。其犖犖大者如：葉適、全祖望、錢穆先生等即疑有無孫武其人？孫武、孫臏究竟為一為二？兵書究竟為一為二？[1]葉適疑及《孫子兵法》之〈火攻〉篇結尾不與〈火攻〉正文連屬。[2]姚際恆疑《尉繚子》、《六韜》為偽，呂思勉以為「文義古質」為先秦古書，[3]究以何者為是？《尉繚子》究竟屬於兵家抑或雜家，聚訟千載而無法審定。孫臏貴勢之具體內容為何？《漢書‧藝文志》所列兵形勢之《孫軫五篇》之孫軫究竟是誰，從唐顏師古到清姚振宗始終無法徵實。[4]《風后握奇經》是真是偽，唐獨孤及、明章演之看法即與《四庫全書總目提要》之撰者截然有別。[5]學者普遍以為墨子學說在秦漢之世即已湮沒不彰，[6]並以〈公輸〉篇與〈備

---

[1]　其詳可見：葉適，《學習記言‧卷第四十六》，（萃古齋精鈔本），（中國子學名著基金會印行，民國 67 年 12 月初版），頁 1 上 1 下；全祖望，《鮚埼亭集》，（台北，華世出版社，民國 66 年 3 月初版），卷 29〈孫武子論〉，頁 364；錢穆先生，《先秦諸子繫年考辨》，〈台北，東大出版社，民國 79 年 9 月再版〉，頁 13。

[2]　葉適，《學習記言‧卷四十六》、頁 6 上。

[3]　其詳可看，姚際恆，《古今偽書考》（知不足齋叢書本），（台北，藝文印書館影印《百部叢書》），頁 27 上；呂思勉，《先秦學術概論》，〈上海，東方出版社，1985 年 6 月〉，頁 134。

[4]　顏師古對孫軫不下註語。姚振宗云：「孫軫，始末未詳。」見姚振宗，《漢書藝文志條理》，〈台北，開明書店，民國 48 年 6 月台 1 版〉，卷 4，頁 133。

[5]　獨孤及以為黃帝、項藉、孝武以此種陣勢所向克捷。見獨孤及，〈風后八陣圖記〉，《古今圖書集成》，〈台北，鼎文書局，民國七四年四月再版〉，冊 71《戎政典》上，頁 962；章演以為「公孫弘已討論，諸葛亮又能推演，桓溫知其率然，馬隆依以破敵，則八陣之用無廢矣。」見章演，〈古陣法敘〉，《古今圖書集成》冊 71《戎政典》上，頁 965；《四庫全書總目提要》撰者疑此書為偽：「疑唐以來好事者，因諸葛亮八陣之法，推演為圖，托之風后。其後又因此記，推衍為此經，併取記中握機制勝之語，以為之名。」見永瑢等，《四庫全書總目提要》，〈台北，商務印書館，民國 74 年 6 月增訂 3 版〉，卷 99〈子部九兵家類〉，頁 2034。

[6]　如孫詒讓即云：「漢晉以降，其學幾絕。」見孫詒讓，《墨子閒詁‧序》，（台北，世界書局，63 年 7 月 2 版〉，頁 1。

城門〉為截然分開的兩組材料。[7]這些看法是否是事實。蘇秦生平一直存在相異之兩種說法,此兩種相異之說法究當以何者為是?此種誤解是如何形成?《史記‧刺客列傳》敘及荊軻刺秦出於太子丹個人之恩怨,直以國家存亡大事為兒戲,此一事件是否別有隱情?《漢書‧藝文志》敘及《孫子》等兵權謀類兵書是「兼形勢,包陰陽,用技巧。」但近代學者如龐樸,[8]以為《孫子兵法》中根本不含兵陰陽之內容,此兩不相容之說究當以何者為是?《漢書‧藝文志‧兵書略》所列兵陰陽家之兵書完全亡佚,我們是否已無由一睹兵陰陽家之具體內容?

但 1972 年起,臨沂銀雀山、長沙馬王堆、張家山、青海大通上孫家寨等地出土大量有關兵學之簡帛後,整個研究形勢完全改觀。整個上古兵學目前已進入一全新探討階段,有些範疇材料多至幾乎可以達到上友古人,與古人立於同樣基礎點上研究先秦兵學問題。因之上述千年無解之癥結問題,許多目前已迎刃而解,如孫武、孫臏為一為二、兵書為一為二,《尉繚》、《六韜》真偽之辨等,已得出土簡牘資料澈底釐清,本文不再贅述。其它尚有待斟酌之問題,依序敘之於下。

二、《孫子兵法》之〈火攻〉、〈用間〉之次序問題

葉適對〈火攻〉篇之結尾不與〈火攻〉正文連屬之問題,朱軍再次提出:

> 我認為上述古今注解有進一步研究之必要。關鍵是對本節整個內容含意的認識問題。我認為本節是講慎重從事戰爭,認真準備戰爭的問題。從這個中心思想看來,本節雖置於《火攻篇》的末節,並非本篇的小節,乃是上述十二篇的結束語。它上承「兵者,國之大事,死生之地,存亡之道,不可不察也。經之以五事,校之以計」的全部含意,

---

7　孫詒讓云:「備城門以下十餘篇,則又禽滑釐所受兵法之遺法,於墨學為別傳。」見孫詒讓,《墨子閒詁‧序》頁 1。岑仲勉、楊寬等學者論及墨學,均與孫詒讓持同樣之看法。

8　龐樸云:「孫子兵法是倖存的惟一先秦兵書,其中全無陰陽氣味。……」見龐樸,〈先秦五行說之嬗變〉,《穰秀集》,(上海,上海人民出版社,1988 年 3 月 1 版),頁 466~467。

在這裏提出了「不修其功者凶」,「明主慮之,良將修之」,「此乃安國全軍之道也」,提到如此高度自然指的戰爭的整體行為,豈能只指火攻水攻,豈是只講賞功罰過。[9]

朱軍解釋了〈火攻〉篇結尾與〈火攻〉正文不相連屬之問題。但卻將〈用間〉篇排除在外,卻未見任何合理解說,解釋仍有欠妥之處。

此一千載難解之疑問,直到臨沂銀雀山竹簡《孫子兵法》出土,始能判明。在銀雀山之木牘篇題上,〈火攻〉篇(或〈火陣〉)在〈用間〉篇之後,實為《孫子》十三篇之末篇。因此〈始計〉篇之「兵者,國之大事,死生之地,存亡之道,不可不察也。」非僅〈始計〉篇之破題,實為全書總綱。而〈火攻〉篇之「戰勝而不速其功者凶,命曰費留。故曰:明主慮之,良將修之。主不可怒而興師,將不可慍而致戰。合于利而動,不合于利而止。怒可復喜,慍可復悅,亡國不可以復存,死者不可以復生。故明主慎之,良將警之,此安國全軍之道也。」並非〈火攻〉篇之結尾,實為全書結論,與〈始計〉篇起首四句,遙相呼應。

三、《尉繚子》究竟屬於兵形勢家抑或雜家

《尉繚子》在《漢書‧藝文志》中即分列二處,一為雜家《尉繚二十九篇》,一為兵形勢家《尉繚三十一篇》。二者為一為二,學者聚訟二千餘年而無法定奪。隋唐五代之劉昫、魏徵將其列入雜家,宋代以後之學者如晁公武、鄭樵、焦竑、王陽明、沈欽韓將其改列入兵家。當代學者李解民、張烈、華陸綜將其列入雜家,呂思勉、馬非百、鄧澤宗將其列入兵家,而持折衷看法者有劉春生‧鄭良樹。[10]致誤之由有二:一是不明兵形勢之定義,以為《尉繚子》全書內容與《漢書‧藝文志》對兵形勢所下之定義:「形勢者,雷動風舉,後發而先至,離合背鄉,變化無常,以輕疾制敵者也。」不合,故應屬雜家。不知《漢書‧藝文志》特就兵勢立說,忽略兵形,以致造成後人誤解,以為《尉繚子》不應列

9　朱軍,《孫子兵法釋義》,〈北京,海潮出版社,1992年3月1版〉,頁3。

10　其詳可參考羅獨修《先秦兵家思想探源》,(台北,中國文化大學出版部,民國91年1月1版),第四章第二節《尉繚》屬雜家之可疑〉,頁189~200。

入兵形勢家之中。現將兵家之兵形大要述之於下，讀者即能知悉誤解何由而生。兵形勢家之內容兼包形、勢兩個主要部份，《孫子兵法》將形、勢分別討論。在用兵上，一般先求其形，次求其勢。形指形名，講求號令與兵形之密切配合，因之將領只須專主旗鼓，即能整軍經武，克敵制勝。勢講求因利制權、出奇制勝、變陣求勝、奇正互用。兩者密切配合，一方面可以立於不敗之地，又能捕捉稍縱即逝之戰機，做到不失敵之敗。《尉繚子》多談兵形，少談兵勢，敘及以徽幟經卒之方，立戰合之表會戰等部份，精悍絕倫，即使自古以來學者多疑其偽，但其整軍經武之方絕無可廢之理，二千年來之名將從中得到最多啟發，其最著者如曹操、諸葛亮、李靖、戚繼光、曾國藩等。單由《李衛公問對》反對曹操之列表佈陣，即充份證明此書為偽，證明偽作者對古代兵形欠缺瞭解。一是不能明瞭《漢書・藝文志》雜家類多收兵書，即使《尉繚》列入雜家，亦不足證明其非兵家著述。《漢書・藝文志》論列雜家篇數留下千古難解之一句話：「右雜家二十家四百三篇，入兵法。」陶憲曾對此所作之解釋是：

> 入兵法上脫出蹵鞠三字。兵書四家惟兵技巧入蹵鞠一家二十五篇。而諸子家下亦注出蹵鞠一家二十五篇，是蹵鞠正從此出而入兵法也。今本脫出蹵鞠三字，則入兵法三字不可解而諸子家所出之蹵鞠亦不知其於十家中究出自何家矣。[11]

　　陶憲曾之解釋，全無依據，且不合《漢書・藝文志》之書法體例。《漢書・藝文志》凡言入某書，即移入於此項分類之中，而非移出。且陶憲曾之說法是百分之百增字解經，其非事實當可斷言。由「入兵法」這一句話可以知悉兵法類書籍多有併入雜家之情況。華陸綜雖然有見於此，但仍以《尉繚子》應屬雜家。[12]班固於《漢書・藝文志・雜家》所列各書之自註，亦充分證明《伍子胥》、《子晚子》根本就是兵書。如《伍子胥八篇》所下之註腳是「名員，春秋時為吳將，忠直遇讒死。」《子

11　見王先謙，《漢書補注》，（台北，藝文印書館，未列出版年月），卷30（藝文志第十），「右雜家二十家四百三篇」註引陶憲曾之說，頁897。

12　華陸綜，《尉繚子註釋》，（北京，中華書局，1979年1月1版），〈前言〉，頁1。

晚子三十五篇》云：「齊人，好談兵，與司馬法相似。」由此可知兵形勢家之《尉繚三十一篇》與雜家《尉繚二十九篇》兩個本子根本就是同出一源的兩個本子（只是篇數小異而已），或性質極其相近的兩個本子。

四、銀雀山出土之《孫臏兵法》填補兵勢思想之遺憾

《漢書・藝文志・兵書略》將《齊孫子八十九篇》列入兵權謀家，兵權謀家是兵家之雜家：「兼形勢，包陰陽，用技巧。」但《呂氏春秋・不二》論及孫臏是「孫臏貴勢」，孫臏貴勢之層次達到與老聃貴柔、孔子貴仁、墨翟貴兼、關尹貴清、子列子貴虛、陳駢貴齊、陽生貴己、王廖貴前、兒良貴後相提並論之地步。是《孫臏兵法》雖名列兵權謀家，但其思想實以貴勢為主，過去《孫臏兵法》失傳，無法指實孫臏貴勢之具體內容。臨沂銀雀山《孫臏兵法》彌補了此一遺憾。

我在《先秦兵家思想探源》一書中詳述過孫臏之兵勢思想，現將其要點述之於下：在一體之勢上，《孫臏，官一》云：「立官則以身宜。」以一身而論，一指之重要性不如一肢，一肢不如心身，故孫臏行軍作戰，主張抓住要點，「攻心為上」，「批亢搗虛」，桂陵之戰、馬陵之戰均直搗魏之心臟大梁，反客為主，大敗魏軍。在以大勝小、以合制分上，〈積疏〉篇純就勢立論：「以積勝疏，盈勝虛，徑勝行，疾勝徐，眾勝寡，佚勝勞。……」〈十問〉中擊圓之法亦是以合制分，論及擊方之要點是「規而離之」。孫臏論及〈善者〉克敵制勝之道，以分合為變：

> 善者，敵人軍□人眾，能使分離而不相救也，受敵而不相知也。……
> 得天下能使離，三軍和能使柴。

在乘勢、借勢上，〈客主人分〉主「主人安地撫勢以胥。」在〈奇正〉篇孫臏認為逆勢而戰非人情所能堪，故主張順勢而戰，可以令行如流。迫於形勢，可使人自為戰。〈威王問〉篇云：「勢者，令士必鬥。」曹操注《孫子》，引孫臏之講法：「兵恐不投之死地也。」孫武論「勢」云：「戰勢不過奇正」。孫臏則有專篇論及以奇用兵之〈奇正〉篇。孫臏之〈勢備〉篇亦就無聲無影之弩矢形容兵勢。最能發揮兵勢之「雷動風

舉，後人發，先人至，離合鄉背，變化無常，以輕疾制敵」之兵種為騎兵。孫臏本人亦對騎兵情有獨鍾，以為用騎有十利，稱騎為離合之兵。讀者欲對兵勢有更深入而詳細之瞭解，可參看本人之《先秦兵家思想探源》第三章第六節〈貳孫臏之兵勢思想淵源〉，頁 157~168。

　　兵形主部伍嚴整，靜以待敵，兵勢主尋機抵隙、奇正互用、變陣取勝。孫臏在〈奇正〉篇明言「以一形之勝勝萬形，不可。」孫臏主因地因人而制宜。孫臏〈八陣〉篇敘及遇到特殊敵人，則以特殊陣形應變，如「敵弱以亂，先其選卒以乘之。」「敵強以治，先其下卒以誘之。」遇到特殊地形，則以特殊兵種應戰，「易則多其車，險則多其騎，厄則多其弩。」〈十陣〉敘及方、圓、疏、數、錐行、雁行、鉤行、玄襄、火、水諸陣之作用。〈十問〉則敘及擊圓、方、銳、衡、車、徒、強眾、保固、箕諸陣之法。遇到緊急狀況，孫臏能以代用戰具頃刻之間即組成銅牆鐵壁之陣勢，以克敵制勝。孫臏在〈陳忌問壘〉篇記述：

> 田忌問孫子曰：「我卒……不禁，為之奈何？」孫子曰：「明將之問也。此者人之所過而不急也。此□之所以疾……志也。」田忌曰：「可得聞乎？」曰：「可。用此者，所以應猝窘處隘塞死地之中也。是吾所以取龐□而擒太子申也。」田忌曰：「善。事已往而形不見。」孫子曰：「蒺藜者，所以當溝池也。車者，所以當壘也。□□者，所以當堞也。發者，所比當埤堄也。長兵次之，所以救其隋也。鏦次之者，所以為長兵□也。短兵次之者，所以難其歸而邀其衰也。弩次之者，所以當投機也。中央無人，故贏之以……卒已定，乃具其法。……」

　　其精彩絕倫之處，實不下於孫武之吳宮練兵，半日可化女子為勁旅。孫臏敘及陣勢繁富多變，證明「為陣」實為當時顯學，與孫臏同一時代之孟子即云：「我善為陣，我善為戰，大罪也。」[13]確是所言非虛。

13　《孟子》〈焦循正義本〉，（台北，世界書局，民國 63 年 7 月 2 版），卷 14〈盡心下〉，頁 566。

五、孫軫之謎

　　《漢書‧藝文志》兵形勢家列有《孫軫五篇‧圖二卷》，近兩千年來學者始終無法考證出孫軫為何人。直到臨沂銀雀山《孫臏兵法》出土，言及「子言晉邦之將荀息、孫軫之於兵也，⋯⋯」之句，將孫軫之活動時間範圍縮小至春秋時代、晉國，朱德熙始能對此一問題做出合理之推測，以為孫軫可能即為先軫。[14]其後果然找到「⋯⋯軫為晉要秦於崤，潰秦軍，獲三帥⋯⋯」之下段簡文，證明朱德熙之推斷完全正確。此一近二千年無解之謎，因竹簡《孫臏兵法》而得到證明。

　　先軫為晉文公取威定霸之謀主。春秋五大戰役或六大戰役，其中二戰（城濮、崤）完全出自先軫策劃。先軫以殺之貴大方式治軍，祁瞞犯命，司馬殺之，以徇於諸侯。[15]治軍之效，使晉文公慨歎：「少長有禮，其可用也。」城濮之戰先軫指揮作戰發而中節，掌握最有效之形勢，大敗不可一世之楚將成得臣：

> 己巳，晉師陳於莘北，胥臣以下軍之佐當陳蔡，子玉以若敖之六卒將中軍，子西將左，子上將右。胥臣蒙馬以虎皮先犯陳蔡，陳蔡奔，楚右師潰；狐毛設二旆而退之，欒枝使輿曳柴而偽遁，楚師馳之，原軫、郤溱以中軍公族橫擊之。狐毛、狐偃以上軍夾攻子西，楚左師潰。子玉收其卒而止，故中軍不敗。[16]

　　秦師滅滑而還，先軫主張掩襲秦軍，「奉不可失，敵不可縱。」在崤之戰調動姜戎與晉合力，邀秦軍於崤，殺得秦軍片馬支輪無返。[17]

　　《尉繚子》言及整飾部伍，嚴不可犯，《孫臏兵法》論及變陣取勝，繁富多變，兩人之軍事思想多有承襲晉、魏之處。竊疑其中多有承襲孫軫之處。《孫軫五篇》失傳，無法指實，只能讓人扼腕痛惜。

14　楊伯峻云：「朱德熙同志告訴我，孫軫很可能就是先軫。我以為這是有理由的。先、孫在古音中極相近，而晉邦之將又別無孫軫其人，證以《漢書‧藝文志》的排列次序，孫軫當是春秋時人，其為先軫無疑義。」見《文物》，1975 年 3 期，頁 3。

15　《左傳》僖公二十八年。

16　同上註。

17　參見《左傳》僖公三十三年及《公羊傳》僖公三十三年。

六、《風后握奇經》真偽之辨

唐後兵書忽然出現《風后握奇經一卷》，有太公望衍經文，公孫弘解及馬隆大陣總述。《風后握奇經》云：「天地風雲龍虎鳥蛇，四為正，四為奇，餘為握奇。」奇正交互為變，為兵勢之主要內容，中國古代兵學最大發明之一。此書傳為風后所作，時間遠在黃帝之世。其後唐孤獨及、明章演以此書為真。《四庫全書總目提要》撰者由其流傳經過疑此經為偽。

《風后握奇經》為唐後人偽為，不但因其未見隋代以前圖書目錄記錄，而且其內容與書主之行事大相逕庭而露出作偽之跡。風后在文獻中均與天道有密切關連，如《管子・五行篇》云：「風后明乎天道，使為當時。」而風后著作在《漢書・藝文志》中一列入兵陰陽家中（《風后十三篇》），一列入數術略中（《風后孤虛二十卷》）。數術亦屬陰陽之範疇。《漢書・藝文志》概述兵陰陽之內容是：「陰陽者，順時而發，推刑德，隨斗擊，因五勝，假鬼神而為助者也。」《風后握奇經》無一與此相應。出土之《孫臏兵法》與傳世之《尉繚子》比合而觀，我們已可明瞭兵形勢之具體內容。《風后握奇經》就其內容實近兵形勢家，是作偽者不明兵陰陽、兵形勢之範疇，望文生義，偽造古書，不覺露出作偽者見聞鄙陋之破綻。

七、墨子思想式微與否

戰國中期之學者莊周以為墨家學術，自苦為極，陳義太高，「其行難為也，恐其不可以為聖人之道，反天下之心，天下不堪，墨子雖獨能任，奈天下何。」[18]墨子本人而外，他人實難以忍受，是墨學在戰國中期已有推行不開之困境。孫詒讓以為至漢晉「其學幾絕」。唐代韓愈感歎墨學之衰微，以為「孔必用墨，墨必用孔。」

但出土之簡牘對於墨學之式微提供大量截然相反之實證。民國初年

---

[18] 《莊子》（續古逸叢書宋刻本），（台北，商務印書館，民國 60 年）卷 10〈天下第三十三〉，頁 17 上~17 下。

王國維考釋《流沙墜簡》，曾大量以《墨子‧備城門》以下十餘篇所敘及之防守技術，解說漢之烽燧制度，已注意到漢之防守之方與墨翟之守有密切關係。馬王堆出土之簡冊中，發現大量類似《墨子‧備城門》以下十餘篇之文字，李學勤承襲清代蘇時學、民國蒙文通、岑仲勉之講法，以為墨學在秦興盛，與墨家城防技術有關。[19]究其實際類似《墨子‧備城門》以下十餘篇之簡策文字，亦在臨沂銀雀山大量發現。[20]由此證明東方齊地亦為墨家主要活動之區，《呂氏春秋‧去宥》敘及秦之墨者唐姑果在秦王面前詆毀東方墨者謝子，亦說明墨者戰國之世已在東方大肆活動。孟勝為陽城君守城，則在楚國。是戰國、秦、漢之世墨家之活動地區及影響所及之區，至少東至齊，西至秦，南至楚。與所有人看法相反的是，墨家學說最切實用者為事涉兼愛非攻之城守技術。此實為墨家之核心理論，《呂氏春秋‧不二》論及墨子之特長為「墨子貴兼」，亦說明墨家最精到之理論為兼愛非攻，兼愛非攻得以見之設施行事，完全仰賴墨子之城防技術——墨翟之守。墨翟及其後鉅子見重時君，亦主要仰仗此一實學。墨翟之守在戰國時代與孫臏用兵齊名，墨翟之守為兵技巧家提供最豐富之內容。墨者之學儀態萬方，實不在邏輯墨辯方面，而在城防技術。其本身所具之實用價值，非僅未在戰國、秦漢之世消歇，而且直至明清，城防技術仍未跳出墨翟之守之範疇。《墨子‧備穴》敘及覆薄革之四十斗陶罌（甕聽），能正確偵測出挖掘地道敵人之正確位置，其效用比之現代聲納毫不遜色。宋代沈括盛讚赫連城之馬面「深可為法」。[21]但赫連城之「馬面」，比之墨翟之守之行臨就顯得太過呆板，行臨有馬面之作用，但更見活潑機動，殺傷力更強，更能出敵不意。秦漢以後大一統之帝國出現，以儒家思想立國，但穩固邊陲二千年來主要用

---

[19]　見李學勤，〈秦簡與《墨子》城守各篇〉，《李學勤集》，（哈爾濱，黑龍江教育出版社，1989 年 5 月 1 版），頁 294～309。

[20]　《銀雀山漢墓竹簡‧編輯說明》：「《守法》、《守令》兩篇內容與《墨子》論守城之法的《備城門》、《號令》等篇類似。」見銀雀山漢墓整理小組，《銀雀山漢墓竹簡》〔壹〕，（北京，文物出版社，1985 年 9 月初版），頁 11。

[21]　沈括，《夢溪筆談》，（揚州，江蘇廣陵古籍刻印社，1999 年 1 月 1 版），卷 11〈官政一〉，頁 3 上－5 上。

的是「墨翟之守」，此一情況確實是「孔必用墨」，兩種學說一文一武，相輔相承，收到最好之安邦定國之功效。直到新式火砲出現，墨翟之守始逐漸退出「歷史舞台」，但岑仲勉以為即使在最現代化戰爭中墨翟之守仍有其效用，如抗戰時日軍之「狐穴」即脫胎於墨子。[22]

八、〈公輸〉篇之歸屬問題

　　所有學者均將《墨子》分為兩組材料，卷一（由〈親士〉起始）至卷十三（〈公輸〉為止）為一組材料；卷十四（〈備城門〉起始）至卷十五（〈雜守〉為止）為一組材料。《墨子》卷十四（備城門）以下十餘篇之材料，均與城守有關，實屬於兵技巧範疇。《漢書·藝文志》敘及兵技巧篇數時特別注明：「省墨子重」亦特就《墨子·備城門》以下事涉兵技巧之內容而發。學者均以〈公輸〉篇為敘事體裁，與十四卷〈備城門〉以下十一篇專論各種城守專門技巧截然有別。因此學者多以兵技巧之範疇與《墨子》其他各理論之分水嶺，實以〈備城門〉為分界線。但〈公輸〉篇雖文體不類〈備城門〉以下各篇，但在編排次序上緊接《墨子·備城門》，內容又與墨翟之守有關。詳稽先秦兵書體例，為提高兵書身價，篇首往往先敘其本事，以明其理論見之行事之效果。如《吳子》第一篇即是〈圖國〉，敘及吳子儒服，以兵機見魏文侯，吳起用兵之效是「辟土四面，拓地千里。」〈圖國〉篇實為吳起本事。現整理出之《孫臏兵法》首篇即是〈擒龐涓〉，說明孫臏用兵至善之狀況。《尉繚子》首篇即是尉繚見梁惠王，講明克敵制勝不以〈天官〉，實由人事，點明《尉繚子》一書主旨所在。臨沂出土之《孫子兵法》內亦有〈吳問〉篇，說明孫武整軍經武之方能化女子為勁旅，實為孫武之本事，臨沂銀雀山漢墓整理小組「疑此為書後的附錄。」[23]不管是書首或附錄，但〈吳問〉與《孫子兵法》實為一組材料，絕無問題。由以上兵家體例來看，〈公

---

[22]　岑仲勉，《墨子城守各篇簡注》，（據民國 37 年排印本影印，收錄於《墨子集成》中），〈自序〉，頁 1。

[23]　臨沂銀雀山漢墓整理小組，《孫子兵法》（北京，文物出版社，1976 年 10 月 1 版），又下編〈吳問〉，頁 109。

輸〉篇主旨在說明墨翟之守之效用，足以寢兵偃戰，實為《墨子‧備城門》以下十一篇之本事。故〈公輸〉篇實以歸入〈備城門〉以下十一篇的範疇始見合理。

九、《戰國縱橫家書》非僅解決蘇秦傳奇之謎，而且對其前之合縱活動可能有所澄清，對其後之外交謀略活動可得其正解

戰國時代最具傳奇色彩之人物，除了孫臏，就是蘇秦。其一生多彩多姿，演為戲劇者為《相六國》；傳為勵志典範者為刺股故事；在合縱連橫外交局勢中，蘇秦為合縱代表人物；戰國時代以迄西漢，蘇秦亡齊流言傳之不絕。但《史記‧蘇秦列傳》卻對蘇秦亡齊之具體事實隻字不提。司馬遷且在《史記，蘇秦列傳》中明言：「世言蘇秦多異，異時事有類之者多附之蘇秦。」蘇秦一生晦暗不明之生平直到《戰國縱橫家書》出土，其中有關蘇秦事績者十四篇，蘇秦一生主要事績始大白於世。有關蘇秦異時事主要分為二類，一類是西元前三一〇年以前與張儀對抗部份，一類為西元前二九六年至二八四年弱燕滅強齊這一奇蹟。蘇秦真實事蹟屬於後一類材料。蘇秦亡齊之精彩，遠在戲劇渲染之上，一人之外交奔走，造成整個國際局勢大變動，造成弱燕滅強齊這一奇蹟。樂毅〈報燕惠王書〉云：「自五帝三王以來，功烈未有及先王者。」確是實情，此一奇蹟功烈的製造者就是蘇秦。以《戰國縱橫家書》材料為主，參考其它戰國時代較可信史料，重建蘇秦亡齊這一史事，填補戰國歷史此一空缺者，有唐蘭、楊寬、馬雍等人。[24]此處本文不再贅述。《戰國縱橫家書》不但解決蘇秦之生平，《史記》所敘之蘇秦生平實際上屬於其前之合縱者。蘇秦之外交活動與張儀既不同時，則蘇秦、張儀同學之說不攻自破，而與張儀對抗之主要人物實為公孫衍，蘇秦事績既已釐清，則《史

---

[24] 其詳可參看唐蘭，〈司馬遷所沒有見過的珍貴史料〉；楊寬之〈馬王堆帛書《戰國縱橫家書》的史料價值〉；馬雍之〈帛書《戰國縱橫家書》各篇的年代和歷史背景〉。分見《戰國縱橫家書》，（北京，文物出版社，1976 年 12 月 1 版），頁 123~153；頁 154~172；頁 173~201。

記》所敘之蘇秦合縱活動有可能屬於公孫衍，對進一步釐清公孫衍之生平事績可能有所助益。蘇秦生平之釐清使我們對荊軻刺秦一事有深一層之瞭解。司馬遷在《史記·刺客列傳》敘述荊軻刺秦出於太子丹與秦王政之私人恩怨，直以國家存亡大事視同兒戲。由蘇秦亡齊一事可以看出燕國始終無法忘懷蘇秦為間、樂毅為將，發動外交誤敵，軍事突襲，燕國幾乎成為超極大國之往事。此種行為模式其後至少上演了三次：一是秦開破東胡，拓地千餘里[25]；一次是栗腹欲乘趙長平之敗以襲趙[26]；一次是荊軻刺秦。因此荊軻刺秦實為燕國之深謀遠慮，非出於太子丹一時之激憤。

十、形成「世言蘇秦多異，異時事有類之者多附之蘇秦」原因試析

說客與游說辭無法兜合，發生張冠李戴之狀況，不止蘇秦。《竹書紀年》明白記載張儀死於魏襄王九年五月（公元前 310 年），但在《戰國策》中卻出現遠至戰國晚期張儀仍在游說諸侯之清形。[27]張儀之政敵明明是公孫衍，但《史記》卻硬採另一組異時事有類之者之偽蘇秦史料，言之鑿鑿的敘述蘇張鬥法。[28]錢穆先生以種種證據證明〈初見秦〉之作者並非韓非。[29]這種錯誤如何形成，未見《戰國縱橫家書》以前，始終成謎。馬王堆《戰國縱橫家書》出土，才恍悟何以普遍出現說客與游說之辭全不搭調之現象。《戰國縱橫家書》有連續十四篇均與蘇秦亡齊活動有關，楊寬講述有人「認為這些佚文以講蘇秦、蘇代、蘇厲的言行為

25　《史記》（點校本）卷 110〈匈奴列傳第五十〉，頁 2885~2886。

26　《史記》卷 34〈燕召公世家第四〉，頁 1559。

27　如〈張儀為秦連橫說趙王〉篇言及「東收兩周而西遷九鼎。」秦滅東周在莊襄王元年（西元前 249 年），上距張儀之死已有六十二年。見《戰國策》（點校版），（上海，古籍出版社，1985 年 3 月 2 版），卷 19〈趙二·張儀為秦連橫說趙王〉，頁 649~652。

28　《史記》卷 69，〈蘇秦列傳第九〉，頁 2241~2266；《史記》卷 70，〈張儀列傳第十〉，頁 2279~2292。

29　錢穆，《先秦諸子繫年》卷 4〈一五六李斯韓非考〉，頁 479。

主，可能是《漢書・藝文志》縱橫家中的《蘇子》。」[30]由《戰國縱橫家書》可以看出游說辭之前，往往逕行省略說客姓名，起首即是「自趙獻書燕王曰」、「使韓山獻書燕王曰」、「謂齊王曰」。如果將各種游說冊子，如《蘇子》、《張子》、《龐煖》、《國筮子》，彙編在一起，首位收集者知悉材料來源，自然能知各游說辭之作者（主角）為誰。接手者不知材料來源，說客與游說辭立時就會發生張冠李戴之情況。此種現象，現在仍不斷上演。如：陳布雷於民國三十七年編纂《蔣總統年表》，而吳稚暉生前曾抄錄《蔣總統年表》一份，吳稚暉死後，整理吳稚暉遺作者即誤以為吳氏撰作，出現一書有作者兩人之狀況。[31]

十一、出土簡帛資料填補兵陰陽家之空缺

著錄於《漢書・藝文志》中屬於兵陰陽範疇之兵書，在漢代以後全部消亡，造成後人對兵陰陽家之種種誤解。但在臨沂銀雀山、長沙馬王堆、江陵張家山出土之簡帛多有涉及兵陰陽之範疇，使我們能對兵陰陽家有深一層之瞭解，並澄清過去種種誤解。其最顯著者，如：

1・地典之內容由猜測至具體指實

臨沂銀雀山出土兵書中有《地典》，雖然所存者僅是斷簡殘篇，但其中仍透漏出許多兵陰陽家之訊息。《漢書・藝文志》兵陰陽家類有《地典六篇》，但並未註明地典為人為事。清姚振宗對《漢書・藝文志》有關地典所下之案語是：「按志於封胡、風后、力牧、鬼容區並注黃帝臣，此地典亦黃帝臣而獨不注，則轉寫脫漏。」[32]今銀雀山出土之《地典》或記：「地典曰」，或記：「黃帝曰」，是地典確為人名，證明姚振宗所言非虛。此書實為黃帝與地典討論以地利克敵制勝之應對，是以地利克敵制勝屬於兵陰陽家之範疇，至此又得一確證。《地典》內容多談地利之

30　楊寬，〈馬王堆帛書《戰國縱橫家書》的史料價值〉，《戰國縱橫家書》，頁 154。

31　見宋晞先生，〈談史料考證的重要性〉，《史學方法與論文寫作》，（台北，中國文化大學出版，民國 85 年 10 月 1 版），頁 77。

32　姚振宗，《漢書藝文志條理》，收錄於《二十五史補編》中，（台北，開明書店，民國 48 年 6 月台一版），頁 137。

向背（如云：「雖六月不可逆水南向。」「……馬，背陵而戰。」）、高下（「二時地有六高六下，上帝以戰」、「……戰必勝。得高之害……」）、陰陽（「……者陽，秋冬為陰。」）、死生（「死山陵丘林其名為」、「……生，然而大陽者死，大陰者死」）、方位（「……天東西為紀」、「右水而戰是為順」）、優劣（「曰林勝城，五曰城勝，六曰……□勝奚，十曰奚……」）指實兵陰陽有關地利之具體內容。本文《地典》資料取自吳九龍釋《銀雀山漢簡釋文》，因資料過於零碎，不一一列舉出處。

2・地形不屬於兵形勢範疇，實屬於兵陰陽範疇

雖然《尉繚子・天官》言及黃帝天官，兼及地利：「向阪陣為廢軍，背水陣為絕紀。」已指出以地利克敵制勝實屬天官範疇，屬於兵陰陽範疇。但漢代以後學者始終以為地形（利）屬於兵形勢，以致雖然《漢書・藝文志》明言兵權謀家為兵家之雜家，「兼形勢，包陰陽，用技巧。」但漢代以後學者仍一口咬定《孫子兵法》之中不包含兵陰陽家之內容。此一千古未發之覆一直要到地下有關兵學簡帛大量出土，尤其是《地典》之出現，始完全廓清。李零在一九八六年一月發表〈關于《孫子兵法》研究整理的新認識〉時，認為「今本《孫子》十三篇內容是以權謀為主而包括形勢」。[33]但四年之後，同一李零卻認為；「古陰陽家主要與天文、地理有關。它對軍事學的影響也主要在這一方面。」[34]

3・以姓名占吉凶，不僅限於陰陽數術，亦兼及兵家

臨沂銀雀山出土之《曹氏陰陽》云：「……□兵相望，問其將之名，名去者勝，而唫者敗。」[35]其內容係以將領姓名之聲音判斷戰爭之吉凶。《漢書・藝文志》數術略之〈五行定名十五卷〉即屬此類。《論衡・詰術篇》云：「五音之家，用口調姓及名及字，用姓定其名，用名正其字，口有張合，聲有內外，以定五音宮商之實。」臨沂銀雀山《曹氏陰陽》

33　李零，〈關於《孫子兵法》研究整理的新認識〉，《孫子古本研究》，（北京，北京大學出版社，1995 年 7 月 1 版），頁 287。

34　李零，〈讀《孫子》劄記・五《孫子》中的兵陰陽說〉，《孫子古本研究》，頁 302。

35　見吳九龍釋，《銀雀山漢簡釋文》，（北京，文物出版社，1985 年 12 月 1 版 1 刷），頁 119。

則說明先秦兩漢之世不但以姓名定個人休咎，亦以姓名卜戰爭之勝敗。

4‧《草廬經略》遺憾之彌補

明代無名氏所撰之《草廬經略‧治氣》頗為感歎武經「七書，獨不言養氣。」[36]先秦儒、道、墨、法各家均提出特有養氣之方，兵家只見之事實，如李牧破匈奴之前、王翦滅楚之前，先行長時間之養精畜銳。但未見之理論。直到《孫臏兵法》出土，其中恰好有〈延氣〉篇，始克彌補《草廬經略》作者之遺憾。

5‧慧星圖使〈天官書〉由平面文字變成具體圖象

司馬遷之〈天官書〉感慨至深，人力有時而窮，人間興衰成敗，上天幾乎早已註定，讀之令人爽然自失。其所敘及之天文壯麗景象，如：「長庚如一匹布著天」、「枉矢，類大流星，蛇行而倉黑，望之如有毛羽然。」等，讀之令人攸然神往，但這些還只是文字。馬王堆慧星圖則圖文並茂，雖然能與〈天官書〉對應之慧星不多，但《史記‧天官書》所敘及之「蚩尤之旗，類慧而後曲象旗。」在慧星圖中則以具體圖象呈現，確令觀者大開眼界。

6‧伍子胥之兵陰陽思想

《漢書‧藝文志》兵技巧家有《五子胥十篇》。雜家有《伍子胥八篇》。班固《漢書‧藝文志》總結雜家篇數，下了一句案語「入兵法」，因此《伍子胥八篇》即使列入雜家，仍可能是兵書，但與《五子胥十篇》是否一書，只是篇數小異，今已無由得知。張家山出土《蓋廬》，記述蓋（闔）廬與伍子胥有關兵學之應對，詳其內容實屬兵陰陽家。內容大多與天時有關，少部份涉及望氣，五行及地利：（1）順時而發：順天時，如「順天之時，逆之有禍，順之有福。」依日月星在天體位置而戰，如：「太白入月、熒惑入月可以戰；日月並食可以戰。」擇日配合方位而戰，如：「丙午、丁未可以西向戰。」（2）因五勝而戰，如：「彼興之以金，吾擊之以火。⋯⋯」（3）望氣而戰，如：「日望其氣，夕望其埃。」（4）

36　《草廬經略》（粵雅堂叢書本），（台北，藝文印書館影印《百部叢書集成》），卷4〈治氣〉，頁22上。

選擇有利時機發動攻擊,如:「道遠日暮,疾行不舍者,攻之。」(6)
敵有亡徵,急疾勿失,如:「我欲殺其害民者。」(7)利用地形佈陣,
如:「軍之道,冬軍軍於高者,夏軍軍於埤者,此其勝也。當陵而軍,
命曰申固;倍陵而軍,命曰乘勢。……」其整個書寫方式與《尉繚子‧
天官》所敘之黃帝天官極其類似,但卻與《漢書‧藝文志》兵技巧家之
《五子胥十篇》實大異其趣。《蓋廬》思想與《國語》、《左傳》所敘之
伍子胥兵學思想類似。《國語》敘及伍子胥以為滅越時機,絕不可輕易
放棄:「為虺弗摧,為蛇將若何?」並以為夫差多為不道而所向有功是
「天祿亟至,是吳命之短也。」[37]《左傳》引述伍子胥之言:「違天而長
寇讎,後雖悔之,不可食已。」「盈必毀,天之道也。」[38]

十二、結論

　　先秦兵學思想亦與文字訓詁之考證有類似之處。大體而言,漢人所
論較之唐、宋要正確;唐、宋所論較之元、明、民初要正確。清人訓詁
能遠邁唐、宋、元、明,實在窮本溯源上下了苦功,直登漢人水平再論
先秦經書一字一句之真確含義。近三十年出土之簡帛資料涉及先秦兵家
部份繽紛滿目,使我們之研究可以逕省窮本溯源之過程,直登漢人堂
奧,再窺先秦兵家之大體。大量懸而未解之先秦兵學癥結問題,在排山
而來之出土材料衝擊之下,往往順勢而解。

　　孫武、孫臏為一為二,兵書為一為二,尉繚、六韜是真是偽,固是
澈底解謎。出土木牘解決了《孫子兵法》〈火攻〉、〈用間〉之次序問題。
《尉繚子》確屬兵形勢,而非雜家之著作。在兵形勢這一範疇,尉繚子
重形,言及整軍經武之兵形已至纖微無憾;孫臏貴勢,將兵勢之魅力描
摩殆盡。對形勢之瞭解,可以判明《風后握奇經》實為唐後偽書。孫軫
千古未發之覆直到《孫臏兵法》出土始克揭發。出土簡牘證明戰國末年、
秦漢之世,墨翟之守不止未見消歇,且遍及宇內、邊陲,且由先秦兵書
體例,知悉〈公輸〉篇實與〈備城門〉為一組材料,傳統學者分類多有

37　《國語》(點校本),(上海,上海古籍出版社,1988年3月1版),頁595、602。
38　分見《左傳》哀公元年;《左傳》哀公十一年。

未審。《戰國縱橫家書》非僅解決蘇秦亡齊之歷史公案，且上可補充公孫衍〈？〉合縱之不足，下則解開荊軻刺秦之動機；且由《戰國縱橫家書》體例得以明瞭說客及說辭張冠李戴致誤之由。《漢書・藝文志》敘及之兵陰陽著作，全部散佚。簡帛兵書剛好填補先秦兵陰陽家之整個缺陷，使我們對先秦兵陰陽家之理論有深一層之認知。

　　就目前所得先秦兵學資料來看，先秦兵家著述實有極深默契，此詳則彼略。尉繚論形，孫臏貴勢；兒良貴後，王廖貴先；孫武詳論地利、形勢，同時同地之伍子胥則大談技巧、天時；各家言戰勝攻取之方，墨翟則專言守則必固之術；《司馬兵法》有未盡詳悉之處，孫、吳、穰苴能紹而明之。因此欲明先秦兵家之大體必須比合而觀。《漢書・藝文志》所列兵書流傳至今，所剩無幾，根本無由一窺先秦兵書全貌。所幸近三十年大量出土之簡帛先秦兵學資料已使此一情況改觀。

　　雖然如此，但仍有相當數量之先秦兵書散佚無法複原，其最著者如《司馬兵法》原書一百五十卷，司馬遷稱其閎闊深遠，三代征伐未能竟其意，《孫子》、《吳子》不過對其理論略事闡發，即取得震古爍今之成就。但現存《司馬法》僅存五篇，無由一窺《司馬兵法》之全貌。《孫軫五篇》有目無書，竊疑尉繚、孫臏之形勢多有取資此書之處，無由指實。同樣遺憾尚有《漢書・藝文志》所列之《倪良一篇》、《楚兵法七篇》、《魏公子二十一篇》、《景子十三篇》、《劍道三十八篇》、《手搏六篇》等。有些兵書僅有傳本，未見地下出土之簡帛本子，無法比勘，明其真偽，與《孫子》齊名之《吳子》即屬此類。有得而復失者，更是令人痛惜，如與《竹書紀年》同時出土之簡策即有「繳書二篇，論弋射法。」[39]這些遺憾只有期待未來之發現。

39　唐玄齡，《晉書》（點校本），（台北，鼎文書局，民國76年4月2版），卷50〈束皙〉，頁1433。

引用書目

一、文獻與考古資料（大體依時代先後為序）

1、《書經》（蔡沈集傳本），6 卷，台北，世界書局，民國 70 年 11 月 5 版。

2、《殷周金文集成》1~18 冊，考古研究所編，上海，中華書局，1994 年 12 月初版。

3、《三代吉金文存》，羅振玉編，20 卷，北京，中華書局 1983 年 12 月 1 版。

4、《契文舉例》，孫詒讓，2 卷，山東，齊魯書社，1993 年 12 月 1 刷。

5、《殷虛書契》，羅振玉編，8 卷，天津，天津古籍書店，民國 76 年 4 月 2 版。

6、《易經》（十三經注疏本），孔穎達正義，9 卷，台北，藝文印書館，民國 85 年 8 月初版 13 刷。

7、《逸周書》（皇清經解本），朱右曾校釋，10 卷，台北，世界書局，民國 69 年 11 月初版。

8、《毛詩》（十三經注疏本），20 卷，台北，藝文印書館，民國 86 年 8 月初版 13 刷。

9、《侯馬盟書》，山西省文物工作委員會編撰，北京，文物出版社，1976 年 12 月 1 版。

10、《馬王堆漢墓帛書》〔壹〕，馬王堆漢墓整理小組整理，北京，國家文物局文獻研究室編，北京，文物出版社，1980 年 3 月 1 版，頁 124。

11、《郭店楚墓竹簡》，荊門市博物館編撰，北京，文物出版社，1998 年 5 月 1 版，頁 330。

12、《四書》（朱熹集注本），24 卷，台北，藝文印書館，民國 69 年 5 月 5 版。

13、《論語》（劉寶楠正義本），24 卷，台北，世界書局，民國 63

年7月新2版。

14、《禮記》（鄭玄注）（余氏萬卷堂校刊本），20 卷，台北，學海
出版社，民國81年8月初版。

15、《左傳》（杜預集解本），30 卷，台北，中華書局，民國59年4
月2版。

16、《左氏會箋》，竹添光鴻會箋，30 卷，台北，天工書局，民國
82年5月。

17、《晏子春秋》（張純一校注本），8 卷，台北，世界書局，民國
63年7月新2版。

18、《墨子箋》，曹耀湘撰，收錄於《墨子集成》，台北，成文出扳
社，民國64年。

19、《墨子閒詁》，孫詒讓閒詁，15 卷，目錄一舉，附錄一卷，後
語三卷，台北，世界書局，63年7月2版。

20、《南華真經》（郭象注宋刻本）（卷一至卷六，南宋本；卷七至
卷十，北宋本），10 卷，台北，商務印書館，民國60年。

21、《銀雀山漢墓竹簡》〔壹〕，銀雀山漢墓整理小組，北京，文物
出版社，1985年9月初版。

22、《孫子兵法》，臨沂銀雀山漢墓整理小組，北京，文物出版社，
1976年10月1版，161頁。

23、《尸子》（湖海樓叢書本），2 卷，台北，藝文印書館影印《百
部叢書》。

24、《商君書》（嚴萬里校正本），台北，世界書局，民國63年7月
新2版。

25、《慎子》（錢熙祚校本），正文一卷，逸文一卷，台北，世界書
局，民國63年7月新2版。

26、《汲冢紀年存真》（歸硯齋本），朱右曾輯，2 卷，台北，新興
書局，民國48年12月初版。

27、《竹書紀年統箋》（丹徒徐氏校刻），12 卷，台北，藝文印書館，
民國55年1月初版。

28、《古本竹書紀年輯校》，朱右曾輯，王國維校，《王國維遺書》

第七冊，上海，上海書店，1983 年 9 月 1 版，頁 571~618。

29、《今本竹書紀年疏證》，王國維疏證，2 卷，《王國維遺書》第 8 冊，上海，上海書店，1983 年 9 月 1 版，頁 1~122。

30、《荀子》（王先謙集解本），20 卷，台北，世界書局，民國 63 年 7 月新 2 版。

31、《韓非子》（陳奇猷集釋本），20 卷，高雄，復文書局，民國 80 年 7 月影印。

32、《呂氏春秋》（漢高誘注，畢沅校），呂不韋撰，26 卷，台北，世界書局，民國 61 年 10 月新 1 版。

33、《呂氏春秋》·（陳奇猷校釋本），26 卷，上海，學林出版社，1995 年 10 月 3 刷。

34、《戰國策》（點校本），33 卷，台北，河洛圖書公司，民國 69 年 8 月。

35、《楚辭》（王逸章句本），17 卷，台北，藝文印書館，民國 63 年 4 月再版。

36、《編年紀》，收錄於《睡虎地秦墓竹簡》中，睡虎地秦墓竹簡整理小組，北京，文物出版社，1990 年 1 版，頁 1~10。

37、《尚書大傳輯校》，陳壽祺輯校，3 卷，收錄於《續皇清經解·尚書類彙編》冊 1，台北，藝文印書館，民國 75 年 9 月初版。

38、《淮南子》《高誘注解本），劉安撰，20 卷，台北，世界書局，民國 61 年 10 月新 1 版。

39、《史記》（百衲本），司馬遷，130 卷，台北，商務印書館，1995 年 4 月台 1 版 7 刷。

40、《漢書》（點校本），班固，100 卷，台北，世界書局，民國 74 年 4 月初版。

41、《桓子新論》，桓譚，三卷，收錄於《全上古三代秦漢三國六朝文》中，北京，中華書局，1958 年 12 月 1 版，頁 537~553。

42、《晉書》（點校本），房玄齡撰，130 卷，台北，鼎文書局，民國 76 年 4 月 3 版。

43、〈風后八陳圖記〉，獨孤及，收錄於《古今圖書集成》，台北，
　　鼎文書局，民國 74 年 4 月再版，冊 71《戎政典》上，頁 962。

44、《史通》（浦起龍通釋本），劉知幾，20 卷，台北，里仁書局，
　　民國 82 年 6 月。

45、《舊五代史》（點校本），薛居正撰，邵晉涵輯，150 卷，台北，
　　鼎文書局，民國 69 年 3 月初版。

46、《通志二十略》，鄭樵撰，卷 18~38，台北，世界書局，民國 73
　　年 10 月 8 版。

47、《集古錄跋尾》，歐陽修撰，10 卷，收錄於《歐陽修全集》中，
　　台北，世界書局，民國 80 年 10 月 5 版。

48、《夢溪筆談》，沈括撰，26 卷，揚州，江蘇廣陵古籍刻印社，
　　1999 年 1 月 1 版。

49、《學習記言》（萃古齋精鈔本），葉適撰，46 卷，中國子學名著
　　基金會印行，民國 67 年 12 月初版。

50、《郡齋讀書志》（宋刻袁本），晁公武撰，正志五卷，後志二卷，
　　台北，商務印書館，民國 60 年。

51、《朱熹辨偽書語》，朱熹語錄，開明書店集撰，台北，開明書店，
　　民國 58 年 4 月台 1 版，頁 131。

52、《容齋隨筆》5 筆，洪邁，共 74 卷，長春，吉林文史出版社，
　　1994 年 1 月 1 版。

53、《直齋書錄題解》，陳振孫撰，22 卷，台北，商務印書館，民
　　國 67 年 5 月台 1 版。

54、《泊如齋重修考古圖》（萬曆刻本），呂大臨撰，北京，北京圖
　　書館出版社，2003 年 10 月 1 版。

55、《金石錄》（金文明校證本），趙明誠撰，30 卷，桂林，廣西師
　　範大學出版社，2005 年 10 月 1 版。

56、《嘯堂集古錄》，王俅撰，2 卷，北京，中華書局，1985 年 6 月
　　1 版。

57、《文獻通考經籍考》（點校本），馬端臨撰，76 卷，台北，新文
　　豐出版社，民國 75 年 9 月台 1 版。

58、《草廬經略》（粵雅堂叢書本），撰人不詳，12 卷，台北藝文印書館影印《百部叢書集成》。

59、《尚書考異》（平津館叢書本），梅鷟撰，5 卷，收錄於《百部叢書集成》中，台北，藝文印書館影印。

60、《日知錄》，顧炎武撰，33 卷，台北，明倫出版社，民國 60 年 10 月出版。

61、《西廂記》，王實甫撰，金聖嘆批，台南，世一書局，民國 76 年 2 月初版，頁 399。

62、《水滸傳》，施耐庵撰，金聖嘆批，台北，三民書局，民國 59 年 4 月初版，頁 1018。

63、《鮚埼亭集》，全祖望撰，38 卷，台北，華世出版社，民國 60 年 2 月初版。

64、《尚書古文疏證》，閻若璩撰，9 卷，收錄於《續皇清經解‧尚書類彙編》冊 1，台北，藝文印書館，民國 75 年 9 月初版。

65、《古文尚書考》，惠棟撰，2 卷，收錄於《續皇清經解‧尚書類彙編》冊 1，台北，藝文印書館，民國 75 年 9 月初版。

66、《閻潛邱先生年譜》，張穆撰，4 卷，台北，商務印書館，民國 67 年 6 月初版。

67、《古今圖書集成》，陳夢雷編，台北，鼎文書局，民國 74 年 4 月再版，第五十六冊《經籍典》。

68、《春秋大事表》（尚志堂版），顧棟高撰，50 卷，台北，廣學社印書館，民國 64 年 9 月初版。

69、《四庫全書總目提要》，永瑢等編撰，200 卷，台北，商務印書館，民國 74 年 5 月增訂 3 版。

70、《文史通義》（彙刊本），章學誠撰，台北，國史研究室，民國 64 年 4 月初版，474 頁。

71、《章學誠遺書》，章學誠撰，北京，文物出版社，1985 年 8 月 1 版，696 頁。

72、《十駕齋養新錄》，錢大昕撰，20 卷，餘錄三卷，台北，商務印書館，民國 67 年 5 月台 1 版。

73、《讀書雜志》，王念孫撰，82 卷，台北，世界書局，民國 77 年 11 月 4 版。

74、《經義述聞》，王引之撰，28 卷，收錄於《皇清經解・諸經總義類彙編》冊 1，台北，藝文印書館，民國 75 年 9 月初版。

75、《經傳釋詞》，王引之撰，10 卷，收錄於《皇清經解・諸經總義類彙編》冊 3，台北，藝文印書館，民國 75 年 9 月初版。

76、《經籍纂詁》（琅嬛仙館本），阮元等編撰，106 卷，北京，中華書局，1982 年 4 月 1 版。

77、《考工記創物小記》，程瑤田撰，4 卷，收錄於《皇清經解・三禮類彙編》冊 1，台北，藝文印書館，民國 75 年 9 月初版。

78、《古今偽書考》（知不足齋叢書本），姚際恆撰，台北，藝文印書館影印《百部叢書》，頁 72。

79、《漢書藝文志條理》，姚振宗撰，6 卷，收錄於《二十五史補編》冊 2，台北，開明書店，民國 48 年 6 月台 1 版。

80、《度量衡實驗考》，吳大徵撰，收錄於《羅雪堂先生全集》四編，台北，大通書局，民國 61 年 12 月，頁 80。

81、《焦廊脞錄》，吳慶坻撰，8 卷，北京，中華書局，1990 年 3 月 1 版。

二、專書（依姓氏筆劃為序）

1、王國維，《王國維・書信》，台北，華世出版社，民國 73 年 2 月，頁 475。

2、王國維，《觀堂集林》，台北，河洛圖書出版社，民國 64 年 3 月影印初版，頁 1234。

3、王蘧常，《諸子學派要詮》，九龍，中華書局香港分局，1987 年 12 月重印版。

4、方詩銘、王修齡，《古本竹書紀年輯證》，上海，上海古籍出版社 2005 年 10 月 1 版 1 刷，頁 293。

5、卡萊爾著，何欣譯，《英雄與英雄崇拜》，瀋陽，遼寧教育出版

社，1998 年 3 月 1 版，頁 274。

6、朱軍，《孫子兵法釋義》，北京，海潮出版社，1992 年 3 月 1 版，頁 354。

7、朱鳳翰，《古代中國青銅器》，天津，南開大學出版社，1995 年 6 月 1 版，頁 1178。

8、岑仲勉，《墨子城守各篇簡注》，北京，中華書局，2004 年 1 月北京 4 刷，頁 155。

9、呂思勉，《先秦史》，台此，開明書店，民國 66 年 6 月台六版，頁 472。

10、呂思勉，《先秦學術概論》，上海，東方出版社，1985 年 6 月，頁 162。

11、汪辟疆集，《唐人小說》，上海，上海書店，1978 年新 1 版，頁 299。

12、李亞農，《東周與西周》，《李亞農論文集》，台灣盜印本，頁 605~869。

13、李辰冬，《詩經通釋》，台北，水牛出扳社，民國 61 年 8 月，頁 1246。

14、杜正勝編，《中國上古史論文選集》，台北，華世出版社，民國 68 年 11 月 1 版，頁 1283。

15、金靜庵，《中國史學史》，台北，國史研究室，民國 62 年 10 月，頁 332。

16、邵子風，《甲骨文書錄題解》，收錄於《甲骨學論著提要目錄三種》，台北，華世出版社，民國 64 年 12 月，頁 1~234，外加索引 20 頁。

17、長春市政協文史和學習委員會編，《羅振玉、王國維往來書信》，北京，東方出版社，2007 年 7 月 1 版，頁 697。

18、胡適，《先秦名學史》，上海學林出版社，1983 年 12 月 1 版，頁 155。

19、胡適，《中國古代哲學史》，台北，遠流出版社，1986 年 5 月 1 版，頁 347。

20、梁啟超，《清代學術概論》，北京，東方出版社，1996 年 3 月 1版，頁 246。

21、梁啟超，《中國歷史研究法》，上海，上海古籍出版社，1998年 12 月 1 版，頁 323。

22、唐德剛，《胡適雜憶》，台北，傳記文學雜誌社，民國 76 年 8月，頁 237。

23、唐蘭，《古文字學導論》，台北，學海出版社，民國 75 年 8 月，頁 447。

24、孫淼，《夏商史稿》，北京，文物出版社，1987 年 12 月 1 版，頁 704。

25、馬基維利著，何欣譯，《君王論》，台北，中華書局，民國 59年 3 月三版，頁 129。

26、章太炎，《國故論衡》，上海，上海古籍出版社，2003 年 4 月 1版，頁 145。

27、陳麗桂，《戰國時期的黃老思想》，台北，聯經出版社，民國80 年 4 月，頁 253。

28、陳夢家，《卜辭綜述》，台北，大通書局翻印，頁 708。

29、黃懷信、張懋鎔、田旭東，《逸周書彙校集注》，上海，上海古籍出版社，1995 年 12 月 1 版，頁 1235。

30、康有為，《孔子改制考》，北京，中華書局，1959 年 9 月 1 版，頁 495。

31、郭沫若，《十批判書》，北京，人民出版社，1982 年 9 月 2 版，頁 491。

32、郭沫若，《卜辭通纂》，台北，大通書局，民國 65 年 5 月，頁626。

33、郭沫若，《兩周金文辭大系圖錄考釋》，台北，大通書局，民國60 年 3 月初版，頁 252。

34、郭沫若，《中國古代社會研究》，《郭沫若全集》第 2 卷，北京，人民出版社，1979 年 1 月北京第一版，頁 312。

35、郭沫若，《歷史人物》，北京，人民出版社，1979 年 9 月北京

第 1 版，頁 243。

36、鄒衡，《夏商周三代考古論文集》，北京，文物出版社，1980
年 10 月 1 版，頁 367。

37、勞榦，《居延漢簡考證》，《勞榦學術論文集》，台北，藝文印書
館，民國 65 年 10 月初版，頁 249~439。

38、勞榦，《漢晉西陲木簡新考》，台北，中央研究院歷史語言研究
所，民國 72 年 12 月初版。

39、張文伯，《吳稚輝先生傳記》，台北，傳記文學雜誌社，民國
74 年 9 月 1 版，頁 304。

40、張陰麟，《中國上古史綱》，台北，華岡出版有限公司，民國
69 年 1 月初版。

41、張舜徽，《學林脞錄》，收錄於《愛晚廬隨筆》，武昌，華中師
範大學出版社，2005 年 12 月 1 版，頁 1~372。

42、華陸綜，《尉繚子注釋》，北京，中華書局，1979 年 1 月 1 版，
頁 84。

43、馮友蘭，《三松堂自序》，北京，三聯書店，2009 年 5 月北京 1
版，頁 416。

44、葉德輝，《書林清話》，十卷，台北，文史哲出版社，民國 77
年 4 月再版。

45、楊寬，《戰國史》，上海，人民出版社，1980 年 7 月 2 版 8 刷，
頁 605。

46、萬國鼎，《中國歷史紀年表》，台北，學海出版社，民國 62 年
2 月初版，頁 192。

47、董作賓，《殷曆譜》，台北，藝文印書館，民國 66 年 11 月初版，
頁 766。

48、董作賓，《甲骨學六十年》，《董作賓全集乙編》第五冊，台北，
藝文印書館，民國 66 年 11 月初版，頁 156。

49、劉烜，《王國維評傳》，南昌，百花洲文藝出版社，1996 年 12
月 1 版 2 刷，頁 404。

50、劉師培，《劉申叔遺書》，蘇州，江蘇古籍出版社，1997 年 11

月 1 版 2 刷，頁 2426。

51、劉師培，《中國中古文學史講義》，《劉申叔遺書》，蘇州，江蘇古籍出版社，1997 年 11 月 1 版 2 刷，頁 2364~2406。

52、鄭有國，《中國簡牘學綜論》，上海，華東師範大學，1989 年 7 月 1 刷，頁 258。

53、蔣天樞，《陳寅恪先生編年事輯》，上海，上海古籍出版社，1997 年 6 月 1 版。

54、錢穆先生，《國史大綱》，台北，商務印書館，民國 71 年 10 月修訂 10 版，頁 701。

55、錢穆先生，《先秦諸子繫年》，台北，東大出版社，民國 79 年 9 月再版，頁 624。

56、錢穆先生，《師友雜憶》，《八十憶雙親·師友雜憶》，台北，素書樓文教基金會，民國 89 年 7 月，428 頁。

57、繆鳳林：《中國通史要略》，台北，商務印書館，民國 84 年 11 月重排 1 版 2 刷，頁 520。

58、戴君仁，《閻毛古文尚書公案》，台北，國立編譯館中華叢書編審委員會，民國 53 年 3 月印行，頁 184。

59、羅振玉、王國維編著，《流沙墜簡》，北京，中華書局，1993 年 9 月 11 版，頁 294。

60、羅振玉，《集蓼編》，《羅雪堂先生全集》續編第 2 冊，台北，文華出版公司，民國 58 年 7 月，頁 697~786。

61、羅振玉，《殷虛古器物圖錄》，《羅雪堂先生全集》續編第六冊，台北，文華出版公司，民國 58 年 7 月。

62、羅振玉，《殷商貞卜文字考》，1 卷，《羅雪堂先生全集》續編冊 12，台北，文華出版公司，民國 58 年 7 月 1 版。

63、羅繼祖，《羅振玉年譜》，台北，行素堂發行，民國 75 年 11 月，頁 140。

64、羅獨修，《先秦勢治思想探微》，台北，中國文化大學出版部，民國 91 年 1 月，頁 210。

65、顧潮，《顧頡剛評傳》，南昌，百花洲文藝出版社，1995 年 11

月 1 版，頁 180。

66、顧頡剛，《史林雜識初編》，台北，中華書局，2005 年 1 月北京第 3 次印刷，頁 296。

三、論文（或序、跋、短文）（依姓氏筆劃為序）

1、王國維，〈人間詞話〉，《王國維遺書》第九冊，上海，上海古籍出版社，1996 年 8 月 2 刷，頁 457~490。

2、王國維，〈說文所謂古文說〉，《觀堂集林》，台北，河洛圖書出版社，民國 64 年 3 月影印初版，頁 314~317。

3、王國維，〈宋代之金石學〉，《王觀堂先生全集》冊 5，台北，文華出版社，民國 57 年 3 月，頁 1924~1934。

4、王國維，〈記現存歷代尺度〉，《觀堂集林》，台北，河洛圖書出版社，民國 64 年 3 月影印初版，頁 939~949。

5、王國維，〈古史新證〉，《王觀堂先生全集》第六冊，台北，文華出版社，民國 57 年 3 月，頁 2077~2121。

6、王國維，〈最近二三十年中中國新發現之學問〉，《王觀堂先生全集》第五冊，台北，文華出版社，民國 57 年 7 月，頁 1915~1924。

7、王國維，〈殷卜辭所見先公先王考〉，《觀堂集林》，台北，河洛圖書出版社，民國 64 年 3 月影印初版，頁 409~437。

8、王國維，〈靜庵文集續編自序〉，《靜庵文集續編》，收錄於《王國維遺書》冊 3，上海，上海古籍出版社，1996 年 8 月 2 刷，頁 606~611。

9、王國維，〈兩周金文韻讀〉，《王國維遺書》第四冊，上海，上海古籍出版社，1996 年 8 月 2 刷，頁 45~74。

10、王叔岷，〈論司馬遷述申不害及韓非之學〉，《中央研究院歷史語言研究所集刊》第五十四本第一分，頁 79~99。

11、王德毅，〈王國維先生對宋史研究的貢獻〉，《王觀堂先生全集》第 16 冊，台北，文華出版公司，民國 57 年 3 月 1 版，頁

7371~7385。

12、李玄伯,〈古史問題的唯一解決方法〉,《古史辨》第二冊,台北,明倫出版社據樸社初版影印,民國59年3月,頁268~270。

13、李學勤,〈秦簡與《墨子》城守各篇〉,《李學勤集》,哈爾濱,黑龍江出版社,1989年5月1版,頁294~309。

14、李零,〈關於《孫子兵法》研究整理的新認識〉,《孫子古本研究》,北京,北京大學出版社,1995年7月1版,頁275~290。

15、李零,〈讀《孫子》札記〉,《孫子古本研究》,北京,北京大學出版社,1995年7月1版,頁291~323。

16、宋晞先生,〈談史料考證的重要性〉,《史學方法與論文寫作》,台北,中國文化大學出版社,民國85年10月1版,頁65~79。

17、林巽培,〈漢簡蒼頡篇導論〉,《簡牘學報》第14期,台北,簡牘學會,民國81年3月。

18、林語堂,〈論孔子幽默〉,《無所不談》合集,台北,開明書店,民國74年5月4版,頁22~27。

19、吳康,〈戰國法家思想概述〉,《大陸雜誌史學叢書第三輯第一冊》,頁291~295。

20、吳其昌,〈王觀堂先生學述〉,《王觀堂先生全集》第十六冊,台北,文華出版社,民國57年3月1版,頁7265~7283。

21、吳其昌,〈卜辭所見殷先公先王三續考〉,《古史辨》第七冊下編。台北,明倫出版社據樸社初版影印,民國59年3月初版,頁333~361。

22、胡適,〈文學改良芻議〉,《胡適選集》,天津,天津人民出版社,1991年6月1版,頁38~49。

23、胡適,〈治學的材料與方法〉,《胡適文選》,台北,遠流出版社,1986年7月1版,頁345~358。

24、胡適,〈紅樓夢考證〉,《胡適文選》,台北,遠流出版社,1986年7月1版,頁259~302。

25、胡適,〈文學革命運動〉,《胡適文選》,同上,頁203~219。

26、胡適,〈諸子不出於王官論〉,《古史辨》第四冊上篇,台北,

明倫出版社據樸社初版影印，民國 59 年 3 月，頁 1~8。

27、胡適，〈說儒〉，《國立中央研究院歷史語言研究所集刊》第四本第三分，上海，中央研究院歷史語言研究所，民國 23 年，頁 233~284。

28、胡厚宣，〈殷代封建制度考〉，《甲骨學商史論叢初集》，台北，大通書局影印，民國 61 年 10 月，頁 31~112。

29、胡厚宣，〈殷代婚姻家族宗法生育制度考〉，《甲骨學商史論叢初集》，同上，頁 113~182。

30、胡厚宣，〈中國奴隸社會的人殉和人祭〉（上篇），《文物》74 年 7 期，頁 74~84。

31、胡厚宣，〈中國奴隸社會的人殉和人祭〉（下篇），《文物》74 年 8 期，頁 56~67 及 72。

32、洪國樑，〈殷虛書契考釋作者辨證〉，《毛子水先生九五壽慶論文集》，台北，幼獅文化事業公司，民國 74 年 4 月，頁 293~424。

33、高本漢，〈左傳真偽考〉，收錄於《左傳論文集》中，台北，木鐸出版社，民國 65 年 5 月，頁 1~60。

34、孫星衍，〈蒼頡篇・序〉，《倉頡篇》（岱南閣叢書本），收錄於《百部叢書集成》36 冊，台北，新文豐出版社，民國 75 年元月影印。

35、孫次舟，〈左傳國語原非一書考〉，收錄於《左傳論文集》，台北，木鐸出版社，民國 65 年 5 月，頁 175~188。

36、馬先醒師，〈王國維之自謙與自信〉，《天才王國維與其他》，台北，蘭台出版社，民國 90 年 5 月初版，頁 1~23。

37、馬先醒師，〈歐洲學人與漢晉簡牘〉，《簡牘學報》第七期，頁 26~35。

38、馬雍，〈帛書《戰國縱橫家書》各篇的年代和歷史背景〉，《戰國縱橫家書》，北京，文物出版社，1976 年 12 月 1 版，頁 173~201。

39、梁園東，〈古史辨的史學方法〉，《中國上古史論文選集》（杜正

勝編），台北，華世出版社，民國 68 年 11 月初版，頁 55~94。

40、梁啟超，〈王靜安先生墓前悼辭〉，《王觀堂先生全集》第十六
　　冊，台北，文華出版社，民國 57 年 3 月 1 版，頁 7122~7124。

41、唐蘭，〈司馬遷沒有見過的珍貴史料〉，《戰國縱橫家書》，北京，
　　文物出版社，1976 年 12 月 1 版，頁 123~153。

42、唐蘭，〈馬王堆出土《老子乙本卷前古佚書》的研究〉，《考古
　　學報》1975 年第 1 期，頁 7~17。

43、徐中舒，〈王靜安先生整理國學之成績述要〉，《王觀堂先生全
　　集》第十六冊，台北，文華出版社，民國 57 年 3 月，頁
　　7165~7167。

44、耘僧，〈王靜安先生整理國學之成績述要〉，《王觀堂先生全集》
　　第十六冊，頁 7283~7298。

45、殷南，〈我所知道的王靜安先生〉，《王觀堂先生全集》第十六
　　冊，台北，文華出版社，民國 75 年 3 月，頁 7165~7167。

46、容肇祖，〈韓非的著作考〉，《北京大學百年國學文粹·史學卷》，
　　北京，北京大學出版社，1998 年 4 月 1 版，頁 118~126。

47、陳寅恪，〈王靜安先生遺書序〉，《金明館叢稿二編》，北京，三
　　聯書店，2001 年 7 月北京 1 版，頁 247~248。

48、陳寅恪，〈馮友蘭中國哲學史上冊審查報告〉，《金明館叢稿二
　　編》，同上，頁 279~281。

49、陳夢家，〈汲冢竹書考〉，《尚書通考》，石家庄，河北教育出版
　　社，2000 年 12 月 1 版，頁 596~617。

50、陳啟天，〈法家述要〉，《中央研究院歷史語言研究所集刊》第
　　四十本下冊，台北，中研院史語所，民國 58 年 10 月，頁
　　839~879。

51、郭沫若，〈周代彝器進化觀〉，《青銅時代》，重慶，文治出版社，
　　民國 34 年 3 月初版，頁 268~271。

52、莫榮宗，〈羅雲堂先生校刊群書總目〉，《羅雲堂先生全集三編》
　　冊 20，台北，文華出版社，民國 59 年 4 月 1 版。

53、黃永年。〈記呂誠之師講授的國文課〉，《蒿廬問學記》，北京，

三聯書店，1996 年 1 版，頁 253~275。

54、張舜徽，〈司馬遷與史記〉，《張舜徽學術文化隨筆》，北京，中國青年出版社，2001 年 9 月北京 1 版，頁 147~150。

55、張舜徽，〈考古學者羅振玉對整理文化遺產的貢獻〉，《中國史論文集》，武漢，湖北人民出版社，1956 年 9 月 1 版，頁 140~161。

56、張舜徽，〈王國維與羅振玉在學術研究上的關係〉。《訂庵學術講論集》，長沙，岳麓書社，1992 年 5 月 1 版，頁 140~161。

57、張崇琛，〈天問中所見之殷先祖事跡〉，《殷都學刊》1994 年第 2 期，頁 7~10。

58、張蔭麟，〈評近人對於中國古史的討論〉，《古史辨》第二冊，台北，明倫出版社據樸社初版影印，民國 59 年 3 月版，頁 271~288。

59、張家山漢簡整理小組，〈張家山漢簡概述〉，《文物》1985 年 1 期，頁 9~15。

60、馮沅君，〈論左傳與國語的異點〉，《左傳論文集》，台北，木鐸出版社，民國 65 年 5 月，頁 93~146。

61、傅斯年，〈與顧頡剛論古史書〉，《傅斯年全集》，台北，聯經出版社，民國 69 年 9 月初版，頁 1502~1542。

62、傅斯年，〈殷曆譜序〉，收錄於《殷曆譜》，台北，中央研究院歷史語言研究所，民國 81 年 9 月影印 2 版，頁 1。

63、傅斯年，〈與嚴耕望書〉，《傅斯年選集》第八冊，台北，文星書店，民國 56 年 1 月，頁 1415。

64、勞榦，〈居延漢簡序目〉，《勞榦學術論文集》，台北，藝文印書館，民國 65 年 10 月初版，頁 247~248。

65、蒙文通，〈論別本《竹書紀年》〉，《經史抉原》，成都，巴蜀書社，1995 年 9 月 1 版，頁 418~429。

66、董作賓，〈甲骨文斷代研究例〉，《董作賓學術論著》，台北，世界書局，民國 68 年 3 月 3 版，頁 371~488。

67、楊寬，〈馬王堆帛書《戰國縱橫家書》的史料價值〉，《戰國縱

　　橫家書》，北京，文物出版社，1976 年 12 月 1 版，頁 154~172。

68、楊伯峻，〈孫臏和《孫臏兵法》雜考〉，《文物》1975 年 3 期，頁 9~13。

69、齊思和，〈西周賜命禮〉，《中國史探研》，石家庄，河北教育出版社，2003 年 11 月 2 版 1 刷，頁 79~103。

70、劉師培，〈漢代古文學辨誣〉，《劉申叔遺書》，上海，江蘇古籍出版社，1997 年 11 月 1 版 2 刷，頁 1373~1393。

71、劉師培，〈讀左札記〉，《劉申叔遺書》，同上，頁 192~301。

72、劉師培，〈周秦諸子述左考〉，《劉申叔遺書》，同上，頁 1215~1216。

73、劉師培，〈左氏行於西漢考〉，《劉申叔遺書》，同上，頁 1216~1218。

74、劉師培，〈群經大義相通考〉，《劉申叔遺書》，同上，頁 348~368。

75、劉師培，〈周末學術史序〉，《劉申叔遺書》，同上，頁 503~528。

76、劉師培，〈論考古學莫備於金石〉，《劉申叔遺書》，同上，頁 1620~1622。

77、劉師培，〈清儒得失論〉，《劉申叔遺書》，同上，頁 1535~1540。

78、劉師培，〈典禮為一切政治學術之總稱考〉，《劉申叔遺書》，1543~1545。

79、蔡元培，〈中國哲學史大綱序〉，收錄於《中國古代哲學史》，台北，遠流出版社，1986 年 5 月 1 版，頁 1。

80、黎東方師，〈史後傳說之史前事實〉，《黎東方詩文自選集》，台北，華欣文化事業中心，民國 66 年 7 月，頁 237~264。

81、潘重規，〈史記導論〉，《史記論文集》（陳新雄、于大成主編），台北，西南書局，民國 64 年 1 月再版，頁 1~36。

82、錢穆先生，〈劉向歆父子年譜〉，收錄於《兩漢經學今古文平議》，台北，東大圖書有限公司，民國 72 年 9 月台 3 版，頁 1~163。

83、盧文弨，〈說文解字注序〉，收錄於段玉裁《說文解字注》，台北，藝文印書館，民國 55 年 10 月 11 版，頁 797~798。

84、隨侯擂鼓墩一號墓考古發掘隊，〈湖北隨縣鄫侯乙墓發掘簡

報〉，《文物》1979 年第七期，頁 1~24。

85、鍾肇鵬，〈黃老帛書的哲學思想〉，《文物》1978 年第二期，頁
　　63~68。

86、臨潼文化館，〈陝西發現武王征商簋〉，《文物》1977 年第八期，
　　頁 1~7。

87、譚德睿，〈中國古代失臘鑄造芻議〉，《文物》1985 年 12 期，
　　頁 66~69。

88、羅振玉，〈與友人論古器物書〉，《羅雪堂先生全集初編》冊 1，
　　頁 775~785。

89、羅振玉，〈漢兩京石刻圖象考序〉，《貞松老人外集卷一》，收錄
　　於《羅雪堂先生全集續編》冊 4，台北，文華出版公司，民
　　國 58 年 7 月 1 版，頁 1667。

90、羅振玉，〈六朝墓誌精粹序〉，《羅振玉校刊群書敘錄》，揚州，
　　江蘇廣陵古籍刻印社，1998 年元月 1 刷，頁 171~172。

91、羅振玉，〈羅振玉序〉，《流沙墜簡》，北京，中華書局，1993
　　年 9 月 1 版，頁 1。

92、羅繼祖，〈涉世瑣記〉，《海角濡尊集》，吉林，長春市政協文史
　　辦公室，1995 年，頁 159~226。

93、龐樸，〈先秦五行說之嬗變〉，《穰秀集》，上海，人民出版社，
　　1988 年 3 月 1 版，450~476。

94、顧頡剛，〈悼王靜安先生〉，《王觀堂先生全集》第十六冊，台
　　北，文華出版社，民國 57 年 3 月 1 版，頁 7127~7136。

95、顧頡剛，〈詩經在春秋戰國間的地位〉，《古史辨》第三冊，台
　　北，明倫出版社據樸社初版影印，民國 59 年 3 月，頁 309~366。

96、龔定庵，〈商周彝器文字錄序〉，《龔自珍全集》（王佩琤校本），
　　上海，上海古籍出版社，1999 年 6 月新 1 版，頁 267。

中國上古文獻學跋文

　　我於二〇〇五年在文化大學開上古文獻學這一門課。

　　我個人講話速度太快，不用講義，學生根本吃不消。因此上課前均發講義，供同學參考。二〇〇六年將課堂講義與其前發表有關上古文獻之論文彙編成冊印行。因此本書包含兩組材料，一是嚴謹之論文，一是鬆散之講義，體例因此而顯得不夠一致。

　　論文中之〈羅振玉對甲骨學的貢獻〉，發表於《中華民國專題論文集第四屆討論會》，時間為民國八十七年十二月。〈羅振玉對簡牘學之貢獻試探〉，發表於《第二屆簡帛學術討論會論文集》，時間為二〇〇二年五月。〈春秋戰國之揣摩與順說術〉，發表於《中國上古史專刊》第一輯，時間為民國九十年元月。〈從出土簡帛資料研析「法家歸本於黃老」之真義〉，發表於《第一屆簡帛學術研討會論文集》，時間為一九九九年十二月。〈出土簡帛兵學資料對先秦兵學思想之定疑補闕作用試析〉，發表於《第三屆簡帛學術討論會》，時間為二〇〇五年五月。

　　上古文獻為中國文化之銘印（第一印象），影響此後二千多年中國文化之發展。中國各代代表文化是兩漢經學、魏晉清談、隋唐經學、宋明理學、清代樸學，這些實際不過是先秦文化之支流。兩漢經學不過是十三經之章句訓詁、微言大義；魏晉清談只論及道家之放者──老、莊；宋明理學只就儒家之「心性」作發揮；清代樸學又走回漢人老路，經由訓詁、音韻瞭解先秦典籍之真實意涵。民初學術思想紊亂，有人以「讀經」為解救手段。但先秦典籍精深，沒有好的嚮導，後學者無由進入經典之勝境。因之胡適以為「現在我們還不配讀經」。本書希望能具發蹤指示之功，幫後學者輕易進入先秦學術之勝境。

　　中國人講文獻，文是典籍，獻指賢人。本書上編談獻，介紹收集、整理、解釋典籍有功之賢人，讀其書而知其人，藉此瞭解治學之方。下編談文，談典籍之架講、內容、價值及影響。

　　本書編著目的原本只是為修此門課之學生在學習上提供一些方便，涉及範圍有限。盧瑞琴小姐有意推廣學術，願再版此書，本人以為此為有正面意義之事，因此樂觀其成。

羅獨修識於民國百年八月

國家圖書館出版品預行編目資料

中國上古文獻學 / 羅獨修著. -- 初版. –
臺北市：蘭臺, 2012.02 面；　公分

ISBN 978-986-6231-32-2　（平裝）
1. 漢學　2.文獻學

030　　　　　　　　　　　　　101001411

中國上古研究叢刊第一輯 1

《中國上古文獻學》

著　　　者：羅獨修

執行主編：張加君

執行美編：林育雯

封面設計：林育雯

出　版　者：蘭臺出版社

地　　　址：臺北市中正區重慶南路一段 121 號 8 樓之 14

電　　　話：(02)2331-1675　　　傳眞：(02)2382-6225

劃撥帳號：18995335

E - m a i l：books5w@gmail.com

網路書店：http://w.w.w.5w.com.tw , http://www.books.com.tw
　　　　　　http://store.pchome.com.tw/yesbooks/HU/search.htm

香港總代理：香港聯合零售有限公司

地　　　址：香港新界大蒲汀麗路 36 號中華商務印刷大樓
　　　　　　C&C Building, 36, Ting Lai Road, Tai Po, New Territories

電　　　話：(852) 2150-2100　傳眞：(852) 2356-0735

出版日期：2012 年 2 月初版

定　　　價：380 元（平裝）

ISBN：978-986-6231-32-2